奥多·罗斯福传

EODORE ROOSEVELT

董泽 著

吉林出版集团股份有限公司

图书在版编目（CIP）数据

西奥多·罗斯福传 / 董泽著. —长春：吉林出版集团有限责任公司，2011.5
ISBN 978-7-5463-4762-2

Ⅰ.①西… Ⅱ.①董… Ⅲ.①罗斯福，F. D.（1858~1919）—传记 Ⅳ.①K837.127=5

中国版本图书馆CIP数据核字（2011）第062485号

西奥多·罗斯福传

著　　者：	董　泽
出版统筹：	博文天下
责任编辑：	崔文辉　张晓华
封面设计：	盛世博悦
版式设计：	边学成
开　　本：	710 mm×1000 mm　1/16
字　　数：	199千字
印　　张：	18
版　　次：	2011年6月第1版
印　　次：	2020年8月第3次印刷
出　　版：	吉林出版集团股份有限公司
地　　址：	长春市人民大街4646号（130021）
电　　话：	总编办：010－63109269
	发行科：010－85725399
印　　刷：	三河市燕春印务有限公司

ISBN 978-7-5463-4762-2　　　　　　　　定价：59.80元

版权所有　侵权必究　举报电话：010－63109269

THEODORE ROOSEVELT

目　录

第一章

青葱岁月 (1858—1881)

　　1858年10月27日晚上7时45分，在纽约市东20大街的一栋3层楼房里，马莎经过4个小时的努力，平安地生下了罗斯福家的第二个孩子，也是这个家的长子。在罗斯福家族海德公园支系中，父子交替取名；而在奥伊斯特湾支系中，则有长子与父亲同名的先例。由于这个原因，这个孩子依照父名，取名西奥多·罗斯福。不管是家人，还是亲戚朋友，更愿意称呼这个孩子为特迪，这是他的乳名。

1. 一个家族的繁衍　／　2
2. 家庭危机　／　7
3. 多病的岁月　／　13
4. 哈佛初现　／　19
5. 一波三折的爱情　／　25
6. 新的人生选择　／　32

第二章

政坛新星 (1882—1898)

　　西奥多的议员生活是从4个提案开始的，在州议会上，首次露面的西奥多一口气递交了4个提案：《净化纽约供水议案》、《市参议员选举改进议案》、《废除城市基金中的股票与证券议案》和《简化法院司法程序议案》。4个提案一提出，公众哗然，西奥多自然而然地成为共和党新议员的核心人物，大家都愿意围在他的身边。可是，在那些老议员眼中，这个爱出风

THEODORE ROOSEVELT

头的小伙子就未必那么受人欢迎，他简直成为麻烦的代名词。

1. 热衷改革的小议员 / 40
2. 情人节的噩梦 / 46
3. 牧场疗伤 / 51
4. 新生活与新婚姻 / 58
5. 具有影响力的改革家 / 65
6. 警察委员会主席 / 71
7. 海军部的好战分子 / 77

第三章
巅峰之路 (1898—1901)

按照常规，圣安东尼奥的第一骑兵团营地应该以团长的名字命名为伍德营地，可前往营地的指路牌上却写的是"西奥多的莽骑兵营地"。大家都清楚，骑兵团的真正领导者是西奥多，这点连伍德本人都不反对。当西奥多戴着眼镜来到骑兵团营地时，骑兵们觉得有些失望，没想到传说中的英雄看起来竟然如此文弱。但没过多久，他们就发现，西奥多的性格并不像他的容貌那样文雅。

1. "西奥多的莽骑兵团" / 84
2. 英雄，凯旋归来 / 92
3. 对抗党魁政治 / 98
4. 被迫接受的交易 / 105
5. 布法罗的子弹 / 112
6. "宴会事件" / 118

第四章
改革风云 (1901—1908)

在继任总统的最初几个月，西奥多确实给公众制造了一个假象，那就是他在延续麦金利时期的政策，他本人是一个带有保守色彩的进步分子。可只有与他关系密切的约翰·海清楚，西奥多的行为只是暂时妥协，他不会甘心躲在麦金利的光环下。西奥多的几份人事任命代表着他正式迈出了政治改革的第一步。即便这一步是西奥多所鄙视的政治交易，可是他却毫不后悔。他知道，只有在国会里拥有自己的势力，才能够通过有利于人民的法案。

1. 令人满意的年度咨文 / 126
2. 北方证券公司案 / 131
3. 古巴与菲律宾问题 / 138
4. 劳资矛盾引发的战争 / 144
5. 成功连任 / 150
6. 铁路立法案 / 157
7. 自然资源保护运动 / 164
8. 令人瞩目的改革家 / 171

第五章
大棒在手（1901—1908）

1906年，西奥多因成功调解日俄战争而获得诺贝尔和平奖，成为美国首个诺贝尔奖得主。他没有把这件事当成是个人荣誉，而是看成是国家的光荣，他只留下了获奖证书，将4万美元奖金全部捐给国内一个处理工业关系的基金会。虽然从客观上来说，日俄战争确实因西奥多的调停而结束，但是回想一下日俄战争爆发的原因，他的和平奖的获得就显得有些可笑了。西奥多崇尚武力，积极怂恿日本发动战争，然后又牺牲日本的国家主权与利益为美国换取好处。

1. 委内瑞拉风波 / 178
2. 拿下巴拿马 / 184
3. 诺贝尔和平奖 / 191
4. 美日关系的恶化 / 198
5. 西奥多的对华政策 / 205
6. 世界强国之梦 / 212
7. 认真生活的人 / 218

THEODORE ROOSEVELT

第六章
壮士暮年 (1908—1919)

　　1908年，西奥多的总统任期已悄然进入最后一年。表面上他依然坐镇白宫，对各种工作游刃有余，实际上他已经陷入困境。谁都清楚地知道，他即将离开白宫，他的权力就要移交给别人。于是各方面开始无所顾忌，总统的工作变得吃力起来。国会毫不客气地驳回他的立法案，最高法院宣布他过去支持同意的措施违宪。就连过去对总统表示拥护的企业界也不再像过去那样安分，他们将经济危机归罪于总统，再找出各种理由来指责他。总之，西奥多的处境非常被动。

1. 寻找继任者 / 228
2. 狩猎非洲与欧洲之行 / 235
3. 处境尴尬的塔夫脱 / 241
4. "雄麋党"的总统候选人 / 247
5. 喜欢挑战的勇士 / 255
6. 总统的孩子们 / 262
7. 停止的步伐 / 269

附录　西奥多·罗斯福大事年表 / 276

重要参考文献 / 278

THEODORE ROOSEVELT

引　子

　　1901年9月14日下午2时30分，布法罗市达勒威尔大街，马路两侧是神情肃穆的骑警，街道上显得分外的冷清，与几天前还熙熙攘攘的景象形成鲜明的对比。

　　达勒威尔大街641号豪宅前停着一辆马车，一个身穿礼服、身材微胖的中年男子看着马车前后全副武装的警察有些生气，对带头的警官喊道："我说过不用这样，这是做什么？"警官不停地道歉，却还是不肯依中年男子的命令带人离开。

　　中年男子叹了口气，左手扶着马车座扶手，右手扶着头上的高沿礼帽，登上了马车。这个礼帽虽然是用上好丝绸做的，却因边部有些破损而与中年男子身上穿的礼服有些不协调。是的，它们是有些不协调，因为它们是临时搭配在一起的。礼服的主人是中年男子的朋友、641号豪宅的主人安斯利·威尔科斯，帽子的主人则是安斯利的邻居约翰·斯盖切德。这个中年男子不是别人，正是西奥多·罗斯福，昨天的美国副总统，今天即将就职的美国总统。

　　马车沿着达勒威尔大街向北行驶一公里后，到达了墨尔本豪宅。门外有人在迎候，还有拿着照相机的记者，大家的表情都是沉重而哀伤的，包括被簇拥进来的主角西奥多。他是来向自己的领导，十几个小时前刚刚去世的美国第25任总统威廉·麦金利做遗体告别的。那位被称为"俄亥俄的偶像"、"繁荣总统"的优秀公民，因无政府主义者愚蠢的报复成为美国历史上第三位在任期因遭遇暗杀而去世的总统。

　　一楼的大厅里摆设了椭圆形的长桌，七八个着装比较正式的男人散坐在座位上，见西奥多到了，都起身迎接。西奥多一边点头致意，一边环视了四周，在座的有联邦最高法院大法官约翰·黑泽尔和几位内阁成员，却

THEODORE ROOSEVELT

没有看到国务卿约翰·海的身影。随行的人看出他的疑问，低声解释道："国务卿和财政部长回华盛顿料理国事，才离开布法罗。"

西奥多与大家简单地打过招呼后去了二楼，麦金利总统的遗体就停放在楼上的一个房间里。西奥多轻轻地走进房间，在这位带领美国人走向经济繁荣的总统遗体前低头默哀了几分钟。他的心中丝毫没有即将成为总统的喜悦，这样扶着麦金利的棺材成为总统是让人尴尬的、让人悲伤的事。

西奥多默默地走下楼，几个内阁成员还在等待他。按照《美国宪法》第二条第一款"如遇总统被免职、死亡、辞职或丧失履行总统权力和责任的能力时，总统职务应移交副总统"之规定，在麦金利总统逝世的那一刻开始，作为副总统的罗斯福已经接过总统职务，眼下要做的就是要举行新总统的宣誓就职仪式。

陆军部长埃利胡·卢特走上前，向西奥多提议在此地举行总统就职仪式。西奥多回头看了看楼上，眼圈有些发红："会打扰到他，或许其他地方会更合适。"卢特想说什么，但还是忍住了，只是点了点头。大家都知道，或许西奥多会把就职地点选在威尔科斯府邸，所以并不怎么感到意外。

下午3时30分，威尔科斯家中的图书馆，大法官约翰·黑泽尔站在空地的最中央，新总统的就职仪式即将开始。西奥多站在大法官对面，6位内阁成员站在他的身后。大法官的脸色有些难看，眼中多了几分尴尬和无奈。在书房门后观礼的威尔科斯看出大法官的不自然，不好意思地敲了敲额头，图书馆里没有《圣经》，可是，谁会想着要特意在图书馆里收藏《圣经》呢？

"我谨庄严宣誓，我必忠实执行合众国总统职务，竭尽全力，恪守、维护和捍卫合众国宪法。"西奥多举起左手，跟着大法官郑重宣誓，记者们的闪光灯闪个不停，美国迎来了它的第26任总统。

THEODORE ROOSEVELT
第一章
青葱岁月（1858——1881）

　　1858年10月27日晚上7时45分，在纽约市东20大街的一栋3层楼房里，马莎经过4个小时的努力，平安地生下了罗斯福家的第二个孩子，也是这个家的长子。在罗斯福家族海德公园支系中，父子交替取名；而在奥伊斯特湾支系中，则有长子与父亲同名的先例。由于这个原因，这个孩子依照父名，取名西奥多·罗斯福。不管是家人，还是亲戚朋友，更愿意称呼这个孩子为特迪，这是他的乳名。

THEODORE ROOSEVELT

1 一个家族的繁衍
THEODORE ROOSEVELT

罗斯福家族在美国的历史，可以追溯到美国建国前。17世纪40年代，由于国内独立战争的影响，荷兰战乱不断。为了躲避战火，很多荷兰人选择到海外殖民地发展，逐渐形成移民浪潮。随着这股移民浪潮，定居海外的荷兰人中，有一个名叫克莱斯·马顿曾·范·罗斯福的人，来到北美大陆赫德逊河流域的新尼德兰殖民地定居，成为北美罗斯福家族的始祖。

克莱斯·马顿曾·范·罗斯福的身世，有着几种相差悬殊的不同说法，但具体情况却已经无从考证。罗斯福家族的子孙坚信自己的先祖克莱斯是来自莱茵河口托伦岛的名门望族，拥有良好出身和高贵血统。可是还有一种说法，那就是罗斯福家族具有犹太人血统，克莱斯是犹太人。显然，罗斯福家族的子孙对后种说法没有兴趣，也不认可这种荒谬和不"体面"的观点。

克莱斯·马顿曾·范·罗斯福和妻子两人生了6个孩子，除了一名夭折外，还有5个子女成年。其中惟一的儿子尼古拉斯·罗斯福负担起繁衍罗斯福家族的重任。尼古拉斯·罗斯福不仅负担起繁衍家族人口的重任，而且凭借聪慧的头脑，成为一名成功的毛皮商和面粉商。他通过自己的努力，利用房地产投资和对外贸易获得了大量财富，为罗斯福家族的发展奠定了良好的基础；而与名门望族的联姻，更使这个家族成功地在纽约上流社会中占有一席之地。另外，他还获得纽约市参议员身份，成为罗斯福家族首位进入北美政界的人。遗憾的是，他没有留下什么辉煌的政绩供后辈称赞。

由于人口繁衍，罗斯福家族分为奥伊斯特湾支系和海德公园支系，始祖分别是尼古拉斯的长子约翰尼斯和次子雅各布斯。奥伊斯特湾支系出了本书的主人公，即美国第26任总统西奥多·罗斯福；海德公园支系出了美国第32任总统富兰克林·德拉诺·罗斯福，美国惟一一位残疾人总统。

THEODORE ROOSEVELT

第一章 青葱岁月（1858—1881）

在西奥多·罗斯福成为总统前，罗斯福家族就已经出过优秀的政治人物，那就是让家族子弟都无比敬崇的"爱国者艾萨克"。他出自海德公园支系，是雅各布斯的儿子。他通过制糖业积累了雄厚的资产，成为一名成功的实业家。独立战争开始后，他冒着失去生命和财产的危险，积极支持爱国分子，参与起草纽约州宪法，组建纽约银行，并且担当第一届州参议院议员，为美国独立事业贡献了自己最大力量。在艾萨克后，罗斯福家族与政治的关系逐渐淡了下来。

随着财富的增多和社会地位的上升，罗斯福家族的子孙开始涉足各个领域，有的成为工程师，有的成为金融家，罗斯福家族成为小有名气的商业世家。奥伊斯特湾支系子孙和海德公园支系的子孙齐头并进，虽然各自发展，但是通过定期的聚会，维持着紧密的联系。西奥多的祖父科尼利厄斯·罗斯福是约翰尼斯的孙子，发展到他这一代时，其财产已经多达百万美元，已经算是地方上的富绅，但因这个家族自艾萨克后长期无人在政治上出人头地，所以这个家族的名气还远不如那些与政治有着千丝万缕联系的豪门望族。

西奥多的父亲老西奥多·罗斯福是科尼利厄斯最小的儿子，继承了祖辈留下的公司，成为一名商人。他身材高大，相貌英俊，拥有一头浓密的卷发。虽然后人提到他的时候，都称赞他教育出了一个好儿子，并不怎么提到他自身的优点。但是接触过他的人都知道，不管是从个性上，还是道德上说，他都没有什么明显的缺憾，他是一位值得人尊敬的、富有魅力的美国绅士。他具有聪明的头脑，将家族的生意发展得越来越好，为以后子女们的成长教育创造了优越的条件。另外，他敦厚的性格促使他热心公益事业，主动帮助那些需要帮助的人们。

老西奥多·罗斯福年轻的时候南下旅行，在风景如画的佐治亚州遇到了马莎·布洛克小姐。她身材娇小，相貌美丽，还有一头长长的卷发，是个迷人、端庄的大家闺秀。布洛克家族在美国的历史，可以追溯到1729年，马莎的先祖苏格兰人詹姆斯·布洛克移民到北美大陆，购买了种植

THEODORE ROOSEVELT

园，在这里定居下来。在以后的日子里，布洛克家族拥有的种植园随着子孙们的经营不断壮大，传到马莎父亲这一代的时候，这个家族已经在地方上颇有名望。当然，这其中的重要原因是因为这个家族的子孙中不仅有善于经营的种植园主，还有出色的政治家，佐治亚州的第一任州长就出自布洛克家族。

罗斯福对马莎一见钟情，她的优雅、她的高洁都是纽约社交圈那些豪门千金所无法比拟的，这让罗斯福深深着迷。在接下来的日子里，罗斯福频繁往返于佐治亚州与纽约，与马莎小姐展开热恋。在当时，纽约豪门与南部大种植园家族联姻的事情并不罕见。纽约已经成为美国最大的商品中转站，南部诸州的棉花也是通过这里运往欧洲。纽约很多商人都与南部有千丝万缕的联系，有的人经营南部的农产品，有的人向南部销售商品，有的人则购买南部的土地，成为种植园的主人。在这种背景下，罗斯福与马莎的婚姻被很多人看成是纽约商业世家与南部种植园家族的联姻，但是实际上两个家族并没有什么商业往来。

1853年圣诞节前夕，22岁的罗斯福举行盛大的婚礼，迎娶了马莎，两个相爱的人终于走到一起。英俊的新郎与美丽的新娘，让这次婚礼成为纽约社交圈的盛宴，美丽贤惠的西奥多夫人成为备受关注的社交名媛。

婚后，罗斯福与马莎生活美满，一年后迎来他们的第一个孩子，长女贝米。

转眼到了1858年，这时的美国正陷入由奴隶制问题而引发的联邦危机中。由于北部诸州商业化的发展，需要大量的自由劳动力就业，可是奴隶制的存在，限制了劳动力自由化。于是，围绕奴隶制的命运，全国上下展开了激烈的辩论。不管是国会议员，还是各州的主要负责人，都相继表态，有的人坚决拥护奴隶制，有的人则坚决反对，双方争执不下，引起全国舆论的关注。当然，拥护和反对的人都站在自己利益的出发点上，拥护奴隶制的人集中在南部诸州，反对的人集中在北部诸州。联邦政府被南部奴隶主集团所控制，联邦军队已经整装待命，准备武力镇压激进的废奴主义者们。

虽然纽约的政治氛围不如华盛顿浓烈，但是人们的生活已经不如过去那样平静。学生们游行，支持自由与和平，女权主义者们也乘机集会，要求在选举、就业等方面与男子享有相等的权利。而一些无赖的人则出入各种会场，起哄捣乱，在混乱中寻找乐趣。不管是生活秩序，还是社会秩序，都受到了干扰，很多纽约市民苦恼不堪。

由于老西奥多·罗斯福家的生意并没有受到奴隶制问题的影响，所以他们并不像普通市民那样为生活所困惑。他们的家庭生活是美满的，马莎是个合格的小妻子，和保姆一起照看孩子，指挥仆人做家务，为大家营造出温馨幸福的家庭氛围。可是，由于良好出身的关系，她不善理财，不向其他家庭主妇那样对生活费精打细算。显然，她是幸运的，因为她有个会赚钱的丈夫，还有结婚时父母所给的丰厚嫁妆，这让她从来不用担心经济问题。父亲死后，她的母亲布洛克夫人与姐姐安妮·布洛克搬来纽约，住在罗斯福家，帮助她料理家务和照顾孩子。可能正是因为这个原因，让马莎在轻松、优雅的居家生活中保持着青春与美丽，没有成为一个平庸的家庭主妇。她陪同丈夫出席纽约的各种社交宴会，成为罗斯福社交生活上的好帮手。在大家的印象中，她是一个端庄、美丽、浑身散发着淡雅芳香的贤淑少妇，她很少摘下她的手套，从来不坐没有布套的椅子。与那些不拘小节的女子不同，她似乎生有洁癖，当然还没有到让人讨厌的地步。

1858年10月27日晚7时45分，在纽约市东20大街的一栋3层楼房里，马莎经过4个小时的努力，平安地生下了罗斯福家的第二个孩子，也是这个家的长子。在罗斯福家族海德公园支系中，父子交替取名；而在奥伊斯特湾支系中，则有长子与父亲同名的先例。由于这个原因，这个孩子依照父名，取名西奥多·罗斯福。不管是家人，还是亲戚朋友，更愿意称呼这个孩子为特迪，这是他的乳名。

特迪刚生下来时，体重8.5磅，哭起来嗓门响亮，怎么看都是个健康的宝贝，这让外祖母布洛克夫人对他爱不释手。追求完美的马莎却因小婴

THEODORE ROOSEVELT

儿缩成一团的小脸而不高兴，认为他不如姐姐那样漂亮可爱。不管是白天，还是晚上，这个小婴儿最大的爱好就是哭闹，这让大家都头痛不已。起初的时候，大家还以为这是小孩的正常反映，可是通过医生的检查，大家才知道这孩子有好几种先天疾病，其中以哮喘最为严重。几个月后，特迪的模样长开了，继承了父母容貌的他越来越招人喜欢，用马莎的话说，就是成了一个"美人儿"。但让人焦虑的是，他的病也越来越严重，不得不开始用大量的药物来进行治疗。有好几次，由于哮喘病发作，他差点儿丢了小命，可能就是由于这样的缘故，他始终是父母最疼爱、最惦念的孩子，即使以后家里有了弟弟、妹妹，他仍是长辈们给予关心最多的小孩。谁都没有想到，这个婴儿期就在生命线上几经挣扎的孩子，会在多年后成为美国总统。在很多人眼中，这个没有健康身体的孩子可谓是不幸的，但让人庆幸的是他出生在一个富裕的家庭，让他能够在父母的照顾下平安长大，让他能够接受良好的教育。

1859年10月16日，约翰·布朗在弗吉尼亚州发动了反奴隶制起义，将美国历史上持续了30年的"废奴运动"推向高潮。美国的奴隶制问题由来已久，并不是从1858年才开始引起全国关注的。由于北美种植园经济的发展，奴隶制曾风行整个北美大陆。独立战争前，北美殖民地奴隶人口占总数的1/5，其中大多数是黑人奴隶。独立战争后，在人权思想的影响下，奴隶制在美国开始衰微。

在19世纪初期，联邦政府通过了禁止国际奴隶贸易的法令，用来杜绝各种奴隶走私行为。然而，由于美国南部兴起的棉花种植业，让奴隶制再次抬头，并且从南部诸州向西部地区扩张，国内的奴隶贸易日益猖獗，严重地威胁着美国人民的民主权利，引发各种政治冲突。1820年，美国国会通过了《密苏里妥协案》，规定以北纬36°30′为界限，界限以南为蓄奴州，保持奴隶制；界限以北为自由州，禁止奴隶制。与此同时，要求废除奴隶制度的组织在美国开始出现。奴隶们凄惨的处境不断被舆论披露，控诉奴隶主罪行的书籍、报刊比比皆是。废奴团体相继召开全国大会，创建废奴周刊《解放者》，后又成立全国性的反对奴隶制协会，总部设在纽约。随着反奴隶协会在北部诸州的建立，参加协会的人数超过20万人，掀起了声势浩大的废除奴隶制运动，被称为"废奴运动"。

约翰·布朗是著名的白人废奴主义者，曾多次带领儿子和战友们反抗奴隶主暴徒，进行反奴隶制战斗。虽然约翰·布朗在弗吉尼亚州的起义只维持了三天，就被联邦政府残酷镇压，参与起义的21人牺牲10人，被俘7人，约翰·布朗在被俘之列。不久后，约翰·布朗就义，其他人员也都先后被处以绞刑。

老西奥多·罗斯福与马莎都是民主主义者，他们和北部诸州的大多数人一样，为联邦政府对废奴主义者的血腥镇压行为所愤怒。特迪已经开始牙牙学语，他还不知道，他未来的政治偶像已经投身到这场轰轰烈烈的废奴运动，开始在美国政坛上崭露头角。

2 家庭危机
THEODORE ROOSEVELT

1860年是美国的大选年，总统选举的结果却让全国震惊，受约翰·布朗的影响，北部诸州的人民对被南方奴隶主控制的民主党失去信心，更多的人把选票投给了1854年成立的主张废除和限制奴隶制的共和党，共和党候选人亚伯拉罕·林肯成功当选为美国第16任总统。

在众多出身名门、受过高等教育的美国总统中，亚伯拉罕·林肯是个另类。1809年，他出生在肯塔基州哈定县的一个伐木工人家庭。由于家庭贫困，他从小就帮助家里做各种家务和农活。9岁的时候，林肯的母亲去世，让这个少年第一次感觉人生的残酷。幸运的是，父亲后来迎娶的继母是个心地善良的女人，对他视如己出，督促他好好学习。好景不长，林肯只上了一年学，就因经济的原因离开学校，开始独立谋生。在这之后，他一直没有放弃学习，通过自学的形式不断地充实自己。1830年，林肯一家

THEODORE ROOSEVELT

迁居伊利诺斯州。在这里，他第一次发表政治演说，抨击黑奴制，开始涉足政治。由于林肯具有杰出的人品，又提出一些有利于公众事业的建议，所以他在地方上的影响力逐渐扩大。1834年，他当选为伊利诺斯州议员。此时的林肯，仍然没有放弃学业，通过自学的形式在两年后考下律师执照，成为一名律师。1846年，林肯当选为美国众议员。1854年，共和党成立后不久，林肯就当选为这个新政党的领导者。1858年，林肯发表了著名演说《家庭纠纷》，提出了"分裂国家不能持久"的观点，要求限制黑人奴隶的发展，实现国家统一，他在演说中这样说道："我相信，我们的政府不会永远忍受国家一半自由、一半奴役的状况。我不希望房子倒塌，我不希望联邦政府解散，可是我希望它能够停止分裂。它要么全部变成这样的；要么全部变成那样的。"林肯的演说，即反映了北方资产阶级的愿望，也表达了全国人民渴望民主与自由的意愿，因此一石激起千层浪，引起全国上下的重要反响，为他赢得了巨大的政治声望。

美国民主党在总统大选中遭到惨败，这成为南方奴隶主脱离联邦和发动叛乱的信号。大选结果出来后，南部蓄奴州南卡罗来纳首先脱离联邦，接着，佐治亚、亚拉巴马、佛罗里达、密西西比、路易斯安那和德克萨斯诸州相继宣布脱离联邦政府。1861年2月，这7个州宣布成立"南部同盟"，推出民主党人戴维斯为总统的叛乱政府。1861年4月12日，叛乱政府军开始炮轰在南卡罗来纳的联邦萨姆特要塞，两天后攻陷。1861年4月15日，林肯作为联邦政府总统，发布讨伐令，南北战争爆发。

南北战争，又称美国内战，南方由种植园奴隶主领导，主动发起战争，目的是想把奴隶制扩大到全国；北方联邦政府由代表资产阶级利益的共和党领导，目的是打败南方，恢复国家的统一。

南北战争开始的同时，罗斯福家的家庭形势也严峻起来，往日的温馨幸福已经被沉闷阴郁所取代。就个人来说，罗斯福是个忠诚的共和党人，他支持林肯的政治观点，期望能够为国家的统一事业贡献自己的力量。可是，从感情上来说，他却不能够在家人面前过多地显露这种观点。在他的家里，照顾他生活的3个女人都是来自南部，是南部同盟的同情者和支持者。罗斯福理解她们的感受，因为马莎的两个兄弟都参加了南部军队，在南部海军中服役。马莎、安妮与布洛克夫人为了亲人的平安，当然都在祈祷南部能够获得胜利，战争早日结束。

老西奥多·罗斯福当时正值壮年，身强力壮，没有理由不去响应联邦政府的号召，没有理由不去服兵役。他是希望能够扛枪上阵，为自由和民主而战的，可是如果他那样去做，对马莎和她的家人来说，却是不能够接受的，那将代表他将与她们的亲人们在战场上兵戎相见。在万般无奈之下，罗斯福只好接受妻子的建议，雇人代替自己上战场服役，这成为他终身引以为耻的憾事。

尽管罗斯福已经做了诸多妥协，但是他与马莎的矛盾也随着战争的进程不断扩大，两人美满的婚姻生活已经不复存在。马莎不理解罗斯福的政治观点，她的心里对共和党没有一点儿好感。在她看来，共和党是内战爆发的元凶，是影响人们安定生活的毒瘤。虽然纽约属于北方阵营，但是马莎却丝毫不掩饰自己的观点，在窗户外悬挂南部同盟的旗帜，以表示对南部军队的支持。虽然政府没有明确规定对这种行为进行限制，但却让罗斯福深感郁闷。

在国家危难之际，每个美国公民都有责任贡献自己的力量，更何况是位受人尊敬的绅士呢？没有亲自上战场已经让罗斯福羞愧万分，当然更不会选择袖手旁观。战争开始后，他赶往华盛顿，以民间人士身份为联邦政府服务。他从自己一向热心的慈善事业出发，对贫困的士兵家属进行调查，了解他们的困难和问题。通过深入调查，他和他的朋友们发现了很多士兵家属生计艰难，造成这样的状况是由于有些不良商人哄抬物价，向士兵们高价销售烟酒物资，赚士兵手中的军饷。罗斯福与朋友们针对这种情况，起草了关于成立配额委员会的草案，提交给国会。虽然国会的老顽固们认为这份法案是荒唐、无意义的，但是出身贫苦的林肯总统却明白一份军饷对于困难家庭意味着什么，因此对这份法案很看好。法案通过后，罗

THEODORE ROOSEVELT

斯福被任命为纽约州的配额委员。

尽管罗斯福家的气氛因战争的影响有些沉闷，但小特迪却很开心，因为妈妈又给他生了一个妹妹，她的名字叫科琳。马莎却没有因为孩子的降生而放松自己的心情，她开始思念自己的家乡，更加惦念战场上的兄弟们。她很少出门，因为不愿意听到联邦政府者们的舆论。她甚至没有办法心态平和地面对自己的丈夫，因为他为联邦军队工作。她经常把自己关在房间里，偷偷地为南方的亲人们祈祷平安。罗斯福曾试图与妻子交流，但是却始终不得其法，后来也就随她去了。马莎希望能够帮助佐治亚的亲友，便悄悄地将大家需要的联邦禁运的各种生活用品偷运过去。要知道，这样做是需要一定的勇气的，但马莎显得很有魄力，罗斯福为她的固执感到头疼，却又拿她没有办法。

战争的进程牵扯了马莎的全部精力，抚养和教育孩子们的事都落到安妮身上。安妮是个善良、热情的南方女子，她长期未婚，随同母亲住在已出嫁的妹妹家中，多少有些不安，所以就主动地承担起几个外甥、外甥女的早期教育工作。她很喜欢孩子，对他们温柔又有耐心，能够给他们讲有趣的故事。虽然小特迪的身体不太好，可是脑子却非常聪明，是个小机灵鬼，因此安妮最喜欢他。在罗斯福与马莎夫妇因为南北战争的关系而各自苦恼时，安妮则在教小特迪认读字母和单词，并且给他讲述各种与南部有关的故事。除了做小特迪的启蒙老师外，安妮还开始对贝米进行淑女教育。在南北战争前，南部诸州相对封闭，各种植园主家的生活具有浓厚的英国式的贵族色彩，因此布洛克家的小姐都是举止高雅的大家闺秀。在安妮的教育下，罗斯福家的女孩们气质超俗，在纽约的社交圈占有一席之地，当然这都是后话。

不管罗斯福与马莎多么焦虑，战争的情况却不容乐观。虽然战争初期北方的实力超过南方，人口是南方的两倍半，而且工业发达，拥有便利的交通网，但是军事力量却远逊于南方。在共和党获得大选胜利前，前任民主党政府已经将大量的武器和黄金运到南方。南方拥有装备精良的军队，比较完善的军事设备，而北方则有些措手不及。虽然北方军队在西线取得了一些胜利，但是却在东线惨败的对比下显得无足轻重。

南方铁路很少，交通并不便利，这种劣势却让它成为一块难啃的骨头，战况逐渐进入胶着状态。由于北方政府进行战争的目的是恢复南北统一，所以不肯宣布解放奴隶，害怕因为将边境蓄奴州推向南方阵营，失去战略要地。

随着北方部队军事的不断失利，解放奴隶与武装黑人被提上日程。林肯最初在致记者的公开信上，用委婉的说法阐述了自己的观点："在这场战斗中，我的最高目标不是拯救或摧毁奴隶制，而是拯救联邦政府。如果不用解放一个奴隶就能够拯救联邦政府，我会那样去做；如果需要解放部分奴隶保留部分奴隶能够拯救联邦政府，我也愿意那样去做。"

1862年9月22日，林肯发表预备性的《解放黑人奴隶宣言》，宣布：如果在1863年1月1日以前南方叛乱者不放下武器，那么叛乱诸州的奴隶将从那天起获得自由。他在国会演说中这样说道："如果不采取解放奴隶的政策，只凭借人力是不可能平息这场叛乱的。……解放奴隶不仅会给我们带来20万南方人，还会带给我们更多的东西，会使敌人失去同样的东西。"解放奴隶的消息传到南方后，使得成千上万的奴隶离开军队、逃往北方。由于南方奴隶人口占总人口的1/3，所以奴隶的逃亡严重地影响到南方军队的战斗力。英国工人阶级也开始展开了支持北方军队的运动，这使得英国政府放弃了原本的干涉计划，南方联邦内外交困，战争局势千变万化。北方联邦政府乘机推行武装黑人的政策，接收南方逃亡奴隶参加北方军队，并且于1853年实行以征兵制代替募兵制，增强了北方兵力。

1863年7月1日葛底斯堡战役，北方军队歼灭南方军队2.8万人，成为南北战争的转折点，北方军队获得了战场上的主动权。1864年，北方军队在东、西两线同时展开强大攻势，在东线以消耗战为主，西线则深入敌方腹地，彻底切断"南部同盟"的东北部与西南部的联系。1849年9月，北方军队攻克亚特兰大，11月开始全面向南方诸州推进，南方经济陷入瘫

THEODORE ROOSEVELT

痪，各种军用设施被彻底摧毁，南方军队节节败退。同期，北方海军对南方诸州实行海上封锁，断绝了南方与欧洲的贸易。1865年年初，战争局势已经开始明朗，奴隶纷纷逃亡，种植园经济濒于瓦解，南方联邦内部也出现反对派，越来越多的平民加入联邦派。1865年4月9日，被北方军队重重包围的南方主力部队被迫请降，南北战争结束，美国恢复统一。

在南北战争中，北方军队伤亡63万人，南方军队伤亡48万人，但令罗斯福一家高兴的是，马莎的两个兄弟在这场战争中获得了平安。詹姆斯·布洛克是南部海军将领，欧文·布洛克在"亚拉巴马号"战舰上服役。南方军队投降后，布洛克考虑到时局难容，便乘船逃往欧洲，最后定居在英国利物浦。布洛克家族在佐治亚的故宅虽然在战火中幸存，但是却已经是物是人非。

随着战争的结束，笼罩在罗斯福家的阴云也逐渐散去。罗斯福结束了北方部队中的工作，回到家里，与亲人团聚。马莎也因兄弟们的平安，消除了对战争的偏见。在战争结束前，罗斯福家又添了新人口，小特迪又多了一个弟弟埃利奥特，罗斯福夫妻的感情也因孩子的降生而恢复如初，一家人又恢复了平静快乐的生活。

南北战争彻底消灭了美国的奴隶制，确立了北方大资产阶级在全国的统治地位，为美国的资本主义迅速发展扫清了道路。罗斯福家族也因战争关系，获得了更高的政治地位与社会地位，这对小特迪以后的人生选择有着重大的意义。

对于这场具有进步意义的战争，小特迪虽然没有父母那样深的感触，可是也有自己的理解。他正值顽皮期，又像其他小孩一样喜欢玩打仗游戏，当然对肩负正义的联邦军队心怀崇拜。在每天的祷告时间，他都随父亲一起，祈祷联邦军队能够获得胜利，这让马莎感到痛苦。马莎试图改变孩子们的想法，给他们讲述南部的故事，描绘南部的美丽风光，还讲一些奴隶的故事。结果适得其反，孩子们更加关注奴隶的命运，这让马莎很懊恼。她不想见自己的孩子，因为在她心中，孩子们都与他们的父亲一样，是"北方人",是联邦派,其中连还处于婴儿期的科琳也不例外。

很多年后,长大成人的小特迪也多次在传记和演说中提到这次对罗斯福家算是烈火考验的战争。他和他的父亲一样,始终认为南方联邦是"分裂者",是国家的"叛徒",正义是属于联邦政府的。同时,对于母亲的乡土观念,他也给予谅解,并且坦然地承认在战争中处于南方阵营的两个舅舅,认为他们是勇敢的、令人尊敬的英雄。惟一让特迪未置一辞的是父亲雇人服役的行为,他认为这不是英雄的作为,这样做不够男子汉气派。

3 多病的岁月
THEODORE ROOSEVELT

特迪的童年,感受最深的不是战争的影响,而是各种疾病带来的痛苦和折磨。先天带来的疾病,并没有因为父母的呵护、医生的精心治疗而得以好转,反而有加重的倾向。他很少向其他孩子那样游戏玩闹,人们看到他的时候,他不是在咳嗽,就是在发烧,感冒和腹泻是常有的事,突如其来的哮喘更让他痛不欲生。家人都很担心,不知道这个孩子是否能够坚持活下去。

1863年春,为了缓解小特迪的哮喘症,罗斯福带着全家在新泽西州麦迪逊县的乡间住下。这里空气清新,是夏季度假的好去处,特迪的病情也逐渐好了起来,尽管身体依然比较虚弱。在特迪9岁前,到这里过夏天成为罗斯福家一种不成文的习惯。在这里,特迪的户外活动增加,更加亲近大自然,这让他对动植物萌发出极大的兴趣。

由于身体的原因,童年的小特迪很少进行户外活动,更多的时候是待在家里,安静地坐在安妮姨妈的膝上,读书识字。这个时候,他认识了一个新朋友伊迪丝·卡罗。伊迪丝与科琳同年出生,是个可爱、活泼的小女孩。她家也住在东20大街,与罗斯福家相距不远。她的父母与罗斯福夫妇往来亲密,两家的孩子经常在一起玩耍。可能是受疾病的影响,童年的小

THEODORE ROOSEVELT

特迪身形瘦小，这让他与伊迪丝3岁的年龄差距就显得不是那样明显了。罗斯福家成为伊迪丝童年时代的第二家庭，她几乎每天都到罗斯福家，和罗斯福、科琳一起听安妮姨妈讲故事，一起做游戏玩耍。

科琳虽然是特迪的妹妹，可更多的时候，她和姐姐贝米一样，扮演着特迪的保护者角色。在幼小的她的眼中，哥哥只是个被病痛折磨的小孩。他的个头很小，也不像埃利奥特那样调皮捣蛋。那些让女孩讨厌的男孩恶习在他身上根本就找不到，他像母亲那样仪态高雅，像父亲那样待人温柔耐心。尽管疾病不停地折磨着他，但他不哭不闹，安静得让人怜惜。在很多年后，罗斯福家的孩子们都长大成人，科琳和贝米仍像小时候一样，给予特迪最温暖的呵护，在他最困难的时候给予他坚定的支持。

1869年夏天，罗斯福带领全家赴欧洲旅行。贝米已经成长为一位亭亭玉立的少女，特迪也是一名11岁的少年，他的身体长高了，可与同龄的孩子相比仍显得很瘦小。科琳开始学习礼仪，埃利奥特成为一个孩子王，能笑能闹，一刻也不肯安分，顽皮得让罗斯福夫妇头疼。由于这是全家第一次欧洲旅行，孩子们都很兴奋，只有特迪除外。他不愿意离开童年伙伴伊迪丝，所以不愿意离开家，他很认真地向父母申请独自留在家里，被父母拒绝了，这让他深感郁闷。罗斯福夫妇这样做也是有情可原的，要知道他们带孩子们去欧洲旅行的目的，就是希望让他换换空气，这样说不定能够改善他的健康状况，然而，结果却适得其反。

不知道是心情的关系，还是旅途劳累的原因，特迪的身体状况始终不理想。整个旅途中，他都在与病痛做斗争。他不停地生病，精神也很萎靡，他的心底越来越想念好朋友伊迪丝，几次开口请求父母早点儿回国。在游历了英国、瑞士、法国等地后，罗斯福一家乘船返回美国，结束了欧洲旅行。特迪在自己的日记中，详细地记载了欧洲的旅行见闻，也详细地记载了他与疾病斗争的痛苦经历。

对于这个多病的长子，老罗斯福更多的时候是怜惜多于疼爱的，但是不可否认的是，随着特迪的成长，他开始真心希望能够把这个孩子培养成

THEODORE ROOSEVELT

才，而不是像过去那样只期待他平安健康地长大。罗斯福家的孩子都比较聪明早慧，而小特迪无疑是其中最聪明的一个。在他还不识字的时候，就开始抱着书看，成为一个小有名气的书虫。上面的文字对他来说当然就是天书，可是那些有趣的插图却深深地吸引了他，他对动植物的图片尤其关注。罗斯福家族历史悠远，家中藏书室略有藏书，藏书室无意之中成为体弱多病的特迪的小天堂。对他来说，这里就是一个崭新的世界。安妮姨妈似乎具有天生的教育天分，当小特迪憨态可掬地抱着几乎和他身子大小的图书，请求她讲述其插图的内容时，她总是能够绘声绘色地用讲故事的方式讲出来。小特迪听得津津有味，对图书的热情也越来越高。

小特迪跟着安妮姨妈学会识字后，开始自己阅读藏书室里的图书，其中最有兴趣的还是自然学科方面的书。他认真地翻看图片，在能够理解的范围内记下其中的介绍文字。他每天都泡在藏书室，大家想起来去看他的时候，都能够见到他安静地看书的样子。年龄稍大点儿后，他越来越渴望能够进行户外活动，但是他的身体条件并不允许。为了弥补这个缺憾，他开始关注描写户外活动的书籍，从书中感受参与的乐趣。他还开始阅读战争史诗方面的书，被其中的英雄人物感动，崇拜他们的勇敢无畏的精神，希望自己以后能够成为那样的人。

像其他富裕家庭一样，罗斯福夫妇为孩子们请了一个法国家庭女教师，为孩子们教授法语。小特迪对语言学习很敏感，学习进度明显比姐姐贝米和妹妹科琳要快。与此同时，他开始显露出写作的天分。10岁的时候，他给去萨凡纳做客的母亲写了一封信，这封信成为他人生中第一篇文学作品。他用词贴切，文笔流畅，信中蕴涵着一个小小少年对母亲的思念和对生活的热爱。在以后的51年中，他共写了15万封书信，这是个令人吃惊的数字。在给母亲写信后不久，他开始记日记。在他的日记中，不仅记载他一天的见闻，还有他思考的问题以及一些阅读方面的感受。随着阅读面的扩大，特迪的求知欲也越来越强烈，在大人眼中，他是一个勤勉好学的孩子。

第一章 青葱岁月（1858—1881）

THEODORE ROOSEVELT

第一章 青葱岁月（1858—1881）

西奥多在安逸童年时代的家庭聚会

　　从欧洲旅行回来后，罗斯福夫妇出于对特迪的关心，请医生对他进行了全面的健康检查。医生检查的结果是，特迪只是身体不够结实，而智力却明显比同龄孩子早熟。医生建议他多进行户外活动，并且在适度的范围内进行体育锻炼。健康检查后，罗斯福把特迪叫到了书房，以男人对男人的方式和他进行了一次认真的谈话。罗斯福先是总结了这次欧洲旅行，在整个旅途中，特迪都没有摆脱疾病的纠缠。在英国游览期间，他在感冒；在瑞士逗留时，他肠炎发作；到法国后，他又因哮喘而大病一场。

　　特迪不明白父亲的用意，安静地望着父亲的脸。罗斯福看着身体羸弱的儿子，用很郑重地口气告诉他："特迪，你拥有健全的头脑，可是却没有健康的体魄。要知道，没有好的身体做依托，心灵是无法全面发展的。"

　　特迪充满期待地问："父亲，我应该怎么做？"

　　"你应该锻炼好自己的身体，"罗斯福回答，"可是，锻炼身体不是做游戏，需要耐心与毅力，要吃很多很多的苦，但是我相信，你能够做到。"

THEODORE ROOSEVELT

父亲给予的信心让特迪感觉心里暖暖的，他笑着高声回答："我会的，我会锻炼好我的身体。"

也许，就是这次谈话改变了特迪的一生，让他把人生目标从与病痛斗争转到拥有一个健康的体魄。或许，正因为如此，特迪的未来才变得更加广阔。

马莎对丈夫与儿子的锻炼计划非常支持，帮着特迪在附近的体育馆报了健美操训练班，还配合丈夫，在特迪所住的二楼，装备了一个家庭健身房。健身房一面向阳，终日可见阳光；一面正对着戈莱特花园，因此空气非常清新。除了去体育馆做健美操外，特迪就终日埋在健身房锻炼身体。健身房里安置着单杠、双杠，角落里还有杠铃、哑铃，特迪利用单、双杠做扩胸运动，利用杠铃、哑铃等锻炼手臂肌肉。

伊迪丝与科琳对特迪的锻炼比较好奇，经常到健身房看望他，可是每次看到他，不是在做单调的扩胸运动，就是在做无聊的手臂伸展，看上去既辛苦又枯燥。伊迪丝与特迪的关系仍很好，只是特迪已略知人事，两人交往不再像过去那样亲密无间了。

正如伊迪丝与科琳看到的那样，特迪的锻炼生涯是辛苦又枯燥的，但是他能够苦中作乐。通过锻炼，他的肌肉在增多，胸部在扩张，身体发育也比过去快了许多。随着身体的康复，他病倒的次数也越来越少。一年以后，他已经像个正常的孩子那样，面色红润，很少生病了。他从小就具有的自信和毅力，使他能够不怕吃苦，能够自觉地日复一日地进行锻炼。在他的心里，一直渴望自己能够出去行万里路，增长见闻。他曾以为那些只是空想，因为自己的身体状况是不允许那样做的。如今他看到了希望，当然非常欣喜地、非常主动地去进行锻炼了。锻炼带给他希望，也带给他乐趣，或许在别人看来，这个孩子只不过是苦中作乐而已。

除了坚持室内锻炼外，特迪还开始增加户外活动量。他陪着母亲去郊外远游，跟着父亲去登山。他喜欢大自然，在与动植物的接触中享受乐趣。

第一章 青葱岁月（1858—1881）

THEODORE ROOSEVELT

转眼，特迪的锻炼已经坚持了两年，他的身体长高了不少，手臂上也有了肌肉。曾经折磨他10多年的疾病像要遗忘他一样，很少光顾。从表面上看起来，特迪已经和其他健康男孩没什么区别，这让特迪心中有点儿小得意，也让罗斯福夫妇感觉很欣慰。可是，没过多久，一件小事让他对锻炼有了新的看法。由于身体的原因，他从小接触的同龄人多是亲戚或邻居家的孩子。因为良好的家教，大家即便有什么不和谐的地方也都是彼此隐忍。

一天，特迪因哮喘病发作，乘马车去温泉度假。当时，马车上还有其他几个年龄与他相仿的男孩。他们看到面色苍白、身体羸弱的特迪，就认为他软弱可欺，不停地拿话撩拨他，看到他难堪的样子就哈哈大笑。特迪已经13岁，正是少年心高气盛的时候，怎么能够忍受这样的挑衅呢？他勇敢地向那几个不礼貌的孩子举起了拳头，捍卫自己的尊严。最初，他是充满自信的，以为凭借两年的锻炼已经身强体健，已经能够为自己讨回公道，然而，结果却使他深受打击。他根本没有办法打败任何一个人，正如那几个人嘲笑的一样，他只是个能够轻易被打败的弱者。特迪没有因此对锻炼有所松懈，而是重新树立一个目标，那就是不仅要让自己成为一个身体健康的正常人，而且要使自己成为一个敢于直面各种挑战的强者。他的锻炼课程中开始添加新内容，拳击、摔跤等等。从这些搏斗术中，特迪显示了自己不畏惧挑战的好胜性格。父母很欣慰，因为这时的他已经越来越像个正常长大的男孩了，健康、活泼、自信。

14岁的时候，特迪从父母那里得到一件礼物，是支小口径的猎枪。他非常高兴，因为可以用它在野外猎取小动物，来制作自己喜欢的动物标本。然而，在练习射击的时候，他却丢了面子。因为不管他是多么认真，都不能够像其他小伙伴们那样射中目标。他有些沮丧，认为是自己身体不够灵活的原因。但他并没有灰心，还是兴致勃勃地和小伙伴们一起去野外狩猎。后来，无意中他才意识到问题是出在自己的眼睛上，因为大家都能够看到远处路牌上的字，只有自己看不到。父亲领他去看了医生，然后为他配了眼镜,这极大程度地提高了他对动植物的观察兴趣和能力。

1875年冬,特迪结束了长达6年多的身体锻炼,与亲戚家的几个伙伴进行了各项体育比赛,结果令人大吃一惊。在15项比赛中,除了1项与对手打成平手外,其他14项都获得了胜利。比赛结束后,他还做了全面的身体检查,不管是身体的爆发力,还是身体的柔韧性,他都超出了同龄男孩。正如多年前,特迪与父亲在书房说的那样,他已经拥有了健康的体魄,拥有了强壮的身体。

特迪日复一日的辛苦锻炼终于取得丰厚的回报,他战胜了自己,战胜了病魔,并且通过长期的锻炼获取了自信和力量,为成为以后的"硬汉子"总统奠定了体能基础。当然,任何事情都是具有两面性的,多年超常的锻炼也为他的身体留下一些后遗症。几年后,在一次健康检查中,他被查出患有心脏病,原因是长期生病与过量的锻炼。医生很婉转地告诫他,以后不要从事剧烈运动,要用平和的心态安静地生活,只有这样才能够健康地活下去,否则情况就会变得很糟糕。特迪认为如果过医生要求的那种生活,就算活上百年也没有什么意思,他决定按照自己的意愿,过自己想过的生活。事实证明,他的勇气为他带来了好运,他没有像医生说的那样年轻早夭,而是轰轰烈烈地演绎了自己的精彩人生。

4 哈佛初现
THEODORE ROOSEVELT

由于身体的原因,在进入哈佛大学之前,西奥多没有进学校接受正规教育。他的情况在当时并不算特例,很多富家子弟都是这样在家里完成早期教育的。西奥多在姨妈安妮·布洛克的膝上,跟着她认识字母、拼写单词,并且养成了阅读各种读物的习惯。虽然他没有受到学校的系统性教育,但是却通过其他方式获得了更多的感性知识,使学习成为他少年生活的一部分。而且这种学习与他的兴趣相结合,让他在轻松愉悦中掌握了更

THEODORE ROOSEVELT

多的知识。

1875年7月，西奥多参加了哈佛大学的入学考试，凭借多年自学所积累的知识轻松地通过了考试。

哈佛大学与罗斯福家族结下了不解之缘，从西奥多的堂兄詹姆斯·罗斯福开始，罗斯福家族的子孙中有很多人都毕业于这所大学，其中最著名的就是后来的两位总统：本书的主人公西奥多·罗斯福和詹姆斯·罗斯福的儿子富兰克林·罗斯福。

哈佛大学的前身是哈佛学院，是美国历史上的第一所大学。15世纪末，由欧洲通往美洲的大西洋航道被哥伦布开辟出来后，欧洲人纷纷远涉重洋来到美洲。17世纪初，首批英国移民到达北美，在那里开拓自己的"伊甸园"——新英格兰。在众多的移民中，有100多名清教徒曾在牛津大学和剑桥大学受过古典式高等教育。1636年，在约翰·哈佛的带领下，他们在马萨诸塞州的查尔斯河畔建立了美国历史上第一所大学，并且将剑桥大学的管理模式移植过来，学院也定名为"剑桥学院"。1639年，马萨诸塞议会通过决议，将学院改名为"哈佛学院"，用以纪念学院的创办者约翰·哈佛。1780年，在美国建国后的第4年，已经有了140多年历史的哈佛学院升格为哈佛大学。哈佛大学的校训是"以柏拉图为友，以亚里士多德为友，更要以真理为友"。

哈佛大学在择师和育人上坚持高标准、高质量，因此成为群英荟萃、人才辈出的第一流大学，对美国社会的经济、政治、文化、科学和高等教育都产生了重大影响，对世界各地的求知者具有极大的吸引力。

1876年9月，西奥多离开了父母，进入哈佛大学。此时，哈佛大学正在校长查尔斯·W. 艾略特的改革下，由地方性大学向世界知名学府发展。查尔斯·W. 艾略特是哈佛大学历史上最有成就的几位校长之一。他于1869年任职，思想开明，在改革中不断完善哈佛大学的教育与管理方式。他主张利用科技文化服务于国家和社会。他引进国外先进教学制度，改革传统课程，在美国推行自由选修课程制度。通过几年的努力，艾略特的改革已经初见成效。学生们对学习冷漠、生活上养尊处优的陋习也得到了一定改善。

西奥多的父母对远在外地的儿子很惦念，在他们心中，儿子的道德成长和身体健康才是最主要的。尤其是母亲马莎，在西奥多最初离家的那段日子，整天牵挂着自己的儿子，以至经常失眠。老西奥多为了让妻子安心，就派长女贝米前往哈佛大学所在坎布里奇镇，探望西奥多。贝米知道西奥多不喜欢新生宿舍后，在距离学校不远的温思罗普街租了间二层楼的居室给他。直到毕业，西奥多一直住在这里。

西奥多虽然有自己的交际圈，但他并不是个合群的人。当时哈佛大学的学生，主要分成两派，一派是来自波士顿的英国贵族后裔和豪门子弟，一派是来自纽约商业家庭的年轻人。罗斯福没有像其他来自纽约的年轻人那样与"纽约老乡"来往，而是凭借家中的经济支持，与波士顿富家子弟混在一起。罗斯福家族几代人沉淀下来的良好教养，让西奥多很快就成为这些年轻绅士中的一员。他们在高档餐厅用餐，只与他们眼中的"上流社会"的子弟来往，加入那些具有贵族气息的俱乐部，成为出手阔绰的"哈佛精英"。虽然终日与这些纨绔子弟混迹在一起，但西奥多仍然谨记父亲的教诲，始终以做个有道德的人来要求自己。正因如此，罗斯福没有像那些纨绔子弟那样给人留下高傲、恶劣的印象。在同学们的眼中，他始终是个爱运动、具有真正贵族教养的绅士。相对其他学生来说，师长们对这位身材高挑、面带微笑的学生并未给予过多关注。正如父母期待的那样，西奥多并没有把学业放在首位，而是按照自己的意愿度过了大学生活。

哈佛校园风景优美，透过茂盛的常春藤，古老的建筑若隐若现，穿着考究、举止文雅的年轻学子们往来其中，如同一幅优美的画卷。西奥多虽然不是备受师长喜欢的天才学生，却是位个性鲜明的人。在诸多绅士般的学子中，他总是能够引起大家的关注。他喜欢演讲，总能够凭借伶俐的口才和清晰的逻辑来说服听众，并且因此成功地加入了哈佛校内的几个知名社团。大家都喜欢听他演讲，都说"太带劲了"。可是，并不是所有的演

THEODORE ROOSEVELT

第一章 青葱岁月（1858—1881）

讲场合都欢迎西奥多，比如由别人做主角的演讲场合就不欢迎他的出现，因为他总是能够敏锐地抓住演讲者的不足，站起来公开就其内容的条理性、叙述的逻辑性等方面的问题而反驳演讲者的观点。因此，从这方面来说，年轻的西奥多还是给很多人留下了爱出风头的印象。

更多的时候，西奥多都是凭借自己的与众不同来吸引大家的目光的。有时，他会因一点纠纷与同学展开长时间辩论；有时也会安静下来，该读书时读书，该写字时写字，完全不理会周围的吵吵嚷嚷。在同学们的眼中，西奥多就是这样一个有点怪的人。也许正因他的行为奇怪，大家才更愿意把目光停留在他的身上，从而发现他隐藏在爱出风头下的勇敢、执着、博学等优秀品质。

通过多年的锻炼，西奥多的身体已经不像小时候那样虚弱。他始终坚持体育锻炼，即便身体不如同龄人健壮，但他还是凭借高个子引起了各个体育类社团的关注。这让爱出风头的西奥多很高兴，同时也带来些小麻烦，因为他抢了很多高年级学长的风头，引起一些人的不满。因此，总有一些人来挑战西奥多，他们都认为他是个虚有其表的年轻人。西奥多非常乐意接受挑战，兴致勃勃地参加各种比赛。凭借身体的爆发力和柔韧性，他总是能够毫不意外地赢得胜利。由此看来，除了爱出风头外，从不服输也是西奥多的标准做派。

虽然西奥多并没有把学习放在大学生活的首位，可是好强的个性使他不愿意在学业上落后，这点与那些对学业漠视的纨绔子弟完全不同。在给父母的信中，他屡次提到从未放松学业。确实正如他所说的那样，频繁的交际活动并没有影响西奥多的学习。为了搞好学习，他依据从小养成的习惯，每天很早起床，每天用半天的时间看书学习，温习课业。有时不管是出于什么原因耽误了功课，他总会在事后的第一时间弥补。除了正常学习外，他还阅读大量课外书籍，尤其对哲学类书籍比较关注，即便在假期旅行时，也会随身带着霍拉斯或苏格拉底的著作。他阅读速度比较快，因此阅读量很大，但他却从不轻意下笔。虽然有时来了兴致，可是斟酌再三后却无从下笔。或许正是因为这个原因，让他的文章质量非凡，一字一句多是精华。

在第一学年，西奥多主修课程是希腊语、拉丁语、高等数学、化学和物理。虽然他坚持每天学习6个小时，但是并没有出类拔萃的表现，很多科目成绩单都是"B"。虽然对一个凭自学考入哈佛的学生来说，这已经是很不错的成绩，但是西奥多还是觉得有些羞愧，他原本以为自己可以做得更好，要知道这种成绩可不符合他爱出风头的个性。不过西奥多在文学上的修养和写作上的天赋弥补了他课业上的不足，在第一学年结束前，他出版了自己的第一部自然史著作《阿迪朗达克山区的夏季鸟类》。此时，他的名字被收入到一本知名生物学家的名录中，另外他制作的数目相当可观的动物标本也引起外界的关注。

1877年暑假，西奥多回到了纽约家中，他开始规划自己的未来。原来在哈佛大学的第二学年，学生们除了主修课程外，还有资格选修自己喜欢的课程。在父亲的书房里，西奥多就以后的人生选择与老西奥多做了一次长谈。出于从小对自然的热爱和少年时期对自然史的研究，他决心做一名科学家。他将自己的想法告诉了父亲，并希望能够得到支持和鼓励："父亲，我将以科学研究为毕生事业，我相信自己能够做得很好。"

老西奥多虽然是个慈祥的父亲，可是不盲目支持儿子的决定。他根据自己的人生经验，给儿子讲述了选择这种人生道路的辛苦："特迪，科学研究与商业不同，有很多时候并不能够带来实际的收益。如果你选择做一名学者，收入会很微薄，会没有办法维持你过去那种舒适享乐的生活。或许，将来你的生活会很窘迫，你会没有办法很好地照顾家庭，因此，你要慎重考虑。"

西奥多望着父亲的眼睛，毫不犹豫地回答："父亲，我已经考虑清楚了。"他并没有因父亲的话而影响自己的决定，他再次向父亲表达了自己愿意以科学研究为毕生事业的决心。

规划好未来后，西奥多就根据这个目标来确定自己的选修课，其中包

THEODORE ROOSEVELT

括：基础植物学、解剖学、脊椎动物生理学、两门自然史课程、法语、德语、主题作文、修辞课等。他的学习习惯还是与一年级时相同，每天学习6个小时，并且阅读大量课内、课外书籍。不知是否是出于对选修课的热爱，他取得了令人满意的好成绩。在8门课业中，他有6门功课都得了"A"，其中最出色的是德语、修辞和基础植物学。在全年级250多名学生中，他的成绩一下子排到了前25名。在同学和老师们的眼中，西奥多已经开始显示出自己的学业风采。

1877年的圣诞节，罗斯福家族还像往年一样，举行或参加各种聚会。西奥多已经不再是青涩的少年，一年多的哈佛生活锻炼了他的社交能力。良好的教养、幽默的谈吐、真诚的微笑让他成为受欢迎的年轻人，尤其是备受年轻姑娘的青睐。在家庭聚会或其他社交场合，西奥多经常能够看到儿时玩伴伊迪丝的身影。她不再是过去那个喜欢跟在西奥多身后的活泼女孩，她已经出落成一个美丽的少女，时而矜持，时而羞涩。她和西奥多的关系变得不如小时候那样亲密。在西奥多眼中，伊迪丝仍是个妹妹般的小姑娘，可是伊迪丝却认为自己已经是个淑女了。她仍然与西奥多的妹妹科琳交好，常出入罗斯福家。西奥多的姐姐贝米却不喜欢她，认为她是个行为做作、性情呆板的女孩。

1878年2月9日，对罗斯福一家来说是个悲惨的日子，家中的顶梁柱老西奥多染病辞世。西奥多悲痛不已，很长时间都不能从丧父的痛苦中恢复过来。他是在父亲病危后才得到消息从学校赶回来的，因此他终生为不能在父亲生病期间侍奉左右而愧疚不已。无论是在情感上，还是生活上，他都依赖父亲。对他来说，老西奥多不仅是慈父，还是人生的导师，是他生命中最重要的人之一。当时的西奥多还不到20岁，一下子就毫无准备地成为一家之主。他好像一下子成熟起来，又好像一下子失去自信。他经常想起父亲，因为他感受到不管是幸福的家庭，还是舒适的生活，都是在伟大父亲的庇护下才能够得到。每每想到这些，他就开始厌恶自己的渺小和不足。家人都发现，西奥多变得沉默寡言了，不知道这是否是他成熟的表现。

老西奥多去世后，马莎按照丈夫生前的安排，为几个孩子做了财产分配，其中西奥多可支配的部分是每年8000美元的收入。虽然这不是笔巨款，可是也能够基本维持他舒适安逸的生活。由于西奥多没有独自谋生压力，这更坚定了他做科学家的决心。从此，他在学业上更加努力，每门功课都取得了很好的成绩。

5 一波三折的爱情
THEODORE ROOSEVELT

1878年秋季，西奥多开始第3学年的学习，他选修了与自然科学相关的动物学、地质学等几门课程。秋季开学没多久，他就被选入哈佛大学最富盛名的波西林俱乐部，成为公认的优秀人物。西奥多为能够得到如此高的荣誉而欣喜，他的交际圈从此扩展到全校。

由于交际频繁，西奥多接触了一些女孩，往来频繁的也有好几个，可是都不能引起他的热情。在爱情和婚姻上，西奥多是个保守的人，这与他从小生长的环境有关，或者是父母的美满婚姻影响了他。在他心中，爱情与婚姻是紧密相连的，有道德的人应该以婚姻为前提，进而与女性保持亲密关系，否则就是行为上的道德不检点。

在到哈佛上学之前，西奥多由于身体的原因而时常足不出户，很少接触到家族以外的女性，因此长大后就不知不觉地把家族中的女性当成了异性的典范。他既重视女子的容貌气质，又重视女子的出身教养，认为真正值得自己追求的人应该是淑女中的淑女、美人中的美人。朋友们都在猜想，不知道哪个女孩才能够让西奥多坠入爱河，没想到没过多久这个问题就有了答案。

1878年10月18日，应来自波士顿的学友迪克·索顿斯托尔的邀请，西奥多前往离坎布里奇6英里远的切斯特纳特山庄过周末。这里风景秀丽，

THEODORE ROOSEVELT

第一章 青葱岁月（1858—1881）

环境优雅，是本地的富人聚居区。除了见到迪克的家人外，西奥多还见到了迪克的表妹、17岁的艾丽斯·李。艾丽斯·李的父亲是迪克的舅舅，名字叫乔治·卡伯特·李，是个资产雄厚的富翁。李家的住宅与索顿斯托尔的家紧邻，两家人往来比较频繁，其中艾丽斯与表姐罗斯更是形影不离的好朋友。

艾丽斯容貌出众、身材修长，有着一头美丽的金发，一双诱人的蓝眼睛，有着众多的爱慕者，是个公认的美人。除了外貌的不俗外，她气质文雅、举止高贵，是所有人眼中的好姑娘。西奥多被她的魅力打动，除了艾丽斯，还有谁是淑女中的淑女、美人中的美人呢？在不失身份的情况下，西奥多殷勤起来，时常陪同艾丽斯和罗斯这两位小姐散步聊天。很多年后，在提到西奥多与艾丽斯的爱情故事时，很多人猜测西奥多对艾丽斯是一见钟情，并且试图从西奥多的信件或日记中寻找证据，却始终没有确切的答案。

同年11月11日，西奥多再次到索顿斯托尔家做客，又一次见到了美丽的艾丽斯。两人就像多年的老朋友，显得非常亲热。艾丽斯在舒适的环境中长大，虽然聪明伶俐，却毫无心机，是个像水一样透明的姑娘。对她来说，西奥多只是一个谈吐幽默、受人欢迎的新朋友，而没有其他意义。西奥多却不这样想，再次见到艾丽斯后，他确定了自己的心意，认定她就是自己等待的爱人，发誓一定要娶她为妻。确定好心意后，西奥多开始庆幸自己过去的洁身自好，认为自己有资格追求这位美丽而纯洁的姑娘。

西奥多最初留给艾丽斯的印象，与那些常来切斯特纳特山庄做客的本地纨绔子弟没有什么不同，都是热情、文雅的年轻人。可是，随着熟悉程度的加深，西奥多那种博学、自信的个性逐渐显露出来。艾丽斯开始变得十分愿意与他交谈，愿意听他讲述各种自然科学知识。不知是出于洁癖，还是出于女孩子的善良，艾丽斯对动物标本并不像西奥多那样热爱。

此时的西奥多已经被艾丽斯迷得神魂颠倒，为了她竟然改变了自己的学业，他不像过去那样喜欢自然史，做学者的决心也不像过去那样坚定。

THEODORE ROOSEVELT

第一章 青葱岁月（1858—1881）

罗斯福的第一任夫人艾丽斯·罗斯福

THEODORE ROOSEVELT

如今对他来说，获得艾丽斯的爱情是他的首要目标，他开始展开不屈不挠的追求。他开始购买大量新衣，注重修饰打扮，审视自己的举止风度，让自己成为切斯特纳特山庄最受人欢迎的客人。

在1879年3月举行的哈佛拳击锦标赛中，西奥多参加了轻量级的冠军争夺战。他相信凭借自己多年的拳击训练，自己一定能获得冠军，所以就兴致勃勃地邀请艾丽斯前来观战。当艾丽斯坐到看台上时，西奥多兴奋难当，打得十分卖力，让对手应接不暇，赢得观众的阵阵喝彩。可是，在中场休息后，西奥多却怎么也集中不了精神。因为艾丽斯的容貌气质实在是太耀眼了，她只是微笑着、安静地坐在那里，却已经引起无数探询、惊艳甚至是爱慕的目光。西奥多知道哈佛的这些所谓"上流社会"的子弟追求女孩子的手段高超，很多成熟的女人都不能抗拒他们的诱惑，何况是艾丽斯这种纯洁天真的少女呢？结果，西奥多的分心让他功亏一篑，最终没有获得冠军，但艾丽斯显然不是那种肤浅的、喜欢名利的女孩，她只为西奥多的勇气折服。通过这件事之后，两人的往来更加频繁起来，几乎每天都要见面，不仅西奥多时常去切斯特纳特山庄做客，艾丽斯也屡次来到哈佛探望西奥多。

1879年5月，乔治·卡伯特·李和夫人邀请西奥多去共进晚餐，想必他们也对这位对艾丽斯展开热烈追求的年轻人产生了好奇心。获得这样的好机会，着实让西奥多又是惊喜又是忧虑，惊喜的是获此殊荣，忧虑的是担心不能够获得艾丽斯家人的欢心。事实证明，他的担心是多余的，李夫妇对这位来自纽约的小伙子是非常欣赏的。他有英俊的外貌、良好的教养、值得尊重的家世，不管从哪一点看，他都是个好女婿的人选。显然，艾丽斯并没有想那么多，她只是把西奥多当成相处起来比较愉快的好朋友而已。

暑假即将到来，西奥多没有像其他学生那样欣喜，反而日益焦虑起来。因为假期他就得返回纽约家中，那样的话就要有3个月不能见到艾丽斯。他知道艾丽斯有为数众多的爱慕者，也知道她还没有爱上自己。俗话

THEODORE ROOSEVELT

第一章 青葱岁月（1858—1881）

说，爱情会使人变得卑微。那种患得患失的心情让西奥多感觉很压抑。在回纽约之前，他正式向艾丽斯求婚，并且希望她能够同意两人先订婚。可艾丽斯委婉地拒绝了西奥多，毕竟她才是个18岁的姑娘，爱情还没有开始，婚姻对她来说或许还太遥远。西奥多很沮丧，但并不绝望，艾丽斯的态度让他感觉事情还留有余地。

感情的不顺让西奥多沉寂下来。整个暑假，他的精神状态都不太好。家人都知道他爱慕上一个姑娘，都充满了好奇。令人佩服的是，他的恋爱没有耽误他的学业，他的成绩此时已排在全年级第13名，自然史和哲学还取得了全年级最高分。

1879年9月，西奥多再次回到哈佛，开始自己第4学年的学习。除了在各个社团担任职务外，他还通过竞选，成为哈佛校报的主编。不管是出色的成绩，还是独特的个性，都让西奥多成为校内的知名人士。校报主编的成功竞选和完美胜任，让很多人领略到了西奥多的领导能力，甚至已经有人预言他日后会成为政客。

西奥多仍把追求艾丽斯当成首要大事，为了讨她的欢心，他甚至买了辆精致的马车，可是结果却差强人意。艾丽斯可能是不知道怎么面对已经被自己拒绝的求婚者，因此尽量避免与西奥多见面，实在躲避不开就表现得很冷淡，再也没有过去的热情。西奥多不改初衷，一如既往地在艾丽斯身上施展自己的柔情蜜意，但是却屡屡碰壁。艾丽斯无可奈何之下，明确地告诉西奥多，希望他能够放弃对自己的追求。

西奥多好强的个性不允许他像其他失恋的年轻人那样表现出消沉的情绪，他用发奋读书来转移自己的注意力。他成功地掩饰了自己的失意，可是痛苦却丝毫没有减少，他整夜整夜地失眠，整夜整夜地思念艾丽斯。每每想到艾丽斯可能不属于自己，而成为别人的爱人，他就痛苦得要疯掉。他甚至开始在心底埋怨那个美丽纯洁的姑娘，怨恨她的心思嬗变与无情。尽管艾丽斯的拒绝让西奥多沮丧，但是他从不服输的性格决定他不会放弃对这段感情的追求。

THEODORE ROOSEVELT

李夫妇有感于西奥多的执着,所以并没有因艾丽斯的原因而疏远这个年轻人,这似乎让西奥多看到了希望。他不再像过去那样纠缠艾丽斯,不停地找机会与她约会,而是频繁地与李家交往,与李夫妇建立了良好的关系,并且提出了邀请李全家到纽约做客。

1879年11月2日,应西奥多的邀请,李夫妇带着女儿艾丽斯到罗斯福家做客。他们受到了马莎的热情款待。马莎很喜欢艾丽斯,从她的身上看到自己年轻时的影子。李夫妇也对罗斯福家族的历史和发展表现了很大的兴趣,并且表示愿意保持两个家庭之间的往来,还邀请马莎到切斯特纳特山庄做客。

不久后,贝米与科琳姐妹代表母亲回访了李家。从这以后,两家往来密切,长辈们都期待着西奥多与艾丽斯有个好结果。西奥多的努力虽然让两个家庭建立了良好的关系,却没有改变艾丽斯对他的态度。她仍像过去的几个月一样,与西奥多保持一定的距离,两人即使出现在同一场合,也只是打了招呼就分开。美丽的艾丽斯还是像过去那样具有魅力,使得这样、那样的追求者不停地出现。西奥多痛苦得要发疯,但自尊心却不允许他做出任何失态的事情。他很失落,因为他爱慕的姑娘并不想得到他的爱,可是他还是不愿意放弃。

1879年12月下旬,西奥多回到纽约,他压抑着自己的痛苦,陪同家人过圣诞节。马莎很关心儿子和艾丽斯的事情,询问两人的交往情况。西奥多装作很自信的样子回答:"她会成为我的妻子。"可他的心却不如他的回答这般自信,他的焦虑和不安没有丝毫减少。每天想着远在波士顿的艾丽斯,想着她会出席各种圣诞晚宴和新年舞会,想着她身边总是出现大量的追求者,他就恨不得马上飞到她的身边。可是,他不能那样做,他不想引起她的反感,他不愿意她因自己而为难。

1879年12月31日,罗斯福家迎来了一个客人,艾丽斯来了。马莎对艾丽斯的到来并不意外,西奥多却欣喜若狂,他尽量掩饰自己的失意,热情地招待自己的心上人。就这样,在惶恐与忧虑中西奥多与艾丽斯迎来了新年。不知道是被西奥多的痴情打动，还是被新年快乐的气氛影响，艾丽斯放下了她的傲慢，像个情窦初开的小姑娘一样，面带羞涩的笑容，接受了西奥多的出游安排。夜幕降临的时候，两个年轻人的手终于牵在了一起。

西奥多在尽情享受爱情带来的甜蜜时，又因幸福来得太突然而心存不安，他觉得这甜美的爱情或许只是一场美梦，说不定什么时候就醒了。在这段得来不易的爱情面前，他深感自卑，经常忐忑不安，艾丽斯身边出现的每个男子都成了他的假想敌。于是他改变了哈佛3年养成的学习习惯，减少读书的时间，辞去了各种社团的工作，把所有的心思都集中在自己的爱情事业上。为了防备那些假想情敌插足，他差不多整天都陪在艾丽斯身边。其中有个倔强的男人，并不因艾丽斯与西奥多关系亲密而停止向她献殷勤，这让西奥多很是恼火。为了不让别人从自己的身边夺走艾丽斯，西奥多甚至私下准备了手枪，打算在最坏的情况下与对手决斗。

1880年1月25日，西奥多驾着自己那辆精致的双人马车，去李家探望艾丽斯。在用过晚饭后，他终于鼓起勇气，再次向艾丽斯求婚。艾丽斯没有像8个月前那样无情，她露出甜美的微笑，答应了西奥多的求婚。他感激上帝赐予的好运，激动得几乎要流下眼泪。爱情就是这样让人沉醉，西奥多发誓一定要全身心地疼爱这个美丽的姑娘，一定要用尽全部的力量让她幸福。

西奥多给母亲马莎写了信，请她分享自己的快乐，并且希望得到她的支持，因为他想尽快与艾丽斯结婚。马莎对这门亲事很满意，对儿子能够拥有这样美丽大方的姑娘而感到骄傲。为了满足儿子的心愿，早日促成这门亲事，她亲自致信艾丽斯，在信中表达了长辈的接纳与祝福，欢迎她早日成为罗斯福家的一员。

对于西奥多与艾丽斯的婚事，李夫妇一直乐见其成。他们并没有像其他家长一样，对女婿人选百般挑剔。或许在艾丽斯接受西奥多之前，他们就已经接受了西奥多。由于西奥多还没有从哈佛毕业，所以他们没有答应两人立刻结婚的要求，而是在两个家庭的聚会上，为两人订了婚，并且将他们的婚期定在年末。直到此时，西奥多一直悬着的心才算落了地。

与过去相比，西奥多仍是个爱出风头的家伙。过去他喜欢卖弄自己的博学与口才，喜欢活跃在各个社团里；现在他喜欢卖弄自己的幸福与快乐，带着自己的爱人坐着马车四处兜风。他的爱情故事成为哈佛校园的话题，理解的人感叹他痴心，不理解的人嘲笑他无聊幼稚。西奥多对外界的议论毫不在意，这时的他，眼中只有艾丽斯，他最大的人生目标就是与她在一起，让她幸福快乐。朋友们嗤笑他对艾丽斯的不自信，他反而得意洋洋地炫耀自己的爱情。他向所有认识的朋友表达自己的喜悦，告诉他们自己会在冬天带一位美丽的新娘回纽约。

6. 新的人生选择
THEODORE ROOSEVELT

1880年，是西奥多在哈佛的最后半年，除了享受甜蜜的爱情外，还需要面对功课。为了多抽出时间陪艾丽斯，他在这一学年只修了5门课，读书的时间也由过去的每天6个小时下降到每天3个小时。

第4学年开学前，西奥多就开始认真考虑以后的工作与生活问题了。他已经不再像过去那样迷恋自然史了，在面临人生选择的时候，他把心上人的意见放在首位。因为艾丽斯不喜欢实验室动物尸体的味道，这连带着西奥多也失去了进实验室的欲望。他开始考虑未来，与两年多前不同的是，此时的他计划的是两个人的未来。是从事科学研究，还是从事其他行业，他犹豫了很久。思虑再三之后，他还是放弃了做个科学家的想法，因为这样的话就要面临出国学习，那就意味着要与艾丽斯分开好长一段时间，这是他不能容忍的。另外，他不愿意艾丽斯放弃过去的舒适生活，而陪同自己过清贫的日子。

西奥多决定以政治为职业，决定毕业后学习法律，为自己的政治生涯做准备。虽然由律师步入政界是当时的年轻人最常用的模式，但是西奥多的选择多少还是让家人感到意外。因为罗斯福家族世代经商，很少有人涉足政治。他们像其他名门望族一样，认为政治是肮脏与丑陋的。虽然在经商过程中，他们或多或少都要与一些政客有所联系，但是骨子里却是对他们不屑一顾。老西奥多就是一位典型的贵族式绅士，他厌恶那些圆滑世故的政客，热心于公益事业。

在家庭的影响下，西奥多很少关心政治方面的事情。虽然他很喜欢阅读各种书籍，但是对政治类的却很少涉及。进入哈佛大学后，西奥多也曾经像其他学生那样，参加支持共和党总统候选人竞选的活动。可是，那并不是什么正式的政治活动，只是走走形式而已。结识艾丽斯后，西奥多不仅展开热情的追求攻势，还开始认真规划两人的未来。这时，他想起一位教授曾说过的话：与动物实验室对年轻人的需要相比，联邦政府办公大楼对有理想的年轻人的需要更为迫切。这句话仿佛具有魔力，使迷茫中的西奥多为自己设计了新的人生规划。

1880年6月30日，西奥多参加了哈佛大学的毕业典礼。家人都从纽约赶了过来，并且在艾丽斯的陪同下来到哈佛大学。经过四年的学习，当年一起入学的250多名学生中，有177名成为合格的毕业生。大家依次从埃利奥特校长手中接过毕业证书与学位证书，为自己的大学生涯划上了完美的句号。毕业典礼上，学校还表彰了一批优秀毕业生，西奥多以排名第21名的成绩获得了这一荣誉。

对西奥多来说，在哈佛大学的四年具有重要的人生意义。他在美国最好的学府接受了当时年轻人能够接受到的最好的教育。他没有像其他纨绔子弟那样荒废学业，而是以极为认真的态度来学习。他也没有成为纯粹的书呆子，而是参与各种社会活动，培养了知识和才能。他始终铭记自己入学前父亲的教诲，重视自己的道德成长与身体健康。他热心参与教会组织的志愿活动，尽力帮助那些有困难的人们，让自己始终保有同情心。另外，他一直坚持锻炼身体，让自己在精神上成为一个强者之前先成为身体上的强者。多年后，他在回忆起自己的大学生活时，总是感到自豪而满足。

THEODORE ROOSEVELT

毕业典礼过后，西奥多带着艾丽斯回到了纽约，沉浸在甜蜜爱情中的两个年轻人为了避免受到干扰，躲到了罗斯福家族在奥伊斯特湾的老宅子，度过了幸福而快乐的假期。两人或者手牵手游荡在山间，或者依偎在山顶，眺望远处的大海。西奥多看到艾丽斯喜欢山顶的景色，就暗暗决定要在这里为自己的爱人盖所房子，让她能够尽情地在这里感受到快乐。

1880年10月27日，是西奥多的22岁生日，也是他迎娶艾丽斯的日子。两人在波士顿举行了婚礼，在众人的祝福中开始了他们的婚姻生活。在短暂的外出旅行后，他们回到纽约定居。西奥多终于如愿以偿，幸福得难以言表，他在日记中多次提到自己的幸福，并且祈祷这一切能够长久。

蜜月期还没过去，西奥多就不得不按照毕业前的人生规划，进入哥伦比亚法学院学习法律。虽然哥伦比亚法学院成立于1858年，没有多少年历史，可是哥伦比亚学院却是美国最古老的7所大学之一。哥伦比亚学院即哥伦比亚大学（1896年更名为哥伦比亚大学）的前身，位于纽约市中心，始建于1754年。1767年该校成立了美国第一所能够授予医学博士学位的医学院，1858年成立了法学院。除了医学和法学，它在经济学与自然学科方面也是美国各个大学中出类拔萃的。

西奥多的研究生导师是著名的法学家德怀特教授，他是个教学灵活、幽默风趣的长者。他一方面按照传统方式教授学生们法学知识，一方面鼓励大家提出自己的观点。虽然不能24小时守着自己的新婚妻子多少让西奥多觉得有些遗憾，但他还是很快就喜欢上法学院的学习生活。他还保持着在哈佛大学的习惯，在课堂上打断教授的话，反驳教授的观点，阐述自己的见解。这种个性化的学习方法让他在新生中很快就脱颖而出，引起了师生们的关注。很多同学都认为他天生就适合做个政治家，因为不管在哪里他都能吸引公众的目光。与在哈佛大学不同的是，西奥多爱出风头的习惯没有让大家觉得怪异，反而得到更多人的喜爱。在大家眼中，这个与众不同的家伙是个前程远大的年轻人。

西奥多是个非常矛盾的人，一方面他极力反对公司律师那套公认的标

THEODORE ROOSEVELT

准职业模式，认为那不符合年轻人的理想主义；一方面他不愿意读死书，因此主动到叔父罗伯特·罗斯福的律师事务所见习，结合实际案例来弥补书本知识的不足。

在进入法学院学习的同时，西奥多开始正式接触政治，这引起家族长辈的不满，大家都或多或少地瞧不起政客。他们都劝诫西奥多不要涉足政治，认为那不是什么体面的职业。

此时，距离美国南北战争结束不过15年，联邦政府正陷入严重的政治危机中。民主政策已经名存实亡，金钱与政治相结合，各大经济财团操纵党魁，进而控制着各级政府。政客与豪门肮脏交易的丑闻层出不穷，人们对政府的信任度降至最底值。期间当政的两位共和党总统尤利赛斯·格兰特（1869年—1877年）和拉瑟福特·海斯（1877年—1881年）都不算是合格的政治家，前者虽然是著名的军事将领，但是政治才能平庸，根本就不是国会那些老狐狸的对手；后者没有力挽狂澜的魄力，无法对抗腐败的国家机器。在党魁的操作下，总统权力被架空，国会主宰一切。三权分立的政治格局被打破，行政效率低下与贪污成风已经成为当时美国政治的最大弊病。

西奥多算是个理想主义者，所以在他的两次人生选择上，都极具个人理想主义。他选择做个科学家，是为了满足自己喜爱自然的理想；选择做个政治家，是为了让自己成为改变不良政治的清流。在当时的美国人眼中，成为工业家、金融家才是上流社会青年的首要选择，那样不仅能带来丰厚的收益，还能够提升自己的社会地位。罗斯福家族的许多长辈本身就是成功的工业家或银行家，他们希望西奥多能够考虑周全，放弃政治方面的追求。西奥多却是个固执的人，他坚持自己的选择，不因大家的阻挠而有所动摇。不久，他加入了第21选区的共和党协会，出入莫顿大厅的共和党总部，积极参加各类政治活动。

母亲马莎并不反对西奥多从事政治工作，但是她的贵族出身决定了在政治态度上的清高。她希望儿子能够像一些出身世家的政客那样，先做律

THEODORE ROOSEVELT

师，然后竞选国会议员，而不是从基层做起。西奥多却坚持自己的观点，认为只有从低层做起，才能够获得独立的政治权力，而不是像其他人那样受党魁操纵。艾丽斯虽然做了新娘，却不过是个19岁的小女孩，在政治上没有什么自己的观点。她只是附和丈夫的观点，偶尔与他探讨政治与诗歌。西奥多在纯洁美丽的妻子面前，也不愿意过多地谈论政治的丑陋。闲暇的时候，两人一起外出郊游，或者是打网球，就像热恋的情侣一样，而不像是已经结婚的夫妇。西奥多认为这是自己人生中最幸福的日子，这种令人心醉的快乐是无法用文字来表达的，同时，这种幸福也让人感觉到恐惧，因为越幸福就越害怕失去。

第21选区的共和党基层党员多是来自社会底层的爱尔兰移民，他们文化素质不高，总喜欢用大嗓门来论证自己的观点。这对出身上流社会的西奥多来说，这是一个陌生的群体，与他过去接触的那些人完全不同。这个群体里的人们之间不是讲究风度礼貌，而是用音量大小来决定说话力度。在这些基层党员的眼中，西奥多就像那些上层社会的绅士一样，行为做作，说话文诌诌的，所以开始的时候大家不愿意接纳他。西奥多却是个从不服输的人，他总是面带善意的微笑，主动地接触大家，直到人们接受他为止。但是，他也时刻提醒自己，不要沾染上任何令人不快的恶习。当西奥多成为美国总统后，大家研究他的政治生涯，很多人都认为他政治生涯的起点并不光彩，很显然，他并不是因为自己的内心意愿而与这些基层党员交往的，只是把他们当成进入政治课堂的跳板。

1881年4月，涉足政治几个月后，西奥多开始首次出现在政治舞台上。在州议会上，一些注重公益的人士提出了《纽约街道清理法案》，这是个超党派的提案，如果通过的话能够改善民众的居住生活环境。西奥多对这个提议深表拥护，在莫顿大厅发表演说，希望大家支持这个提案。可是，由于党魁的反对，很少有人对这个法案投支持票，最终结果只能是以失败告终。但西奥多并没有因感受到困难而退缩，在真正见识到党魁政治的黑暗之后，他从政的决心更坚定了。

THEODORE ROOSEVELT

一个月后，西奥多迎来了政治生涯的另一个困境，加菲尔德总统遇刺身亡，副总统切斯特·阿瑟继任总统。阿瑟曾担任纽约海关长官，并且因与党魁勾结、私下交易而声名狼藉。前总统海斯当时正好任州长，他提名老西奥多接替阿瑟的职务，可是却因党魁的干涉而不了了之。不久后，老西奥多带着遗憾去世。临死之前，他还再三谴责这个腐败的政府，为国家的命运和儿子的将来担忧。或许老西奥多对政治的遗憾也是西奥多选择政治生涯的理由之一。在他眼中，父亲始终是个伟大的、正直的人，父亲的对手当然就是一些让人无法忍受的败类。不管是对美国政治，还是对西奥多的仕途，阿瑟的上台都不是什么好事。

新总统上台后，西奥多起初是有些惶恐和不安的，但是每当面对妻子，他的心态就会平和下来。除了爱情外，他还是那个自信的、好强的西奥多。正好暑假也开始了，他带着艾丽斯前往欧洲旅行。

1881年10月，在纽约州议会换届选举之际，西奥多结束了欧洲的旅行，带着妻子回到了美国。在加菲尔德被刺以来，国内反对党魁政治的呼声越来越强烈，人们已经对党魁政治深恶痛绝。可是，在这次议会选举中，第21选区推出的候选人仍然是带有党魁政治背景的议员。在本选区党魁杰克·赫斯的支持下，这位名声不佳的议员再次获得提名，此举引起很多人的反对，西奥多就是其中最活跃的一员。于是共和党内部陷入混乱，争执日益明显，事情逐渐陷入僵局。就在此时，本选区的另一名党魁乔·默里站了出来。为了保证共和党对第21选区的控制，也为了向老对手杰克·赫斯挑战，他推出了党内的另一个候选人，那个人就是西奥多。在这种情况下，推出新候选人应该是最好的解决办法，没有党魁背景的候选人更容易被民众接受，而不是将这个议员名额让给民主党人。

对于突如其来的好机会，西奥多并不乐意接受。是的，在他带头反对前议员的再次提名时，他又怎么好意思出面参加竞选呢？那样的话，即使没什么非议，也会被人认为他之前的反对是私心作祟。乔·默里却不顾西奥多的推辞，再三游说他出面竞选。在这个圆滑的政客眼中，西奥多是此

第一章 青葱岁月（1858—1881）

THEODORE ROOSEVELT

次竞选最适合的人选。他出身上流社会，受过良好的教育，是个身家清白的年轻人。乔·默里推荐西奥多的原因也只是看重他的背景，而不是看重他的能力。甚至在乔看来，西奥多不过是个夸夸其谈的纨绔子弟，是最容易操控的傀儡。终于，在他的坚持下，西奥多答应与默里合作，出面竞选纽约州议员。这时的乔怎么也想不到自己推上台的是未来的美国总统。客观地说，西奥多之所以能够成为一名政治家，乔的作用功不可没。正因为如此，即便西奥多深恶党魁政治，但依然很尊敬乔，将他当成自己政治生涯的导师，始终怀有感激之情。

1881年10月27日，在家人的陪伴下，西奥多度过了自己的23岁生日。这一天，也是他和艾丽斯结婚一周年纪念日。夫妻两个进行了甜蜜的约会，就像恋爱时那样。不知道是不是家人带给了西奥多好运气，在第二天的共和党提名大会上，西奥多轻松地击败对手，获得了候选人提名。在党魁政治的夹缝中，西奥多没有放弃自己对清明政治的追求。他草拟了自己的竞选纲领，虽然在州的事务上他坚持共和党立场，但在其他方面则保留意见。

西奥多的提名获得了广泛的支持，老西奥多的朋友们虽然不支持他从政，但还是慷慨解囊，解决了竞选资金问题。公众舆论也是比较看好西奥多，并且介绍了罗斯福家族热爱公益事业的事例，还称西奥多是"令人敬佩的候选人"，有的报纸还直接预言本次选举的结果，认为西奥多一定会当选。

不久后，选举结果出来了，民主党候选人得到1989张选票，西奥多得到3490张选票，他以绝对领先的优势赢得了政治生涯的第一次胜利。

THEODORE ROOSEVELT
第二章
政坛新星（1882—1898）

西奥多的议员生活是从4个提案开始的，在州议会上，首次露面的西奥多一口气递交了4个提案：《净化纽约供水议案》、《市参议员选举改进议案》、《废除城市基金中的股票与证券议案》和《简化法院司法程序议案》。4个提案一提出，公众哗然，西奥多自然而然地成为共和党新议员的核心人物，大家都愿意围在他的身边。可是，在那些老议员眼中，这个爱出风头的小伙子就未必那么受人欢迎，他简直成为麻烦的代名词。

THEODORE ROOSEVELT

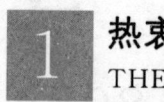

1 热衷改革的小议员
THEODORE ROOSEVELT

第二章 政坛新星（1882—1898）

1882年1月2日，西奥多抵达纽约州府奥尔巴尼，开始了自己的职业政治生涯，成为州议会最年轻的议员。他放弃了哥伦比亚法学院的学习，住在奥尔巴尼办公厅附近的旅馆里。虽然艾丽斯很想陪同他到奥尔巴尼，可是西奥多不忍心爱妻受苦，还是把她留在了纽约市。他则每个周末返回纽约，与妻子团聚。

西奥多的议员生活是从4个提案开始的，在州议会上，首次露面的西奥多一口气递交了4个提案：《净化纽约供水议案》、《市参议员选举改进议案》、《废除城市基金中的股票与证券议案》和《简化法院司法程序议案》。4个提案一提出，公众哗然，西奥多自然而然地成为共和党新议员的核心人物，大家都愿意围在他的身边。可是，在那些老议员眼中，这个爱出风头的小伙子就未必那么受人欢迎，他简直成为麻烦的代名词。

4项提案中，最后只通过了《市参议员选举改进议案》，而且内容被改得面目全非。西奥多并不感到意外，他递交法案的目的只是为了能够引起大家的关注，显示自己不肯与腐败的党魁政治同流合污的决心。很明显，他达到了想要的效果，成为大家眼中的实干家。

与众多年长的议员相比，西奥多显得太年轻了，大家还是忍不住把他当成一个男孩，一个喜欢穿礼服参加议会的纨绔子弟。西奥多也发现自己与这些人的差异，他们政治腐败，无法理智地面对工作上的问题。幸好议会中还有为数不多的几名年轻议员，大家志趣相投，总能够找到共同话题。西奥多还交了一个朋友，来自杰斐逊县的伊萨克·亨特。他欣赏西奥多的干劲，总是对他的提议投支持票。

出于党派政治的原因，即便共和党内的老家伙看西奥多不顺眼，但也很少公开指责他，可是民主党议员却不会这样客气，他们称他是个喜欢指手划脚的"花花公子",笑他是个好高骛远的家伙,并且毫不掩饰对他的轻视之心。西奥多没有一味忍让,当两个民主党议员再次无礼挑衅时,他毫不犹豫地挥起自己的拳头,告诉他们怎么做才算是真正的绅士。

对西奥多来说,州议会的工作好比是一种政治见习,让他能够了解地方政治机器的运转情形。没有想到的是,他工作不久后就遇到了难题,那就是新议长的人选问题。议长汤姆·奥尔沃德即将离任,新的议长人选还没有确定。为了维护彼此的利益,共和党和民主党都表现得非常积极。双方政治势力均衡的结果反而让这次推选陷入僵局。像西奥多这种新议员,由于没有圆熟的政治技巧,所以对解除眼下的僵局根本发挥不了什么作用。可是,西奥多仍然抓住一切机会展示才能,表现得非常积极。为了获得老议员的支持,也为了引起他人的注意,他在议会大厅发表演说,将出现僵局的原因归罪于民主党,并且提出要利用这次事件为共和党谋取更大利益。虽然共和党议员接受了西奥多的建议,但是最后的结果还是由民主党议员查尔斯·佩特森当选为新议长。

共和党议员不愿意放弃纽约州政治的主导权,他们在党魁的支持下联合起来,打算夺取新议长手中的人事任免权。西奥多坚持反对这种违宪、没有政治意义的行为,为了阻止这样的事件发生,他联合所有不受党魁操纵的共和党议员成为反对派。在共和党核心会议上,西奥多崭露头角,他拒绝了党魁的利诱,坚持自己的立场,表现得非常抢眼。党魁们对于这个不听管教的年轻人很恼火,西奥多的朋友们为此非常担心,害怕他们会毁掉西奥多的政治前途。可西奥多始终坚持自己的原则,具有独立自主的精神,不像当时的其他政客一样依附党魁。

西奥多兴致勃勃地开始了自己的政治生涯,并且被新议长任命为城市委员会委员。可是,他很快就发现政治丑陋的一面。在党魁的操纵下,很多议员们收受贿赂,只为愿意掏腰包的企业主们制定有利的法案,政治非常败坏。如果面对的是不愿意掏钱的企业主,他们就故意提出一些刁难性的法案,用来敲诈对方,让对方不得不出钱来阻止法案的通过。企业与政

THEODORE ROOSEVELT

治联手作弊，已经成为一种半公开的政治习气。对于这种无耻的政治贿赂与政治敲诈，西奥多深恶痛绝，这不符合他理想政治的模式。由于人微言轻，他根本不能够改变什么，只好从自身做起，不随波逐流。可是，在腐败政治中，想要保持清廉是非常不容易的，他很快就得到了教训。

在被任命为城市委员会委员不久，西奥多接受了西哈顿高架铁路公司关于独家建设纽约市终端站设施的法案。他认为该法案有利于改革纽约市政，愿意帮助他们提交议会表决。出于清廉的原则，西奥多要求铁路公司的人不要采取任何不正当手段来促成该法案的通过，他可不想让人误会自己也是受贿交易者。可是，事实却不尽人意，议会中马上有人出面阻挠该法案的通过，并且明目张胆地对铁路公司索取贿赂。西奥多据理力争，毫不让步，却没有任何效果。最终铁路公司的负责人不仅没有感谢西奥多的支持，反而认为他不识时务。他们将法案移交给几名老议员，并且委派一些活动者出面与议员们"接触"，几天后该法案顺利通过。

西奥多是个自尊心非常强的人，受到这样的摆布却没有还手能力，这让他非常恼怒。他知道铁路公司与议会有交易，可是又查无实据，只好压抑自己的愤懑之情。不过，他的性格不允许他保持沉默，他从不服输的个性再次展露无疑。因此，当他得知纽约州最高法院法官韦斯特·布鲁克涉嫌受贿为工业巨头杰伊·古尔德谋取好处时，马上着手调查，收集相关的证据。

调查结果显示，古尔德案并不是单纯的个案，韦斯特·布鲁克与纽约州总检察长汉密尔顿·沃德长期勾结，利用司法职权为企业谋取私利。对于这种用司法职权换取金钱利益的行径，西奥多更是愤怒。

在议会会议上，他弹劾了韦斯特·布鲁克和汉密尔顿·沃德，提议司法委员会对两人进行调查。议员们听到西奥多的弹劾，大家都觉得非常意外。在大家眼中，西奥多只是个不成熟的纨绔子弟，打着政治的旗号混日子而已，没想到他却能够做大家想都不敢想的事情，这激发了大家已经被压抑很久了的政治热情。大家议论纷纷，就这个提议展开了辩论，局面变

THEODORE ROOSEVELT

得一发不可控制。那些依附党魁的议员怕出乱子，纷纷出面反对这项提议，并且要求暂时休会，推迟辩论。

再次辩论时，西奥多仍坚持原来的提议，这引起许多人的广泛关注。已经有很多人出面劝说西奥多，包括卸任的前议长。在大家眼中，大法官与总检察长这样的大人物是神圣不可侵犯的，质疑他们的人只不过是个考虑不周全的冒失鬼而已。虽然西奥多出示了不少相关证据，演说也能够鼓动人心，但在党魁们的眼中这些不过是鲁莽的自以为是。他们态度坚决，抵抗非常强烈，暂时搁置了西奥多的提案。

为了扼杀西奥多的提案，党魁们与古尔德的人展开合作，收买议员，要求他们在弹劾提案表决时投反对票。或许是西奥多的到来，为大家带来了清明政治的希望，很多议员拒绝了这项交易。党魁们没有办法，只好在记票上做手脚，让反对派以几票的微弱差距否决了提案。西奥多当然没有这样好糊弄，他提出自己的质疑，要求进行记名投票，结果提案顺利通过。

反对派们当然不会就此罢手，他们使出各种手段陷害西奥多，甚至设下美人计。西奥多当然不会束手就擒，他保持冷静的头脑，在对方威逼利诱下都不为所动。另外，他还知道如何利用公众舆论，让议会同意对古尔德案进行调查。

调查的结果出来了，西奥多和议员们都松了口气，终于可以正式弹劾韦斯特·布鲁克和沃德了。可是，党魁们却不甘心就此作罢，在古尔德公司的资金支持下，他们私下收买调查委员会委员，改写了古尔德案调查报告。就这样，在议会会议上，大家看到的不是弹劾提案，而是辩护提案。西奥多非常气愤，没想到多日的努力被抹杀，没想到党魁们竟然这样颠倒是非。

在与党魁的对峙中，西奥多好像败了，可是却有巨大的收获。在整个古尔德案调查期间，新闻媒体一直非常关注西奥多。他的名字经常出现在报纸的显要位置，他的才能和人品得到广泛的肯定。在公众眼中，西奥多

第二章 政坛新星（1882—1898）

THEODORE ROOSEVELT

与那些贪婪的政客不同，他勇敢、坚强、富有道德心，是个值得尊敬的年轻人。即便古尔德案的结果让人失望，但西奥多廉洁的改革者形象已深入人心，他成为颇具名望的政治新星。当时的《纽约时报》评论，作为一名改革者，西奥多的前程不可估量。《纽约晚邮报》则对24岁的西奥多给予了褒奖，认为他是年轻人中成就最为出色的。

与那些出身良好的议员一样，西奥多的政治立场也具有一定的局限性。他出身豪门，很少接触到下层民众，根本不知道下层民众的生活疾苦。他还奉行旧式的自由主义观念，反对政府干预私人事务。因此，在一些改善下层民众生活的问题上，西奥多的态度是保守的。比如，在对限定工人的工作时间或规定市政工人最低工资额等提案，他都投了反对票，他认为那些法案带有"社会主义"性质，不符合美国传统的自由主义观点。但年轻的西奥多有一个优点，那就是他不是固执的人，在与社会下层的接触增多之后，他改变了社会立法方面的保守态度。

很快，西奥多成为纽约州的知名人物，他的哈佛大学和哥伦比亚法学院的同学都发来电报，鼓励他继续走自己的"理想之路"，这让西奥多崇尚理想主义的心理获得极大满足。他在议会站住了脚，成为具有影响力的核心人物之一。他开始对政治产生热情，认为自己能够在这个世界上有点用处。同时，他也见识了党魁与企业主交易的黑暗政治，真正体会到党魁政治的危害性。

1883年元旦，纽约州议会共和党议员召开核心会议，推选议长候选人。伊萨克·亨特丝毫不掩饰自己对好友西奥多的支持之情，提名他为候选人。那些老议员也从西奥多身上看到希望，顺利通过了他的提名。对于这位纽约州突然崛起的风云人物，其他各州也给予一定关注，西奥多的名字已经开始出现在国家级的报纸上。他被称为"新一代的希望"，甚至当时就有人预言，他有能力进军总统宝座。在万众瞩目中，西奥多开始了自己政治生涯的新阶段。

新任期的议会召开后，议长职位再次落到查尔斯·佩特森身上，西奥

THEODORE ROOSEVELT

多并没有像共和党议员期待的那样，成为新议长。原来，由于1882年大选中民主党获胜，民主党人克利夫兰当选为新州长，民主党议员占有了议会两院的多数席位，所以共和党沦为少数党，没有足够的票数控制议会的动议。不过，令西奥多欣慰的是，他成为少数党的领袖，已经在议会中获得举足轻重的地位。

在1883年，西奥多的主要工作是制定纽约州文官法的提案。1月16日，联邦国会通过了标志文官制度改革运动成功的《彭德尔顿法》，根据联邦与州分权的原则，各州需要根据地方实际情况制定相应的文官法案。《彭德尔顿法》改革了传统的文官制度，形成了美国的现代文官制度"考绩制"，即初步确立了联邦文官考试竞争、择优录用、按政绩擢升的选任与晋升制度。这种改革提高了政府部门的工作效率，有利于政府管理的专门化，有利于推进工业和经济的发展。

西奥多对文官制度改革的兴趣不是突然产生的，早在1881年加菲尔德总统遇害后，他就开始关注文官制度改革的进展。《彭德尔顿法》通过后，他更是将全部精力投入到文官改革法案的制定上。

4月9日，在州议会上，西奥多发表演说，希望大家通过自己递交的文官改革法案。在新州长克利夫兰的支持下，共和党与民主党中的改革派合作，突破了保守派的阻力，共同促进该法通过。西奥多获得了政治上的成功，得到了极大满足，可是却也惹上不少的麻烦。作为议会的少数党领袖，西奥多似乎太在意民主党州长的观点，而忽略了共和党的利益。他的支持者对此表示不满，认为他只追求自己的个人荣誉，忘记了党派利益。

在议会与公众舆论中，西奥多的声望一落千丈，事业陷入停滞期。他感觉很沮丧，情绪很低沉，行为也低调起来。直到第二任后期，他才从低谷中走出来，声望与影响力也有所恢复。媒体没有遗忘这个年轻的政治家，只是在评论中不再称他为"新星"，而是认为他是纽约州共和党中最具有实力的人物。

在1883年年末的议会改选中，西奥多第3次当选。在这次议会选举

第二章 政坛新星（1882—1898）

THEODORE ROOSEVELT

中，共和党重新获得多数席位。这就意味着，如果获得共和党议长提名，那就等于当选为新议长。西奥多开始进行活动，亲自拜访一些有名望的议员，以及所有当选的共和党议员，寻求大家的帮助。尽管西奥多费尽心思，可由于共和党党魁推出了自己的候选人，所以情况不容乐观。在党魁们的威逼利诱下，许多原本支持西奥多的人改变了立场，导致西奥多没有获得候选人提名。可是，西奥多的实力不容忽视，他在新任期当选为城市委员会主席，他的朋友们也在其他委员会崭露头角。

2 情人节的噩梦
THEODORE ROOSEVELT

1884年，对西奥多来说是不堪回首的一年。元旦过后，他开始了第三任期的工作，虽然没有当选为议长，但是他仍然在工作中寻找到了乐趣。他规划城市改革计划，对抗民主党和共和党党魁对纽约市的控制，获得了广泛的群众支持。

进入二月份后，西奥多的心情很好，工作效率明显提高。原来，艾丽斯已经怀孕待产，预产期就是2月14日情人节。对西奥多与艾丽斯来说，情人节具有特殊的意义，因为也是他们的订婚纪念日。虽然西奥多在奥尔巴尼上班，但是他每个周末都返回纽约陪伴自己的妻子。尽管分离是短暂的，但是仍让他们更加依恋彼此。两人之间信件往来频繁，诉说彼此的思念与爱意。1883年5月，艾丽斯怀孕后，西奥多不放心妻子独自在家，送她到母亲那里，拜托母亲与姐妹照料她。

1884年2月13日上午，西奥多收到了家中的电报，得悉艾丽斯已于昨天顺利产下一女，母女平安。同事们听说这个好消息，纷纷向西奥多表示祝贺。没想到，几个小时后，西奥多收到了弟弟埃利奥特发来的电报，说马莎与艾丽斯都病倒了，而且危在旦夕。西奥多大惊失色，立即告假返回纽约。

THEODORE ROOSEVELT

第二章 政坛新星（1882—1898）

西奥多回到纽约家中的时候已是深夜，马莎与艾丽斯的情况非常糟糕，姐姐与弟弟妹妹们慌作一团。马莎因伤寒严重，病入膏肓；艾丽斯则因患上白莱特氏症，情况危重。西奥多强忍着巨大的悲痛，往返于母亲与妻子的房间。

1884年2月14日凌晨，51岁的马莎在昏迷中离世，来不及向她的孩子们做最后的嘱托。西奥多看着面色安详的母亲，不敢相信这个事实，可是没有时间让他悲痛，艾丽斯还在另一个房间里与死神搏斗。他回到艾丽斯的床边，把已经完全不省人事的妻子抱在怀里，期待着她能够睁开眼睛，期待着她能够醒过来。他想起两人的初遇，想起长达两年的辛苦追求，想起两人的牵手，想起许多许多。可上帝并没有被西奥多的痴情感动，死神仍是毫不客气地带走了艾丽斯。在同一天，在这个曾带给西奥多幸福与快乐的家中，他一下子失去了生命中最重要的两个女人，这真是一幕人间惨剧。

艾丽斯留下的女儿出生才两天，安静地躺在姑妈贝米的怀里。虽然她不哭不闹，但却让人更觉得悲伤。西奥多沉默下来，他已经痛彻心扉，已经痛得没有办法流泪。他不敢看女儿，心底对她不能释怀，毕竟是因为她的出生才让他失去了爱人。西奥多躲在书房里，不愿意见人，即便外面是同样被痛苦折磨的同胞手足。失去了母亲，大家都很难过，西奥多的难过却因艾丽斯的离世而加倍。他的思绪一下子陷入混乱，他的未来不是应该为艾丽斯的幸福快乐而努力吗？而被他依为坚实后盾的家，却是父亲已经离世，母亲又这样突然走了，再没有谁能够全心全意地支持他、鼓励他了。西奥多表情麻木，觉得一切像场噩梦。

西奥多的精神几乎要崩溃，他在自己的日记中写道："我的世界陷入黑暗。"

2月15日一早，媒体公布了两位西奥多夫人的死讯，这个消息震惊了纽约社交界与新闻界，大家都不敢相信上帝会这样残忍。消息传到奥尔巴尼，州议会为了对西奥多表示哀悼之情，破例休会一天。议员们难掩悲

THEODORE ROOSEVELT

伤，有的人甚至当场落泪，谁会想到平日意气风发的西奥多会经历这样的痛苦呢？纽约社交界的夫人与小姐们，则纷纷表示惋惜，像马莎与艾丽斯这样美丽善良的女子就这样如花陨落了。

2月16日，马莎与艾丽斯的葬礼在奥伊斯特湾举行。婆媳两人一起葬在格林伍德墓地。

西奥多悲痛不已，在众人的搀扶中勉强完成葬礼仪式。看着他目光呆滞的样子，大家都非常担心，但是又不知道如何开解他。西奥多突然成熟起来，再也不是那个喜欢出风头、爱说爱笑的小伙子了。

葬礼过后，西奥多又躲回书房，两天两夜没有出来。他不吃不喝、不睡不眠，一会儿在屋内走来走去，一会儿望着窗外发呆。在悲伤沉痛中，他开始回忆自己与艾丽斯共同度过的美好时光：两人第一次相见，长期的爱情追求，两人订婚结婚，婚后的幸福生活。如今，艾丽斯去世了，是在母亲去世12个小时后去世的。西奥多想到这，就觉得自己的生命已经终结，不管是幸福还是悲伤，都已经无所谓了。他在日记中写出夫妻两人交往的过程，同时赞美他已经逝去的爱人。即便两人相识5年5个月，也共同生活了3年4个月，但在西奥多心中，艾丽斯是圣洁不可亵渎的。他相信，像艾丽斯这样美好善良的人，会赢得所有认识她的人的赞赏。她在最美丽的时候遇到了西奥多，成为他的爱人，成为他的妻子，成为他孩子的母亲。可谁都没有想到，她会这样离开，竟然在23岁时悄然死去。从遇到她的那天起，西奥多就不自信，深怕她会属于别人；当得到她的时候，西奥多就开始患得患失，害怕有一天会失去她。没有想到，西奥多的情敌这样强大，竟然是无法抗拒的死神。

沉浸在痛苦中的西奥多，对政治也兴趣黯淡起来。可是，为了转移注意力，他还是决定尽快投入到工作中去。很多人都认为西奥多前途远大，纽约州州长甚至在公共场合赞扬西奥多，认为他是个极有政治潜力的年轻人。或许是西奥多的迷茫影响了他的运气，丧妻后的他似乎不再受幸运之神的庇护。

THEODORE ROOSEVELT

第二章 政坛新星（1882—1898）

2月18日，西奥多回到奥尔巴尼，继续前几天被迫中断的工作。他由过去的每天工作14小时变成工作十八九个小时，似乎只有这样才能够让他在极度疲惫中入睡，而不是再整夜整夜的失眠，工作已经成为他宣泄痛苦的方式。几天之内，他就向议会递交了数个提案，可是结果却不尽如人意。虽然在议会中，他获得多数票通过，但是却总是被州长克利夫兰否决。克利夫兰这样做也是迫不得已，因为这年正好是大选年，为了能够连任成功，他必须寻求民主党党内人士的支持，因此不能出现两党合作的暧昧情况。

西奥多的辛勤付出得不到认可，这让他非常郁闷。进入3月份后，纽约州各党派都开始为大选做准备。纽约州是大州，在全国政治中具有很大的影响力。可以说，纽约州共和党的支持与否，直接影响着总统候选人的提名问题。作为纽约州共和党人的核心人物，西奥多被选为共和党全国代表大会代表也是意料之中的。此时除了依附党魁的共和党人之外，游离于各派系之外的独立共和党人都以西奥多为中心，形成了一个不成派别的自由派。

共和党内的党魁考虑到现任总统阿瑟的支持率太低，因此为了赢得大选胜利，他们想提名国务卿詹姆斯·布莱恩做1884年共和党的总统候选人。可布莱恩有贪污丑闻，不符合西奥多所信奉的理想政治标准。因此，他不中意布莱恩，当然他也不可能支持阿瑟，他支持不依附各个派别的国会参议员乔治·爱德蒙兹。他已经计划好，如果能够带领纽约州代表参加共和党的芝加哥全国代表大会，他就支持爱德蒙兹竞选总统候选人。

在纽约州共和党会议上，西奥多与其他3名独立共和党人当选为全国代表大会代表。此时的西奥多在纽约州共和党内的领袖地位已基本确立，因此能够轻松地以绝大多数的优势当选。

1884年6月6日，星期五，共和党在芝加哥召开全国代表大会。在党魁政治的操控下，布莱恩获得了总统候选人提名。很多年轻的具有改革精神的共和党人无法接受这个结果，他们坚决反对这个带有污点的顽固派成为总统候选人。为了捍卫美国的自由主义，他们宣布退出共和党。共和党成立30年之后，开始出现第一次大分裂。这些年轻人显然对共和党的腐败

THEODORE ROOSEVELT

政治已不抱希望，他们声称可以支持民主党的总统候选人，前提条件是他必须是不依附党魁的自由派。

就在共和党内部一片混乱时，民主党也召开了全国代表大会。纽约州州长克利夫兰通过提名，成为民主党总统候选人。克利夫兰在去年曾与共和党合作通过了文官改革法案，积累了一定的政治声望，很多人认为他具有改革意识。

在共和党顽固派和民主党改革派所推出的两个总统候选人中间，那些宣布退出共和党的年轻人选择了后者。虽然他们被党内的老顽固们定位为"叛徒"，但是却没有像大家预料得那样加入民主党，而是作为独立的政治力量来支持民主党的选举。

虽然西奥多反对党魁政治，但是他却没有附和大家退出共和党。他认为那些人的作为已经损害了共和党的名誉，不算是真正的共和党人。他鄙视这种鲁莽的行为，认为这是不顾大局的做法。作为纽约州共和党领袖，西奥多在芝加哥大会上一直受到媒体的广泛关注，经常有记者报道他的情况。西奥多的心情不算很好，惟一值得他高兴的就是在大会上结识了一个新朋友，来自马萨诸塞的独立共和党人那利·洛奇。此人温和儒雅，和西奥多意气相投，都喜欢读书与写作，因此聊得非常开心。两人不仅爱好相同，许多政见也相似，都主张自由主义政治。有媒体在评论共和党议员时，认为他们是最具有领导潜力的两个人。

共和党改革派退党后，许多人认为西奥多也在其中。为了解除误会，西奥多在报纸上发表声明，客观地阐述了自己作为共和党人的立场。他婉转地表明即便自己对总统候选人的提名不满，但仍会为了共和党的利益而期待本次大会能够顺利进行。

面对共和党内部的混乱局面，西奥多感觉非常疲惫，他决定不再参加州议员的竞选。亲人的离世、芝加哥大会的混乱都让他感觉沉重。他好像失去了追逐的目标，对政治前途也变得不自信起来。他知道，即便自己具有美好的理想，但是却未必能够按照自己的想法做事。在目前的政治环境中，要想成为具有影响力、值得尊敬的政客实在是太难了。他有些担心，自己会不会随波逐流，成为结党营私的庸俗政客。他想离开纽约，虽然这里有太多太多的幸福回忆，但如今幸福已成为苦涩。他想躲起来，以处理自己的伤口，调整自己的心态。因此，当有记者问起他以后的工作安排时，他回答自己会到西部闯荡，会到牧场放牛。

到西部去，是西奥多早就有过的想法。哈佛大学毕业后，他就去西部游历过，并且对那里的野牛产生了兴趣，那时他还保留着制作动物标本的爱好。可是，由于水土不服的原因，西奥多的身体状况一直不好，想猎取野牛的愿望也没有实现。在1883年9月，西奥多去了一趟达科他，以满足自己对猎取野牛的好奇心理。在其逗留期间，除了四处寻猎野牛，他还出入各个牧场。当时，牧牛业投资非常热门，西奥多受不了众人的鼓惑，在巴德兰兹买了一处牧场，请人来照料牛群。他买下牧场的原因除了想赚钱外，主要是想在这里有个落脚之地，方便以后带家人来旅行度假，他计划以后带着艾丽斯和孩子们来这里。可谁会想到幸福会如此短暂，牧场失去了它的女主人，牧场成为西奥多的避难所。

西奥多变得很脆弱，思念艾丽斯已经成为他的习惯。那个美丽温柔的姑娘，永远驻留在他的心上。她对西奥多影响巨大，如果没有她，西奥多可能就会成为一个学者，而不是政治家。虽然多年以后陪同西奥多走进白宫的女人并不是她，但是她的女儿却成为白宫的宠儿，华盛顿社交圈中的公主。这个女孩不仅继承了母亲的名字，还继承了母亲的美丽容颜。

3 牧场疗伤
THEODORE ROOSEVELT

1884年6月，共和党全国代表大会结束后，西奥多没有返回纽约，而是去了自己的牧场。他显然是早有计划，所以携带了大量现金，这次他又派人购买了一块牧场和1000头牛犊。虽然每天不是去山谷打猎，就是到牧

THEODORE ROOSEVELT

第二章 政坛新星（1882—1898）

场放牛，好像忙碌得不行，但西奥多的悲伤仍然无法转移。他认为自己的苦痛没有办法痊愈，认为自己的人生不再有希望。可是，即便如此，他也不愿意回纽约了。

西奥多开始用文字来抒发情感，写了大量悼念亡妻的文章。不管是打猎，还是写作，都是他最喜欢的生活方式。因此，他愿意在巴德兰兹停留。他在河谷边的低地寻找到一片合适的地点，用来建造房舍。这里风景秀丽，环境幽雅，自然气息浓烈，是很好的隐居之地。西奥多在这里修建了一排房舍，虽然不如纽约老宅豪华，却也布置得非常舒适。书房里摆满了从纽约运过来的书籍，西奥多不出门的时候，就在这里读书写作，日子过得非常悠闲。

1884年7月中旬，西奥多回到了纽约。他将女儿小艾丽斯送到波士顿李夫妇那里，拜托他们照顾。当时纽约州报纸正在批判西奥多，认为他背叛了大家的期待，最终倒向布莱恩。西奥多也不辩解，只是尽快移交手上的工作，争取早点回牧场去。

1884年8月1日，西奥多与两个喜欢打猎的朋友一起来到巴德兰兹，开始他的牧场主生活。两个同来的朋友是受西奥多的邀请，帮他管理那两块牧场的。另外，帮助他管理牧场的还有当地的几个朋友。虽然赚钱是西奥多投资的目的之一，却不是主要目的。西奥多平日做得最多的不是关注牧场，而是与朋友们一起去打猎。他一身牛仔打扮，就像是地道的西部青年，要么在平原漫游，要么去山谷打猎，日子过得似乎很充实。

对于这位暂时离开政坛的年轻人，地方媒体给予了一定关注，好几个报社都派出记者到牧场去采访西奥多，并做了相关报道。有的夸大这里景色的美好，认为西奥多已经迷上这里的自由生活；有的为他表示遗憾，认为他担任的纽约州共和党领袖具有重要政治地位，如果做下去，前途不可限量。西奥多仍自得其乐，不受影响，但是他还是有些变化，那就是不再像过去那样爱抢风头、爱热闹了。

西奥多的皮肤晒得黝黑，身体更加慓悍结实，变得像个真正的西部牛仔。他头戴宽边帽，身上穿着皮马裤，脚上蹬着牛皮靴，一身典型的牛仔装扮。除了打扮外，他的行为处事也与牛仔一样。或许，西奥多的骨子里就有凶悍的一面，他的爱出风头与从不服输的个性即带有牛仔精神。

牛仔的生活是丰富多彩的，争勇斗狠是其中必不可少的内容。西奥多年轻儒雅，即便穿着牛仔装，也无意中流露出绅士的做派。因此，很多本地牛仔都瞧不起西奥多，认为这个绅士牛仔软弱可欺，于是有事没事地找他麻烦。西奥多当然不会选择沉默，他伸出了自己的拳头，建立了自己的声望。事情是这样的：一天，西奥多外出寻找走失的马匹，天黑后在一家旅馆落脚。旅馆中有个酒鬼，出言不逊，惹得西奥多非常恼怒。那人见他一再忍耐，于是得寸进尺，不仅嘲讽他，还勒索酒钱。此人之所以这样嚣张的原因是他身上带着两只枪，心里料定西奥多只能吃哑巴亏。西奥多却没有想那么多，马上挥出拳头，捍卫自己的尊严。那个酒鬼双枪胡乱开了几下，就被打晕过去，最后由人抬着扔了出去。

随着时间的推移，西奥多的心态渐渐调整过来。他不再失眠，可是开始惦记远方的女儿、关注纽约州的政治。与此同时，西奥多也适应了隐居生活，渐渐地在牧场生活中找到了乐趣。他有的时候想着回纽约参加竞选，有的时候想着就这样定居在牧场。矛盾似乎是西奥多的本性，他有的时候也不知道自己到底想怎么样。

从8月到10月的两个月间，西奥多几乎每天都出去打猎，并且收获丰厚。他制作了很多动物标本，其中包括一头巨大的灰熊。此时，他不再像个隐士了，他开始关注纽约州的政治情况。

1884年10月，西奥多返回纽约，开始出现在公众面前。此时正是总统大选全面铺开之时，西奥多开始发表演说，为共和党总统候选人尽力。虽然他本人没参加竞选活动，可他还是认真准备各种资料，为共和党的总统竞选尽力。虽然他知道民主党的总统候选人克利夫兰是个有作为的改革派，但他还是选择了支持共和党总统候选人。这在外人眼中，西奥多有两面讨好的嫌疑，就像个玩弄政治技巧的职业政客。各个媒体又开始注意西奥多，披露他

THEODORE ROOSEVELT

西奥多与土著首领打猎时的合影

如何不顾原则、如何见风使舵,这严重地损害了西奥多的政治声望。

　　大选结果出来,共和党大败,民主党人克利夫兰当选为总统。西奥多在失落中回到牧场,开始认真地学习怎么做牧场主。西部的冬天漫长而寒冷,根本不适合外出打猎,所以西奥多只能呆在房间里看书。这里房子的取暖设施不完善,房间里总是热不起来,这让西奥多觉得有些不方便。忍耐了一个多月后,西奥多还是回到了纽约,一直呆到来年 4 月,春暖花开时又回到牧场。在回牧场前，西奥多出版了自己的作品《狩猎旅行记》。另外，他还拿出4.5万美元左右，在奥伊斯特湾的山顶上建造了一座房子。在艾丽斯去世一周年纪念日那天，他一个人站在新房子的窗前，眺望远方，思念自己的亡妻。

1885年4月，西奥多回到牧场后，他依然很少出门，总是躺在摇椅里读书，在浩瀚书海中寻求乐趣。同时，他又开始动笔写一本西部英雄的传记。让他高兴的是，两个牧场的牛群安全过冬，牧场景象欣欣向荣。西奥多冲动之下又拿出大量资金买回了1500头牛犊，成为当地知名的大牧场主。西奥多并没有什么收入，所花费的积蓄都是父母留下的遗产。他用大量资金进行投资，经济开始窘迫起来，家人非常担心。西奥多也知道自己有些冒险，如果牧场经营失败，他恐怕连本钱也收不回来。

西奥多为了牧场的事情很焦虑，劳累不堪，每天只能休息几个小时。如今他已是个合格的牛仔了，完全掌握了牧场的各种活计。他因吃苦耐劳得到了大家的尊重，可是却也损害了他的健康，他的身体很瘦弱，脸色看起来不是很好。合伙人劝他看医生，他没有时间。虽然他的身体处于疲劳状态，可是他的心情却渐渐好了起来。他已经像个真正的西部牛仔了，得到了地方人士的认可。

牧场主并不是那样好做的。要知道，只要有人的地方就有斗争，尽管西奥多低调地隐居在此，但仍是麻烦不断。巴德兰兹本是印第安人的狩猎地区，后来被白种人开辟为牧场，使得印第安人丧失了狩猎权。他们非常不满，经常搞些破坏事件来报复白人，例如在秋季焚烧牧场、在牧场与狩猎区边境杀死牛仔等。虽然白人心存不满，但毕竟要考虑到印第安人是土著居民，不好主动挑起纷争，因此外出时总是避开边境地带。西奥多却反其道而行，为了试一下自己的胆量，他曾独自骑马到边境地带。不幸的是，他真的遇到了几个持枪而来的印第安人。西奥多以为会有场恶战，没想到对方只是想要点烟草什么的。虽然当时也有印第安人想偷袭他，但见他拿着枪而且一副丝毫不畏惧的样子就走开了。虽然这次没有和印第安人

THEODORE ROOSEVELT

发生冲突，但是西奥多还是对他们没有好感，因为他的牧场也曾经被印第安人焚烧过。他认为印第安人是野蛮的民族，是缺少文明的民族，或许他潜意识里就瞧不起他们。后来，他就西部几年的生活经历写成《在西部的胜利》一书，书中对印第安人的评价很不好。

除了与土著居民的纠纷外，同行内部也是矛盾不断的。在西奥多前往巴德兰兹经营牧场之前，这里最知名的牧场主是德·莫雷。此人来自法国，拥有法国国王授予的男爵爵位，是最早到巴德兰兹开辟牧场的白人。他的牧场幅员辽阔，牛群的数量惊人，雄厚的财力让他能够操纵地方牲口的交易价格。他还是这里的传奇人物，因为他身材慓悍，性格蛮横，从来不肯吃亏。他的枪法也很出名，这让他有了嚣张的理由。他经常找人决斗，并且好几次打死决斗的对手，大家都很怕他。

西奥多在巴德兰兹的投资多了以后，开始与德·莫雷的牧场发生生意上的冲突，两人的关系开始紧张起来。虽然西奥多无心与德·莫雷争夺什么，但是仍被他视为对手。后来，德·莫雷再次因决斗打死人而惹上了官司，被指控犯有谋杀罪。德·莫雷财大气粗，内外打点，以为能够无罪释放，没想到法官找到了起关键作用的证人，最终他被判入狱。由于德·莫雷是知名人士，所以他入狱的事情被报界大肆宣扬，闹得他声名狼藉。德·莫雷恼羞成怒，认为是有人故意整自己，还认定那人就是西奥多。他怀疑西奥多指使那个证人加害自己，因为那个证人曾做过西奥多的向导；也怀疑西奥多安排记者宣扬自己入狱的事，因为他有很多新闻界的朋友。

德·莫雷忍不下这口气，出狱后就计划着怎么教训西奥多。他在给西奥多的信中大放厥词，提出要用决斗的形式了结两人的恩怨。西奥多个性好强，当然不会畏惧这样无礼挑衅的人。在给德·莫雷的回信中，西奥多的口气非常强硬，表明自己虽然不愿意与人为敌，但也不畏惧任何威胁。德·莫雷没想到对方会这样不客气，思量再三，还是没敢挑起纠纷，反而写信解释上次信件只是想解除误会，没有别的意思。西奥多并不是喜欢麻烦的人，既然对方已经愿意和解，他就没有再说什么，于是事情不了了之。

THEODORE ROOSEVELT

1885年10月，西奥多回到了纽约，虽然失去艾丽斯的痛苦仍然存在，可他决定开始新生活了，他决定向伊迪丝·卡罗求婚。伊迪丝·卡罗与西奥多的妹妹科琳同龄，是西奥多兄妹的童年好友。两家的父母往来频繁，孩子们经常在一起。可以这样说，她是西奥多进入哈佛前关系最亲密的异性朋友。两人小的时候一起接受安妮姨妈的启蒙教育，算得上是青梅竹马、两小无猜，亲戚朋友都以为两人会成为情侣，没想到却出现了一个让西奥多爱得死去活来的艾丽斯。

西奥多与伊迪丝还是比较有感情的，两人一起度过了童年和少年时光，很少长时间分离。当西奥多第一次赴欧旅行时，就因不愿意与伊迪丝分开而忧伤不已，出国后也急着回国。虽然年龄稍长后两人不像过去那样整日相处，可直到西奥多去哈佛上学前，两人关系仍然很亲密，经常一起聊天，关系非常融洽。

伊迪丝虽然比西奥多小三岁，可是由于出身良好，性格大方稳重，与西奥多也能聊到一块儿去。虽然她没有明确表示过，但心里早就喜欢上了西奥多。不知是出于自信，还是出于羞涩，她一直没有向西奥多表白自己的感情。在西奥多去哈佛上学时，她也不过是个刚刚15岁的少女，又长得颇有姿色，性格好强自信。或许伊迪丝从来没有想过自己会得不到西奥多的爱，毕竟两人有十几年的感情。确实，如果西奥多没有在波士顿遇见艾丽斯，那伊迪丝无疑是他最合适的未婚妻人选。

西奥多在追求艾丽斯的时候，曾经考虑到伊迪丝的反应，毕竟是他最好的朋友，他还是希望能够得到伊迪丝的理解。伊迪丝是个坚强的女人，甚至以愉快的姿态参加了西奥多与艾丽斯的婚礼，只是在婚礼后与西奥多的关系变得疏远起来。沉浸在幸福中的西奥多没有在意，毕竟大家都有长大的时候。他从小接触的异性朋友只有伊迪丝，伊迪丝性格安静、富有心计，是地道的大家闺秀，很少流露出小女孩的娇羞。艾丽斯与伊迪丝的性格完全不同，她娇憨可人、天真活泼，是个不知道忧愁的小天使。对于情窦初开的少年来说，当然是艾丽斯这种女孩更具有吸引力。

第二章 政坛新星（1882—1898）

THEODORE ROOSEVELT

西奥多结婚后，伊迪丝与他之间的关系虽然冷淡下来，却一直没有订婚。家人猜测她还不能忘情于西奥多，她不承认也不否认。由于年纪还小，伊迪丝的婚事就拖了下来。艾丽斯死后，西奥多悲痛欲绝，科琳担心哥哥的情况，也知道伊迪丝对他的心意，便劝她好好安慰哥哥，趁机培养两人的感情。可伊迪丝好像不屑如此，尽量避免与西奥多见面。等西奥多离开纽约后，伊迪丝经常去贝米那里探望和照料西奥多的女儿小艾丽斯。虽然她还是个未婚姑娘，可是却已经开始像个真正的母亲那样学习怎么照料一个小婴儿了。贝米与科琳都认为她是用这个作手段来讨好西奥多，也愿意撮合他们，可每次听说西奥多要回纽约，她就会回避。几次三番下来，大家都不知道伊迪丝到底在想些什么了。就这样自从艾丽斯葬礼后，伊迪丝与西奥多一直没有再见面。直到西奥多回纽约帮助共和党竞选总统时，这对童年好友才在贝米家意外相见。

伊迪丝已经不再是当年 15 岁的少女了，她留着长发，穿着得体，浑身上下流露着成熟妩媚的味道。她还是那样安静，可是现在的安静不像少女时代那样让人觉得沉闷，而是让人感觉舒适轻松。西奥多可能觉得自己太累了，需要有人能够陪伴身边，两人好像一下子就亲密起来。伊迪丝也不再像过去那样把爱意埋在心底，两人非常自然地开始交往。这时，伊迪丝家的经济出现问题，打算举家迁往欧洲定居，西奥多在西部的牧场也需要他回去打理。两个已经长大的好朋友，似乎没有什么时间好好享受恋爱带来的快乐了。两人相处几周后，西奥多便向伊迪丝正式求婚，伊迪丝痛快地答应了。

4　新生活与新婚姻
THEODORE ROOSEVELT

1885 年 11 月 17 日，西奥多与伊迪丝订婚。或许是出于对亡妻的尊重，西奥多没有向外界公开订婚的消息。为此，他有的时候会很困扰，认为自己不是个忠贞的爱人，认为自己不应该背叛艾丽斯。可是，生活还要继续，父母都已相继去世，他需要有个家人来陪伴自己。

整个冬季，西奥多都陷入一种奇怪的情绪，一方面为与伊迪丝订婚而欣喜，一方面为思念艾丽斯而痛苦不堪。与过去不同的是，他已经开始学会隐藏悲伤了，他的笑容渐渐多了起来。

1886年3月，在伊迪丝举家迁居伦敦后，西奥多返回巴德兰兹。西奥多不再像过去那样迷茫，他似乎找到了方向，那就是继续从事政治事业。在比灵斯县县长的邀请下，他担任县代理警长，负责维护地方治安。没想到上任不久，他就亲自领略了这个地方的盗贼的可恶，他拴在河边的船被盗贼偷走了。西奥多十分生气，发誓一定要将这些人缉拿归案。由于西部牧区人烟稀少，这几个盗贼又是惯偷，所以抓捕工作非常困难。西奥多毫不气馁，带领两个警员开始危险的追捕行动，最终还是发现了盗贼的老巢，出奇不意地将3个盗贼全部抓住。警员以为西奥多会按照西部警局的惯例，将几个盗贼就地正法，没想到西奥多却决定按法律途径处理他们。虽然在西部生活将近两年，但西奥多终究仍是西奥多，他的道德感和正义感仍旧存在。

除了担任代理警察局长外，西奥多还创办了巴德兰兹牧业协会，并且担任协会主席。4月中旬，西奥多代表巴德兰兹出席了蒙大拿牧业大会。大家已经把他当成西部的一员，没有人再把他当成是纽约来的纨绔子弟，而是把他当成了民间英雄。他捉拿盗贼的故事已经传遍西部，受到当地人的尊敬。大家谈到西奥多的时候，都把他当成是自己人，认为他具有政治家的天分，能够代表大家的立场，能够维护大家的利益。

1886年7月4日，在比灵斯县举行的纪念《独立宣言》发表110周年大会上，西奥多发表了关于自治问题的演讲，并且在演讲中提到自己以作为西部人而自豪。报界对他的演讲发表了评论，认为他是个值得尊敬的人，认为他能够成为成功的政治家。虽然西奥多停止了在纽约政界的活动，却在西部政界获得很高的声望，这种意外的收获让他感觉很欣慰。

THEODORE ROOSEVELT

　　来到西部两年之后，西奥多不得不承认自己没有经营天赋。由于投资贪多求快，牧场陷入困境。最糟糕的是市场上的牛价下跌，出售一头牛，不仅没有利润，还要倒贴才能够抵消成本与运费。

　　1886年10月，在无利可图的情形下，西奥多的伙伴们都离开了巴德兰兹。西奥多也终于决定结束目前的生活状态，于是将牧场托付给他人照看，自己回到了纽约。没想到的是，在他离开巴德兰兹的这年冬天，巴德兰兹大雪不断，导致气温极低，很多牲口都被冻死。西奥多的牧场也不能幸免，三分之二的牛都被冻死了，在这种情况下他不得不完全退出畜牧业。

　　虽然在西部的两年，西奥多因投资不善损失了大量钱财，可是却有更大的收获，因为他喜欢上了牧场生活，在忙碌中治疗了精神创伤。虽然他没有赚到钱，可是却度过了人生中最舒心的两年。虽然他依然怀念艾丽斯，可是心灵却逐渐平静下来，能够理智地控制自己的悲伤。在陌生的环境里，西奥多经历了各种挑战，磨练了自己的意志，变得更加成熟起来。另外，他没有放弃读书写作，为创作《在西部的胜利》一书积累了大量的原始素材。在偏远的西部，西奥多凭借出色的人格魅力，为自己赢得了政治声望，为以后的政治道路成功地作了铺垫。虽然两年的时间并不长，但是对西奥多来说，对他的政治事业来说，都具有重要的意义。

　　西奥多回到纽约后，一边准备复出，一边开始筹备自己的婚礼。28岁的西奥多终于摆脱了过去不幸的阴影，即将组成新的家庭。他以一种更加成熟、老练的姿态重新步入政坛，而且是站在一个高起点上。他复出后的第一个政治举动，就是竞选纽约市市长。

　　1886年的纽约市长选举，本来是一件颇为平常的事情，但由于工人阶级首次组织自己的政党参加竞选，就使局面变得不同寻常起来。工人政党推举经济学家亨利·乔治做自己的市长候选人，这引起共和党与民主党的关注。乔治在1879年出版《进步与贫困》一书，提出通过土地国有化的方式来消灭贫困。他认为土地私有化是人们生活艰难的原因，为了提高国民生活水平，应该用征收土地税的形式进行土地公有化改革。乔治的理论给穷人带来了希望，因此得到了很多人的拥护。共和党与民主党对此都感到非常不安，打算利用一切办法来阻止乔治当选。西奥多离开纽约政坛前，曾见过乔治，并没有留下什么深刻的印象。没想到短短两年，乔治就取得了这样大的政治声望。

1886年10月15日，西奥多参加了纽约市共和党大会。他还没有作好重出政坛的准备，这次也只是打算以旁观者的身份看看大家会推举谁做市长候选人。令人意外的是，党魁们看中的人选不是别人，正是西奥多。由于党内的政治腐败，共和党人中享有清誉的人少之又少，党魁们能够选择的人选实在不多。虽然他们与西奥多有过节，但是却不否认他确实是个正直的人，有着良好的声誉，能够与乔治相抗衡。当然，他们也是有私心的，因为知道这次选举的胜算不大，但如果能够推出名声好的候选人是利于造势的，有利于两年后的大选。

西奥多对党魁们的安排很意外，虽然对于职业政治家来说，这是个积累声望的好机会，可是他已经与伊迪丝约好11月在伦敦举行婚礼，然后进行蜜月旅行。如果接受提名的话，他的婚期就要延期了。在党魁们的劝说下，西奥多还是接受了机会的诱惑，答应以共和党候选人的身份参加市长竞选。西奥多即将面临的是一场胜算很小的战役，他并没有多少获得胜利的信心。可是，当看到大会上众人对自己的热烈欢呼时，他还是觉得做出这样的选择是值得的。

10月27日，在纽约市共和党会议上，西奥多的市长候选人提名被批准通过。报界对他的复出非常关注，很多人都相信他会获得成功。西奥多的人格魅力得到了公众肯定，不管是朋友，还是对手，大家都认为他前程远大。就连民主党人也很少有人否定西奥多的能力，他们认为就算西奥多今年没有机会成为市长，以后也会有机会获得更高的职位。西奥多的人格魅力能够给人留下深刻印象，不管你是否欣赏他，都能够感受到他的自信和坚强。

西奥多的对手除了工党的候选人亨利·乔治外，还有民主党的市长候

THEODORE ROOSEVELT

选人艾布拉姆·休伊特。艾布拉姆出身工业世家，在上流社会享有一定知名度，同时他所经营的工厂里的劳工关系良好，也得到社会低层人士的尊重。如果乔治失败，那么他的支持者就有可能倒向艾布拉姆。因此，艾布拉姆当选的机会同样很大。

西奥多知道获得胜利的可能性微乎其微，但仍然非常卖力地展开竞选活动。他是个独立性很强的人，他接受党魁的提名并不代表他愿意接受他们的操纵。在竞选活动开始，他就公开发表声明，说明自己不会做任何人的傀儡。他提出反对腐败的竞选主张，另外他在工党与民主党都关注的劳工问题上做了一些空头许诺。

工党与民主党候选人的竞选活动也开展起来，乔治的观点比较激进，他将这场选举看成是场战斗，是场能够改变工人制度的战斗。西奥多认为，人们现在很难接受乔治的观点，因此担心人们会把乔治的"激进"和自己的"改革"混为一谈，让民主党得利，所以尽量撇清两者间的关系。民主党也发现这点，开始利用这点，夸大西奥多的改革立场，将他与乔治的竞选主张联系到一起。另外，民主党人还用西奥多的年龄做文章，认为他只是个没有什么能力的毛头小子。在几个政党的混战中，乔治的支持率明显上升，这引起共和党党魁的不满。他们决定放弃西奥多，并且要求共和党人支持民主党候选人艾布拉姆。

选举结果出来了，西奥多遭遇了一生中最惨痛的政治失败。艾布拉姆以 90552 票当选，其次是乔治得 68111 票，西奥多则是 60435 票。在这次选举中，西奥多真正认识到美国政治的黑暗，积累了与党魁打交道的经验，熟悉了实际政治的运作过程。不过西奥多对自己政治前途的信心开始降低，有的报纸开始出现西奥多的负面消息，认为他已经被共和党抛弃，没有了政治前途。

选举结束后，西奥多与姐姐贝米一起前往伦敦。

1886 年 12 月 2 日，西奥多与伊迪丝在纽约举行婚礼。婚礼仪式结束后，他们在欧洲开始了为期三个月的新婚旅行。对艾丽斯的爱或许没有消逝，但西奥多还是选择了开始新的感情。在与艾丽斯结婚的4年中，他的感情世界里只有艾丽斯；在与伊迪丝长达33年的婚姻生活中，他也从来没有与其他女人有染。可见，对于感情和婚姻，西奥多始终是持保守态度的。

不知道是否是因为西奥多与艾丽斯的爱情故事过于浪漫多彩，西奥多与伊迪丝的感情就显得平淡得多。不管是婚前还是婚后，伊迪丝很少与人提起她和西奥多的感情，同时也禁止西奥多向外界透露两人的感情问题。多年以后，即使伊迪丝成为美国第一夫人，使得她优雅的仪容与高贵的风度为世人熟知时，她仍然显得非常神秘。

对西奥多来说，能够娶到伊迪丝是他的福气。伊迪丝帮他抚养艾丽斯留下的幼女，又共同生育了5个孩子，为他营造了一个幸福而温暖的家。除了做生活上的贤妻良母，伊迪丝还是西奥多政治上的好帮手，她尽全部力量来辅佐他在政治上步步高升。两人的婚姻是成功的，所有认识他们的人都羡慕他们的家庭是那么地美满幸福。

伊迪丝如愿地成为西奥多夫人，但是心底仍是存有遗憾的。虽然艾丽斯已经去世，但是她仍然嫉妒艾丽斯的一切。她知道，在西奥多心中，艾丽斯的地位是不可动摇的。属于西奥多与艾丽斯的，是当年具有传奇色彩的爱情故事，是一段让西奥多永远无法忘怀的日子。如果没有艾丽斯的出现，自己早就应该是西奥多的妻子。如今两人终于在一起了，她不想让艾丽斯再来影响她与西奥多的生活。

有关艾丽斯的一切话题，都成为罗斯福家的禁忌。西奥多不会提起，因为不管是什么，只要涉及到艾丽斯，都会让他痛苦不堪。那个他最爱的人已经去了，他没有勇气再提起她。心底的伤痛仍旧存在，只是让他深深地隐藏了起来。再婚后，西奥多彻底地让艾丽斯这个名字从自己的笔下与口中消失了，就像从来没有过这个人一样。为了避免叫这个名字，他把女儿小艾丽斯称为"宝贝"。

伊迪丝做了33年的西奥多夫人，也把艾丽斯隔离在西奥多的感情世界

THEODORE ROOSEVELT

之外33年。即使小艾丽斯成年后,她也不许西奥多提到艾丽斯。不管是成为第一夫人前,还是成为第一夫人后,伊迪丝都凭借优雅的风度赢得大家的赞扬。虽然她与西奥多也发生过争吵,但更多的时候两人都是觉得幸福的。

西奥多的第二任夫人伊迪丝·罗斯福

THEODORE ROOSEVELT

让西奥多觉得遗憾的是，在两人结婚后，伊迪丝与贝米、科琳的关系恶化，不如过去相处得那么愉快。为了争夺小艾丽斯的抚养权，伊迪丝与贝米对簿公堂，尽管伊迪丝取得胜利，但是两人的关系却再也不能恢复如常了。另外，在面对好友和小姑科琳时，伊迪丝也显得有些冷漠。西奥多希望自己的妻子能够与自己的姐妹处好关系，但是他不愿意过多参与她们的矛盾中，因为毕竟是家务纠纷，他只能保持中立，不偏袒任何一方。

西奥多还不知道，伊迪丝所做的另一件事，才会让他真正地感到遗憾，那就是抹杀艾丽斯的存在。西奥多生前，艾丽斯就成为夫妻之间的禁忌话题。或许是不愿意破坏与伊迪丝的关系，或许是害怕提起来会痛苦，因此当西奥多从总统任上卸任后开始撰写回忆录时，根本就没有提到艾丽斯，就好像根本没有那场浪漫的爱情生活一样。他在自传中提到自己的幸福家庭，描绘着家庭生活的乐趣，如同艾丽斯从来没有存在过一样。伊迪丝对艾丽斯嫉妒得发狂，即使在西奥多去世后，这种嫉妒仍不能消除。她想重新写一部爱情故事，里面的主角是西奥多和自己。

西奥多去世后，伊迪丝销毁了所有艾丽斯存在过的痕迹，包括：西奥多保存的与艾丽斯之间的通信、艾丽斯的照片、文稿中出现的艾丽斯的名字，等等。总之不管是什么，只要与艾丽斯相关，伊迪丝就要销毁掉。她这也是自欺欺人的做法，她期待着这样做就能够否定艾丽斯曾出现在西奥多的感情世界的事实。但事与愿违，当人们提到西奥多的感情生活时，大家记得的仍是那个 23 岁就去世了的美人艾丽斯。虽然伊迪丝认识西奥多的时间、陪伴西奥多的时间都比艾丽斯长几倍，但是她却永远也不能够代替艾丽斯在西奥多心中的位置。好强的伊迪丝，终究是意愿难平的。

5 具有影响力的改革家
THEODORE ROOSEVELT

1887 年 3 月，西奥多偕同妻子伊迪丝从欧洲归来。他开始关心政治动

THEODORE ROOSEVELT

向，避开民主党的政治势头，用读书写作来打发日子。当时克利夫兰的改革者姿态颇受民众关注，共和党人看来是必须得忍耐一些时日了。

5月11日，在联邦俱乐部的一次酒会上，西奥多发表了一次政治演说，引起全国舆论的注意。从此，西奥多已经开始积累全国性的政治声望，这对于一个还不到30岁的年轻人来说，是非常不容易的。虽然根据美国宪法规定只有35岁以上的美国公民才有竞选资格，但是一些共和党控制下的报纸开始发表议论，认为西奥多具有非常美好的政治前程，是可以参加1888年大选，从而竞选副总统或总统的。

1888年的大选对共和党有利，不仅共和党候选人本杰明·哈里森当选总统，共和党还获得了参众两院的多数席位。

虽然西奥多没有参与竞选职位，但仍是积极演讲，为共和党的胜利立下了功劳。他的付出没有白费，在朋友亨利·洛奇的活动下，西奥多在政府谋得了一个职位，那就是联邦文官委员会委员。

1889年4月，新总统哈里森上任后不久，西奥多接到了联邦文官委员会的正式任命。非常巧合的是，在任命下达前几天，西奥多才与朋友提到过关于文官委员任命的话题，没想到自己就获得了这个职位。这个职位比较冷门，没有实际权力，薪水也比较低，可是却容易得罪人。很少有人愿意接受这个职位，认为这样会影响自己的政治前途。西奥多却没有顾虑那么多，他原本就对文官制度改革有兴趣，所以痛快地接受了任命。

对于文官制度改革，西奥多也算是比较熟悉了。在任纽约州议员时，他就在报纸上发表过文官改革意见的文章，也加入过文官制度改革俱乐部。美国第一项州级文官制度立法，就是西奥多提出的《纽约州文官制度改革法案》。西奥多认为文官制度改革能够体现美国的民主精神，能够让有才能的人得到重用。在去华盛顿任职前，西奥多在纽约文官改革协会上发表演说，肯定考绩制是体现美国民主的东西。西奥多对自己即将负责的工作很有兴趣，他认为推行考勤制，禁止分赃制，建立富有效率的文官任用体系，这些都是很有意义的事情。

THEODORE ROOSEVELT

1889年5月13日，西奥多只身来到华盛顿就职。当时联邦文官委员会只有3名成员，除了西奥多外，还有两人，分别是共和党人查尔斯·莱曼和民主党人休伊·汤普森。这两人都比西奥多年长，查尔斯当选为委员会主席。查尔斯是个慢性子，对所谓的改革工作也没有什么兴趣；休伊则显得不稳重，而且不太把工作当回事。虽然表面上三人很和气，但是实际上他们很少有真正的沟通。

西奥多上任后，充满热情，想好好做一番事业，可是事实上却没有那样容易。在与总统和内阁成员接触后，西奥多发现他们都与"分赃"制有关联。"分赃"制已经成为美国政治的一部分，并不是想改革就能够改革的。大选获胜的政党把职位以报答的形式分给那些在竞选中出钱出力的人，已经成为惯例。就连西奥多，也是因此得到这个职位的。新总统哈里森也是"分赃制"的执行者，为了便于分赃，他故意推迟了文官委员会委员的任命，好赶在他们上任前任命职位。

虽然文官委员会有权调查文官考试作弊事件，可是实际上有大部分的文官职位不在考绩制管理范围内。虽然在西奥多任职前，文官委员会也有过几位委员，但大家都是混日子而已。在这个职位上，根本没有什么好处，认真工作带来的后果就是得罪人，有点脑子的人谁愿意费力不讨好呢？可是，偏有人愿意折腾，那就是西奥多。西奥多的政治理念始终是带有理想主义色彩的，他不愿意安闲度日，他认为既然接到了工作，就要做好，更何况这是他感兴趣的事情。在上任一周内，他就翻阅了各种文件，熟悉了相关工作流程，开始提出自己的看法和主张。

5月20日，西奥多接到举报，去纽约调查一桩海关考试舞弊事件。在经过调查取证后，他发现主考官在考前以每人50美元为代价向考生泄题。西奥多按照文官制度法案，提出了调查报告，并在报告中提出追究涉案人刑事责任。西奥多的认真态度，让那些拥护分赃制的人很伤脑筋。

1889年6月，西奥多前往哈里森总统的故乡印第安纳波利斯，调查当地邮政局长、总统的好友威廉·华莱士任用亲信一事。经过调查核实后，

THEODORE ROOSEVELT

在西奥多的要求下，华莱士马上撤换了那几个亲信的职位，并表示以后一定认真执行文官法。

处理完威廉事件后，西奥多又到密尔沃基调查当地邮政局的腐败案。有人举报，当地邮政局长公然改动官员考试成绩，任用亲信。在西奥多到来后，这个局长态度倨傲，根本就不配合调查。西奥多认真收集证据，让这个局长不得不承认自己的过错。可是，他欺骗西奥多说自己任期已满，马上自动退职。可是，在西奥多离开后，他仍在任上胡作非为，甚至为了报复而开除了向西奥多提供证据的职员。

西奥多回到华盛顿后，才发现自己受到了欺骗，密尔沃基邮政局长的任期还有半年才到期。他向相关部门递交了报告，要求将这个局长免职，可是却没有人理睬。当得知那个曾提供证据的职员被开除后，西奥多非常愤怒，希望邮政总长能够干预此事，但被毫不客气地拒绝了。西奥多没有办法，只好在自己的职权范围内，为那个职员安排了新职位。西奥多很沮丧，认为自己在层层制约下不能有什么作为。

虽然西奥多的工作并不顺利，可是却获得舆论好评。大家都认为他是个干实事的人，共和党也好像摆出了反对分赃制的派头。实际上，这不过是西奥多一个人在力挽狂澜、独立支撑而已。虽然西奥多的做法给共和党赢得了好名声，但是那些党魁并不买账，邮政系统的人们也不买账。前邮政总长哈顿不满西奥多的做法，就在《华盛顿邮报》上大肆攻击西奥多，指责西奥多是个涉嫌贪污腐败的人，并且用西奥多利用职权为那名被开除的邮局职员谋职的事来证明这个观点。

西奥多的处境非常尴尬，他希望得到总统的支持，但总统的反应非常冷淡。西奥多没有办法，只好在报纸上客观说明了改革的困难，并批评有人阻挠改革。一石激起千重浪，西奥多没有得到理解，却得到哈顿更多的攻击。

1889年8月5日，在外界攻击不断涌来的情形下，西奥多休假去了西部狩猎。他一心想要改革文官制度，没想到自己却陷入这个漩涡。委屈也有，不平也有，都让西奥多觉得烦躁不安。在这种情况下，离开华盛顿也许是最好的选择了。

几个月后,西奥多从西部回来,哈顿的攻击仍在继续。西奥多不再理会,他向总统递交了文官委员会的年度报告,并在报告中提到要求增加委员会拨款的事。此时,他已经被哈里森总统弄得兴致全无,以为报告肯定会被驳回,没想到竟然很顺利地通过了。

1890年,西奥多的麻烦仍在继续,有人指控文官委员会涉嫌营私舞弊。国会成立了专门的调查机构,在一位分赃制拥护者的主导下,在哈顿的协助下,负责调查此事。除了对文官委员会的指控外,西奥多还因利用职权把密尔沃基的那位邮局职员安排到国情普查局,此事也受到指控。

这次对文官委员会的调查,是在"有心人士"的推动下进行的,他们想要破坏西奥多的声誉,结果却适得其反。经过调查取证,西奥多推荐那名职员就任新职的事,是通知过邮政总长的,而且是为了保护联邦证人才安排的,不属于营私舞弊行为。

文官委员会的成绩也是有目共睹的,他们认真执法、工作严明,是诚实地履行职责的国家官员。各种证据都可以表明,西奥多这任上一年所取得的成就不凡,而且都是在没有私心的情况下完成工作的。这使得那些一心等着抓西奥多小辫子的人,也不得不为他的高尚人品所折服。就连抨击西奥多最厉害的哈顿也不得不承认,他对西奥多个人并无成见。西奥多受到这些不公正待遇的根本原因就是哈里森总统对文官制度改革没有兴趣,西奥多也知道这点,对总统非常不满,认为他是个固执冷血的政治家。西奥多的委屈没有白受,经过这件事后,他的政治声望更高了,各种报纸开始声援西奥多,肯定文官委员会的成绩,批评总统没有给予他们适当支持。

文官委员会调查案结束后,西奥多全家迁到华盛顿。西奥多开始出入华盛顿社交界与政界,也认识了一些有身份、有地位的朋友。西奥多的政治信心又逐渐树立起来,他开始渴望有一天能够成为白宫的主人。此时,西奥多与伊迪丝结婚将近4年,两人有了长子小西奥多·罗斯福和次子克

THEODORE ROOSEVELT

米特·罗斯福。小艾丽斯已经6岁了，小西奥多也已经3岁，克米特还不满周岁。

1891年，西奥多在工作上又遇到了新麻烦。在对巴尔的摩邮政局政治舞弊案件进行调查后，西奥多递交了报告，提出禁止文官插手政治或干预选举，否则应立即开除。西奥多说到做到，在报告中要求按照这个原则开除几十个有问题的文官。这个事件引起了邮政总长以及共和党党魁的强烈不满，这些分赃制的拥护者对西奥多如此不识抬举的行为非常恼火。虽然邮政总长搁置了西奥多的调查报告，但其中的部分细节还是被报界公开，引起公众的关注。对此，总统与邮政总长十分不满，开始有人猜测西奥多会被免职。邮政总长没有按照西奥多报告中要求的那样开除有问题的职员，而是想办法否定西奥多的报告。他组织国会重新进行调查，想在自己控制的范围内了结此事。总统对西奥多很是反感，否决了他的各种提案，态度显得幼稚而无礼。

1891年8月13日，伊迪丝生下了西奥多的第4个孩子，也是两人惟一的女儿埃塞尔·罗斯福。家中有了4个孩子，热闹得不行，这让工作陷入重重郁闷中的西奥多多少觉得有些宽慰。

1892年6月，国会关于西奥多提案的调查报告出来了，指出邮政总长的失职，肯定了西奥多的工作成绩。邮政总长没想到竟然是搬起石头砸了自己的脚，无法再辩解什么，显得狼狈不堪。共和党党魁们很意外，没想到一个小小的文官委员竟然这样难缠，认为他是个喜欢惹事的倔家伙。报界一直关注着事件的进展情况，没想到西奥多会获得胜利，于是各种赞誉此起彼伏。

1892年的总统选举，共和党人失利，前总统克利夫兰梅开二度，再次当选总统。与固执的哈里森相比，克利夫兰给予西奥多很多支持。

1893年3月，克利夫兰上任后，很多共和党人离开白宫，可西奥多却留任原职。为了让西奥多工作顺利，克利夫兰还罢免了一个不配合西奥多工作的委员。就这样，在克利夫兰的支持下，西奥多仍致力于推进文官制度改革方案，并向克利夫兰递交了关于增加文官职位数量的报告。两年前，他曾向哈里森递交过这个报告，结果被拒绝了。克利夫兰总统没有让西奥多失望，他痛快地批准了西奥多的报告。两人合作非常愉快，丝毫没有因党派不同而产生什么芥蒂。

1894 年，西奥多在文官委员会的任期已满。在过去的 6 年中，他始终脚踏实地地工作，不以事小而不为。为了推行文官制度改革，他不畏惧权势，坚持自己的政治原则，得到了公众的支持和认可。在具体工作中，西奥多展示了自己的能力，同时也暴露出不管什么事都喜欢自作主张的毛病。在几年的任期内，他不仅接触了官员，还接触了一些社会底层的人士。他已经开始认识到，一个国家的安定和谐，只改善政治条件是不够的，应该努力改变经济条件，保证每个人都能够受到公正待遇。

在离职前，西奥多开始规划自己的政治前途，准备再次竞选纽约市长。伊迪丝却不同意他这样做，因为她即将生下两人的第 4 个孩子，孩子们的开销数目惊人。西奥多几年前因牧场投资损失了大部分财产，剩下的积蓄也在上次的市长选举中花费得差不多了。而这几年的文官职位薪水微薄，所以西奥多与伊迪丝的经济状况很不好，根本就没有能力再负担一次选举。

西奥多无奈之下，只好放弃了这个机会。没想到，共和党推出了一个政治新人，那家伙根本就没有什么政治地位和政治知名度，却打着改革的口号轻松地当选了。西奥多对此非常遗憾，可为了不让伊迪丝担心，还是装作不在意的样子。新当选的市长不知是出于什么目的，邀请西奥多出任市区环境清理委员，西奥多断然拒绝。

6 警察委员会主席
THEODORE ROOSEVELT

1894 年 4 月 9 日，伊迪丝生下了西奥多的第 5 个孩子，两人的第 4 个

THEODORE ROOSEVELT

第二章 政坛新星（1882—1898）

孩子，三儿子阿尔奇波德·罗斯福。几天后，西奥多接到纽约市警察委员会委员的任命。他很满意这个职位，就辞去联邦文官委员会的职务，回到纽约任职。

纽约警察部门的腐败黑暗，早不是什么秘密。根据市议会的调查结果显示，警察部门的领导们索取贿赂、买卖职位已经成为不成文的惯例。一个警官的职位在1万美元到1.5万美元之间，买到职位上任的警官为了捞回成本不惜手段，有的与犯罪集团联系，为他们提供庇护；有的亲自参与抢劫，知法犯法；有的为不良场所提供保护，达到收取高额保护费的目的。不管是高级警官，还是低级警员，大家都利用职务捞取各种好处。纽约市民对警察部门的腐败非常头痛，又无计可施。当西奥多出任警察委员的消息传开后，大家都非常高兴，他们相信西奥多能够改变现状。在公众心中，西奥多已经成为改革者的代名词。

西奥多上任后，就在警察委员会第一次会议上被推选为主席。没用多长时间，他就掌握了纽约警察的实际情况，感觉有些头痛。纽约警察的队伍从上到下，几乎没有什么干净人，他们道德腐败，与罪犯、商人、政客勾结起来，压榨广大民众。西奥多知道，这种局面不是依靠一两个人就能够改变的，但可以借助舆论的力量。这个时候，他得到了知名记者雅各布·里斯的帮助。雅各布·里斯是西奥多的支持者，具有极强的改革精神。他愿意全力支持西奥多，配合他调查纽约警察的具体情况。

虽然警察委员会还有3个委员，但是西奥多却大包大揽，既充当警察委员会的发言人，又充当委员会的执行者，每天工作十几个小时，劳累不堪。其他委员对他这种爱出风头的习惯很不适应，也不理解。西奥多也不解释，他工作非常卖力，一心想要扭转纽约警察的不良风气。

为了尽快改变纽约警察队伍的精神面貌，西奥多开始推行内部评审制度。为了杜绝幕后黑幕，他实行办事公开化。不管是会议记录，还是人员调动的原因，他都对外公布。他仔细审查基层警员的品行，尽量客观地记录每个人的实际情况。

THEODORE ROOSEVELT

对警察管理层中的败类，西奥多开始抓典型，以起到震慑作用。这次，被他盯上的是纽约警察中的霸王伯恩斯。伯恩斯有着30多年的警龄，曾取得过辉煌的成绩。可是，在利益的驱使下，他勾结犯罪集团，为非作歹，是个臭名远扬的流氓警察。他的背后有党魁、金融集团、犯罪团伙的支持，因此态度非常猖狂。听说西奥多调查自己后，他根本就没把这个当回事儿，还大放厥词地警告西奥多。西奥多听人提起此事时，只是一笑了之，继续自己的调查。几天之后，在大量证据下，伯恩斯被开除了，他彻底蔫了，灰溜溜地离开了。几天后，另一个流氓警官被开除。大家再也不敢掉以轻心，开始规规矩矩起来。谁都没有想到，看起来温和文雅的西奥多，处理人的手段竟然是这样的干净利落，不留情面。

1894年6月，整顿好警察管理层的风气之后，西奥多开始处理基层警察工作散漫的问题。为了调查值班警察玩忽职守的情况，西奥多开始夜间巡查，没想到问题非常严重。由于没有人监督，警察在巡逻时间不是在酒馆喝酒，就是在其他娱乐场所鬼混，很少有人认真值勤。

西奥多夜间巡查的第一天，就在一家酒馆发现一个值勤警察。他上去询问对方为什么不在岗位上，却被对方嘲讽他多管闲事，甚至差点引来对方的拳头。西奥多看与他说不清楚，就表明自己警察委员会主席的身份，希望对方能够回到岗位去。没想到对方根本不相信，甚至还在言语上冒犯他。西奥多变了脸色，严肃起来，命令那个警察立即回到自己的岗位上去。在酒馆其他人的证明下，那个警察终于相信这个貌不出众的高个子就是那个传说中的雷厉风行的警察委员会主席了，什么话也不敢再说，飞快地上岗去了。

西奥多夜间巡视的消息传开后，基层警察们提心吊胆，大家不敢松懈下来，不得不坚守岗位，也开始注意仪表了。大家都很紧张，变得规矩多了。不久，纽约市民都惊奇地发现，纽约警察的作风已经发生了变化，大家都知道这是西奥多的功劳。

对西奥多来说，夜间巡视给他带来了很多意外收获。他从小生活在上

THEODORE ROOSEVELT

流社会，长大后又一直从事政治，很少有机会真正接触到社会下层民众。在夜间巡视的日子中，西奥多穿梭在各个街道，接触到纽约市各个阶层的人们。他见识了贫民窟恶劣的生存环境，开始了解一些社会问题。他开始关注劳工权利，不再像过去那样排斥工会组织。他希望地方领导人能够带领人们走出贫困，希望他们能够了解社会底层人士的生活艰辛。

除了记者雅各布·里斯外，西奥多还结识了带有改革精神的林肯·斯蒂芬斯，他们几个人非常投缘，经常在一起探讨问题。

不过，西奥多的工作很少有顺利的时候，就在他上任警察委员会主席后不久，他就又遇到了新麻烦，那就是关于《星期日活动法》的执行问题。该法内容是禁止所有酒馆在星期天出售酒类。虽然该法早就颁布，但是一直没有严格执行。警察们都睁一只眼闭一只眼，好方便从酒馆老板那里收取贿赂。西奥多并不是个禁酒主义者，但是上任后还是命令警察们要严格执行该法。并强调大家是执法者，必须令行禁止。西奥多此举触犯了那些酒馆老板和酒商的利益，也引起了普通市民的不满。大家都觉得他有些小题大做，对此，西奥多的成绩被人们遗忘了，只剩下不好的一面。事情越闹越大，开始出现市长要罢免西奥多的传言。

西奥多开始面临新一轮的攻击，民众把他看成不受欢迎的人物。共和党党魁为了撇清干系，将责任都推到西奥多身上。民主党人则扩大影响，利用这件事情攻击共和党人。没有人肯站出来说句公道话，西奥多被孤立了。他并不认为自己有什么过错，他认为严格执行法律是官员的职责，即便这是不得人心的法律，也不应该萎缩不前。如果这个法案真有弊端，那也需在执行过程中才能够很好地发现。

1894年年末的时候，纽约州议会通过新法令，允许具有一定条件的旅馆在星期日出售酒类。西奥多的尴尬处境得到缓解，但他对新法令并不怎么认可。

1895年的纽约市市长选举中，共和党失利，民主党大获全胜。西奥多在纽约警察委员会的成绩出色，提高了警官的素质和警察的工作效率，降

THEODORE ROOSEVELT

低了犯罪率，可是他还是在选举后受到舆论攻击。人们把共和党失利的原因归罪于西奥多，认为正是他的自以为是才让公众对共和党产生了反感情绪。不过，虽然西奥多只是纽约市的警察委员会主席，可是仍能引起全国报界的关注。大家都在谈论西奥多，报道他的工作成就和他面对的各种责难。虽然有些负面评论，但更多的报道还是肯定了西奥多的工作能力。有的报纸开始预测，西奥多会不会成为1896年共和党的总统候选人。

对外界的各种报道，西奥多都是沉默对待，他的朋友们反应各不相同，在纽约议会时认识的老朋友洛奇非常羡慕西奥多，认为他用不了多长时间就能够实现政治梦想；雅各布·里斯则冲动地跑到西奥多办公室，问他能不能当上总统。西奥多说明了自己的想法，他说自己不能想这个问题，因为如果想了的话就会变得束手束脚，没有办法再客观地去做工作。他希望自己的朋友不要想这件事，也警告他们以后不许再提这个话题。在西奥多的心里，到底是如何面对这个问题的，结果不得而知。或许连他本人都不清楚，他是什么时候开始为踏上总统之路而努力的。

1896年是个大选年，西奥多与纽约州共和党党魁托马斯·普拉特的矛盾开始激化，与委员会几个同事的关系也不是很融洽。西奥多知道，自己再做警察委员会主席已经没有什么意义了，那样只能让自己的政治声望不断下降。由于在任期内遇到1893年的经济危机，民主党总统克利夫兰的支持率不断降低。为了早日恢复经济，全国企业与金融业都希望共和党人出来恢复经济。为了得到企业界的支持，共和党推出与企业界关系密切的威廉·麦金利为总统候选人。

威廉·麦金利1843年生于俄亥俄州，在铸铁厂老板老威廉·麦金利与妻子南希·艾利森的8个孩子中排行第七。在1853年，麦金利曾在阿勒格尼学院学习了一段时间。在南北战争爆发时，他在一所学校教学，后应征参加联合部队，担任未来总统海斯上校的副官。战争结束后，他研究法律，在俄亥俄州开了一个律师事务所，结识并迎娶了一位地方银行家詹姆斯·萨克森的女儿爱达·萨克森为妻。1867年，威廉·麦金利出任俄亥俄

第二章 政坛新星（1882—1898）

THEODORE ROOSEVELT

州州长。1877年，麦金利当选为国会议员。1896年，麦金利在共和党大会上胜出，获得了总统候选人提名。

西奥多早就听说过麦金利这个人，却始终对他没有什么好感，可眼下为了自己的政治前途，他开始改变自己的看法。为了在明年新总统选定班子时谋得一个职位，西奥多开始积极地展开助选活动。

民主党推选的总统候选人威廉·布赖恩是个农业改良主义者，并不适应美国经济与社会变化的需要。他的竞选主题是恢复以农场主与中小企业主为主导地位的经济与社会秩序，因此得到西部农业诸州的支持。他还主张扩大通货流量，自由锻造银币，方便农场主们更新设备。麦金利所代表的，是东北部与西北部的工业和金融集团利益，因此得到这些地方的支持。共和党与民主党的竞选焦点是货币政策，与民主党的"自由锻造"政策不同，共和党人认为应维持金本位政策，以稳定通货，达到刺激经济增长的目的。

1896年的大选，实际上是工业集团与农业集团的较量。西奥多没想那么多，只是四处奔波，为共和党竞选出力。他发表政治演说，扩大共和党在选民中的反响。他曾拜访过麦金利，虽然受到招待，但是两人还是热络不起来。西奥多向往海军部的工作，为了达到这个目的，他开始运用各种手段。他拉拢麦金利的私人好友，并且与对方做了政治交易，拜托对方为自己谋得海军部职位，而自己愿意帮助对方谋得内阁职位。曾最厌恶政治交易的西奥多，在万般无奈下，只好用这个办法来得到自己喜欢的工作。

西奥多对海军方面的兴趣，可以追溯到十几年前。哈佛毕业后，他写作和出版了《1812年海战史》，后来又受到阿尔弗雷德·马汉的海上实力论的影响，认为美国应建立一支强大的海军来维护国家荣誉。现在的美国经济力量迅速发展，向外扩张的需求日渐强烈，各种扩张主义的理论纷纷问世。西奥多知道，美国想要走向世界，必须有强大的海军做依托，这样美国才能够在世界上占有更重要的地位。因此，海军部成为他最向往的地方。

1896年11月，大选结果出来，麦金利以绝对优势当选。作为此次竞选的功臣之一，西奥多应邀参加了麦金利的庆祝酒会。到场的不是企业家，就是金融家，西奥多有些迷茫。可是想到自己想要的职位有了希望时，他还是觉得很开心。就像喜欢自然科学一样，西奥多对海军与海军史也情有独钟。他疲惫的心灵突然有了新的寄托，好像一切都变得愉快起来。

7　海军部的好战分子
THEODORE ROOSEVELT

1897年3月，新总统麦金利上任后，开始考虑共和党内的人事任命问题。麦金利听到好友提到西奥多的职位要求时，麦金利没有像他们想象中的那样痛快地答应。他知道西奥多与党魁托马斯·普拉特的关系很糟糕，担心任用西奥多会引起托马斯的反对。因此，他提出担心西奥多不能与别人和平相处什么的，以用来敷衍推脱此事。

西奥多在政治交易方面还是个新手，根本就不清楚其中的窍门，因此没想到他所期待的任命非常不容易，差点就要失去这个机会。当西奥多知道总统的顾虑后，就放下身段，亲自拜访普拉特。普拉特此时正在与共和党自由派约瑟夫·乔特争夺参议员提名。约瑟夫·乔特是西奥多的朋友与支持者，可是为了获得自己的政治利益，西奥多还是应老奸巨猾的党魁之请，决定支持普拉特。普拉特并不是什么君子，即便得到西奥多的帮助后，还是不肯轻易表示支持。西奥多四处疏通，但还是希望不大。普拉特看到西奥多低三下四的样子，觉得很舒坦。这时有人提醒这个老狐狸，如果不支持西奥多到华盛顿任职的话，那就得留他在眼皮底下继续斗争了。普拉特这次想不能再拖下去了，毕竟盯着这个职位的人还大有人在，如果西奥多回纽约任职，那才是让人郁闷无比的。在普拉特向麦金利作出支持西奥多的表示后，西奥多终于得到了海军部助理部长的任命。他将获得4500美元的年薪，这让伊迪丝松了口气。

1897年4月19日，西奥多兴致勃勃地走马上任。他不仅认真完成本

THEODORE ROOSEVELT

职工作，还极力讨好上司。或许过去几年在人事方面的纠纷，已经让西奥多产生厌烦情绪，所以他开始压抑自己的本性，学着与周围的人好好相处。在他的周旋下，海军部的人都接受了这个新领导，就连海军部长约翰·朗也放弃了对西奥多的成见，认为他是最适合这项工作的年轻人。报界始终关注着西奥多，他们提到海军部两位领导时，认为两人是比较理想的搭档。可是，也有的人开始担心西奥多这个好战分子，担心他会给美国的和平带来威胁。

1897年，美国已经开始迈开海外扩张的步伐，其首要目标是吞并夏威夷群岛，以及夺取西班牙所属的古巴。夏威夷群岛是波利尼西亚群岛中面积最大的一个二级群岛，总面积16650平方公里，共有大小岛屿130多个，其中有8个比较大的岛能住人。它位于太平洋中部，具有重要的地理位置与战略位置。夏威夷的本土居民曾建立过君主政权，美国商人到达这里后发展了自己的势力。1893年1月，在美国政府的支持下，美籍白人推翻了当地政府，建立了亲美政权。不管是岛上，还是国内，都有吞并夏威夷群岛的倾向。

古巴与夏威夷群岛不同，它位于加勒比海，具有重要的战略意义。这里与美国的佛罗里达州隔海相望，又是北美与拉丁美洲的交接处，是建立海上基地的最好位置。1492年10月27日，哥伦布航海到古巴。1510年，西班牙出兵到拉美，开始展开侵略战，一年后占领了古巴，开始了殖民统治。1790年，古巴开始出现独立运动。1867年，西班牙与古巴的矛盾激化，古巴人开始了长达30多年的反殖民战争史。1892年，古巴人开始一直进行反殖民战争。美国政府的扩张主义分子早就把主意打到古巴头上，他们认为应该趁古巴内乱，出兵夺取古巴。

西奥多在海军部上任后，为了宣传立即吞并夏威夷和夺取古巴，他与政府内外的扩张主义者组成了"首都俱乐部"，成员包括西奥多的好友洛奇、布鲁克斯·亚当斯和一些记者，后来伦纳德·伍德与乔治·杜威也加入这个俱乐部。当然，西奥多是这个俱乐部的领袖人物，他开始散布备战论。

THEODORE ROOSEVELT

1897年6月20日，西奥多在纽波特海战学院发表海军部就职后的第一次公开演说，演说题目是"被人遗忘的华盛顿名言"。在演说开始，他提到了乔治·华盛顿说过的"做好战争准备是促进和平的最有效办法"，然后强调只有备战才能保障和平。西奥多提到北美的殖民史，以此来说明建立一支优秀海军队伍对美国和平的重要性，认为这是使美国免于外来袭击的最好办法。西奥多被称为"好战分子"不是凭空产生的，年轻的他，心中渴望战争。在这次演说中，西奥多不停地提起战争，提醒大家认识到战争的意义。他反复强调，只有军事力量强大，这个种族才能够维持自己的地位和尊严；只有军事力量强大，国家才能够保持世界中的地位；只有军事力量强大，才能够在外交关系中占据主动位置。西奥多用谚语来说明武力与外交的关系，那就是"大棒在手，温言在口"，这也是以后西奥多政治战略的核心内容之一。

西奥多的演说充满气势，非常富有煽动性，因此获得了重大成功。除了引起现场学生的共鸣外，他的演说还引来全国各大媒体的关注，国内各大报纸都刊载了这次演说。西奥多的演说不仅引起全国范围内的轰动，还得到总统麦金利的青睐。西奥多不仅以扩张主义者的面目再次活跃在华盛顿政坛，还以海军问题学者的身份得到海战学院师生的景仰，他十几年前出版的《1812年海战史》被海战学院的创办人斯蒂芬·卢斯将军选为教材。

虽然西奥多自己不能做主，可是他心里却规划了一套美国海战计划设想，包括吞并夏威夷与古巴，在尼加拉瓜修建运河，建造多艘战舰等。

1897年7月，海军部长约翰·朗外出度假，海军部的事情全部交给西奥多。西奥多开始根据古巴的实际情况，制定新的海战计划，用来"解放"古巴，赶走西班牙。根据他的规划，应该用海上封锁与小股陆军登岛的作战方式拿下古巴。他指出，如果美西战争爆发，战斗地点可以定在加勒比海和菲律宾，也可以直接攻击西班牙本土的海岸地区。

就在美国打算吞并夏威夷时，日本对此提出抗议。按照规定，像这样的外交问题应该由国务卿代表国务院做出答复，可是西奥多却表现得有些

第二章 政坛新星（1882—1898）

THEODORE ROOSEVELT

鲁莽。他提出美国有资格在不请示任何国家的情况下得到上述这些土地。

有一次,在与总统单独会面时,西奥多再次提出对西班牙作战的计划,计划的具体内容是用海陆军齐动的方式速战速决,占领古巴,同时派出亚洲舰队封锁马尼拉,在必要时予以夺占。虽然外界猜测西奥多想取代他的上司,可实际上他这样做的原因只是为满足了内心中那种想要当主角的表演欲望。约翰·朗是个宽容的好领导,他没有猜忌西奥多的用心,反而对他的工作表示肯定。另外,他还极力活动,让西奥多"首都俱乐部"的会员乔治·杜威担任了亚洲舰队的司令。

1897年11月19日,伊迪丝生下了西奥多的第6个孩子,两人的第5个孩子,四子昆廷·罗斯福。家里如今已经有了6个小孩,最大的小艾丽斯也不过才13岁,伊迪丝却安排得妥妥当当,让西奥多能够在工作后享受到安逸的家庭氛围。小艾丽斯已经出落成少女了,越来越像她的母亲,这让伊迪丝感到有些不安,生怕西奥多会因此想起去世多年的艾丽斯。西奥多却没有想那么多,他算是个非常合格的爸爸,对每个孩子都很关心,得到大家的尊敬与喜欢。尽管在小艾丽斯幼小时,西奥多曾冷落过这个女儿,但自从再婚后他已经学着宠爱她了。或许在他的心底,小艾丽斯是最宝贝的孩子,但他却丝毫不显露出来。他对孩子们一视同仁,并不因偏爱哪个子女而引起其他人的不满。

进入1898年后,美国和西班牙的矛盾开始激化,美西开战的可能性日益增强。由于流行感冒,西奥多家中的好几个人都病倒了,但西奥多却没有心思顾及,他把全部精力都放在备战上了。

1898年2月9日,《纽约日报》发表了西班牙驻美公使德拉莫的一封信。德拉莫在信中流露出对麦金利总统的轻视之意,引起美国民众的强烈不满。为了挑起民众对西班牙的仇视,报纸上还大肆渲染了西班牙人武力镇压古巴人的报道。很多美国人都认为,古巴人民正处于水深火热之中,美国人有义务去帮助他们。

1898年2月15日,赫斯特报系的各大报纸又刊登了一则最新消息,

THEODORE ROOSEVELT

当日凌晨美国"缅因"号舰艇在哈瓦那港发生爆炸后沉没，舰艇上所有官兵都遇难了。针对此事，国内人人惶恐，大家都清晰地感觉到，战争真的不远了。西奥多认为这是西班牙人的挑衅，他希望总统能够对西班牙宣战，可是却得不到总统的回应。海军部长约翰·朗认为舰艇的爆炸或许只是场意外，但这种观点很少能引起别人的共鸣。在一片混乱中，约翰·朗生病休假，西奥多再次成为代理部长。在没有征求约翰·朗意见的情况下，西奥多开始进行自己的备战安排。他致电亚洲舰队司令杜威，命令他将全部舰艇集中在香港，装足燃料，时刻准备投入战斗，以此阻止在菲律宾基地的西班舰队离开亚洲海岸。另外，西奥多致电各个海军基地，命令大家做好战争准备。作好一切准备后，西奥多终于松了口气，现在就等着美国与西班牙正式开战了。

2月25日，在听到西奥多全面备战时，约翰·朗很是不满，认为西奥多是个轻率的人。他马上结束休假，回到海军部，收回西奥多的代理部长权限。他承认西奥多很有才能，不过他批评西奥多有办事急躁的毛病，就像一只鲁莽的公牛。

在宣战问题上，麦金利总统始终拿不定主意。西奥多敦促自己的部长做好战争准备。要知道，此时只要关于舰艇沉没的调查报告出来，战争就不可避免了。

3月28日，美国派往事发地的调查组提出一份报告，经过确认，"缅因"号舰艇是被鱼雷炸沉的。对此，主战派有了理直气壮的理由，大家都希望立即向西班牙开战。麦金利总统还幻想着能够有机会改变目前的紧张局势。美国政府向西班牙发出了最后通牒，要求停止在古巴进行的一切军事行动。西班牙政府毫不客气地拒绝了这个要求。

4月11日，在美国民众的强烈要求下，麦金利终于向国会递交了宣战咨文。此时，西班牙表示愿意和谈，可是愤怒的美国人却不愿意就此罢手了。4月19日，国会通过了总统的宣战咨文。

西奥多终于等到了美国武力扩张的好机会，他决定辞职，他要去一支

THEODORE ROOSEVELT

即将奔赴古巴的军队里服役。西奥多渴望上前线，而不是在后方混个小官什么的。西奥多准备辞职的消息传开，引起人们的不解。没有人能够理解西奥多这种"疯狂"的行为，大家都认为他脑子出了问题。伊迪丝坚决反对西奥多上战场，她怎么能够放心他去那么危险的地方呢？孩子们还小，西奥多并没有任性的权利。好朋友洛奇也反对西奥多上战场，虽然他自己也是扩张主义者，但出于对好朋友的关心，他还是要阻止朋友的行为。他希望西奥多能够留在海军部，他相信西奥多的仕途离白宫已经不远了，根本没有必要用生命去冒险。

就算所有的人都不支持，西奥多仍决定了自己未来的人生方向，那就是率领一支骑兵部队奔赴战场。全国各大报纸对西奥多即将辞职入伍的事情也报道不停，不过大家都认为他应该留在海军部，因为那里需要他。

THEODORE ROOSEVELT
第三章
巅峰之路 （1898—1901）

按照常规，圣安东尼奥的第一骑兵团营地应该以团长的名字命名为伍德营地，可前往营地的指路牌上却写的是"西奥多的莽骑兵营地"。大家都清楚，骑兵团的真正领导者是西奥多，这点连伍德本人都不反对。当西奥多戴着眼镜来到骑兵团营地时，骑兵们觉得有些失望，没想到传说中的英雄看起来竟然如此文弱。但没过多久，他们就发现，西奥多的性格并不像他的容貌那样文雅。

THEODORE ROOSEVELT

1 "西奥多的莽骑兵团"
THEODORE ROOSEVELT

　　1898年4月19日，美国国会同意对西班牙宣战。4天后，麦金利总统下令征招12.5万名志愿兵参战，包括3支由具有特殊作战素质的边疆居民组成的骑兵团。

　　陆军部长阿尔杰知道西奥多渴望上前线后，决定授予他上校军衔，任命他为第一骑兵团的指挥官。西奥多有自知之明，他并不是职业军人，对部队的装备情况也不熟悉，不适合做指挥官。他推荐了伦纳德·伍德做团长，自己愿意做副手。在西奥多的要求下，阿尔杰授予伦纳德·伍德上校军衔，任命他为第一骑兵团的团长；授予西奥多中校军衔，任命他为第一骑兵团的副团长。当第一骑兵团招募士兵的消息传出后，西奥多任副团长的消息也传了出去，大家称这个团为"西奥多的莽骑兵团"，很少有人提到真正的团长伍德。在西奥多盛名的影响下，报名参加第一骑兵团的人络绎不绝。

　　1898年5月10日，安顿好家事后，西奥多前往得克萨斯的圣安东尼奥，去与第一骑兵团会合。出发前，西奥多已经做了细致准备，除了准备两匹好马外，他还购买了火药和必需品——眼镜。西奥多参战的消息传到西班牙，西班牙报界对这个舆论界的红人有些陌生，介绍起他来也是五花八门，有的说西奥多是警察出身，现在担任美国军队总司令；有的说西奥多是企业家出身，毕业于一个名字叫哈佛的商业学校。

　　5月15日，西奥多到达圣安东尼奥骑兵团的训练营地。这里的骑兵都不是普通人，都是在众多的应征者中以20选1的比例挑选出来的。这些人不仅拥有良好的身体素质，有的还具备丰厚的学识。骑兵团的成员们来自各个阶层，大家入伍前的职业各异，有擅长运动的体育名家，有喜欢足球的大学生，有年轻的东部绅士，有善骑能射的西部牛仔。其中，还有一小部分人是西奥多并不陌生的，例如他纽约的邻居、哈佛的老同学、西部牧

THEODORE ROOSEVELT

场的合作伙伴等。虽然大家接受的教育不同，但是这些人却都是一样的爱国，愿意为了国家奔赴前线。想到这点，西奥多就觉得自豪，大家都是好样的，有这样的伙伴一起战斗真是幸事。

按照常规，圣安东尼奥的第一骑兵团营地应该以团长的名字命名为伍德营地，可前往营地的指路牌上却写的是"西奥多的莽骑兵营地"。大家都清楚，骑兵团的真正领导者是西奥多，这点连伍德本人都不反对。当西奥多戴着眼镜来到骑兵团营地时，骑兵们觉得有些失望，没想到传说中的英雄看起来竟然如此文弱。但没过多久，他们就发现，西奥多的性格并不像他的容貌那样文雅。

西奥多与他的"莽骑兵团"的部分士兵

西奥多与伍德不同，带兵有自己的硬汉风格。在与士兵打交道时，西奥多并不把自己当成长官，而是以男人对男人的架势，赢得大家的拥戴。

第三章 巅峰之路（1898—1901）

THEODORE ROOSEVELT

他不像伍德那样，经常向下属征询意见，而是只问情况，然后由自己作出指令。西奥多与士兵们关系融洽，还经常一起喝酒。伍德认为这样是不对的，告诉罗斯福这样不适合带兵打仗。西奥多虽然没有反驳伍德的意见，但仍一如既往地与士兵们关系密切。在伍德这样的职业军人眼中，西奥多的行为未免有失军官身份。后来，在古巴战场上，那些正规军军官真的因此轻视西奥多，认为他是个没有军威的人。

第一骑兵团共有1000多名队员，大家来源复杂，多为豪勇自负之士，因此不好管束。说得好听些，是大家都比较有个性；说得不好听些，就是大家近乎是乌合之众。西奥多到达后，骑兵团开始进入训练状态，大家一天的安排都比较满，早上整理马匹，然后是早饭，早饭后带着马匹去饮水，然后是上鞍训练等。普通士兵训练到晚上7点，各级军官在7点后还要上指挥课。士兵们的战斗热情虽然高涨，训练时却不能完全配合。大家队形混乱，步子也不统一。说实话，第一骑兵团不像真正的军队那样纪律严明。

西奥多不愿意承认骑兵团的不足，他在给总统的信中夸大这支队伍的素质，说它非常出色，训练得很好，可以随时征调出发。显然西奥多没有说实话，他只是想尽快上战场而已。

5月底的时候，骑兵团的情况有所好转，凑合着也算是支部队了。可是，许多问题开始出现。士兵内部并不团结，矛盾不断；士兵与当地居民也时常发生冲突，甚至有人动用武力。这些为了国家热血沸腾的人已经在等待中变得浮躁起来，如果再不让大家上战场，可能这些人就要内部混战起来。西奥多开始担心，不是担心这些骑兵，而是担心去晚了的话，美军就占领了古巴，战争就结束了。他一方面请好朋友洛奇在国会活动，争取延长战争日期；同时，他开始向陆军部抱怨，指责他们办事拖拉。

1898年5月28日，大家终于等到了陆军部的电令，骑兵团奉命火速赶往佛罗里达的坦帕集结，做渡海准备，目的地暂时不详。两天后，全团人马离开营地，搭乘前往佛罗里达的火车。

6月2日，第一骑兵团到达西佛罗里达美军基地。麦金利总统不熟悉军务，又没有熟悉情况的人帮助他，所以安排得非常混乱，武器供应不足。正规军没有办法，只好滞留在这里等候武器。由于兵多船少，骑兵团渡海成为问题。远征军司令威廉·沙夫特下令，只许军官带马上船，骑兵团的人也不例外。另外，因无武器配给的问题，骑兵团的人不能够全数渡海。经过挑选后，只有560人入选。兴致勃勃赶到这里的士兵们没想到会出现这样的结局，落选的人泪流满面，选上的人也对丢下的坐骑恋恋不舍。还没有上战场，大家的情绪就低沉下去。

西奥多和自己的战马合影

6月13日，西奥多和他的骑兵团乘坐"尤卡坦"号启航。大家都不知道会面临什么样的战斗，会不会活着离开战场。很多人开始眺望远去的美国海岸线。西奥多非常兴奋，他希望能够取得胜利，那样的话他会为自己感到骄傲。在海洋上航行一周后，"尤卡坦"号到达圣地亚哥海岸，可是上头却让他们在船上等候命令。到第二天晚上，西奥多才接到战斗命令，大家终于可以上岸上战场了。

THEODORE ROOSEVELT

6月20日上午，美军开始离船登岸。按照要求，正规军优先，最后才轮到志愿兵。骑兵团的士兵都等得不耐烦了，幸好西奥多认识负责组织登岸的军官，所以得到通融，被安排提前上岸。美军上岸后，正规军将领们开始为战斗方案争论不休。骑兵团属于志愿兵，没有决策权，只能够原地等待命令。如今这些疲惫不堪的骑兵已经不能算是骑兵了，马匹都留在了大海对岸。有的士兵彼此打趣，认为大家不再是"西奥多的莽骑兵"了，而成为"伍德的疲惫步行者"。

6月24日，西奥多与他的骑兵团参加了拉斯瓜西马斯山口的战斗，大家认为这次是配合正规部队的战斗，目的是达到打通前往圣地亚哥的路线。正规军沿着山谷向内陆推进，莽骑兵走山路保证为正规军扫清障碍。虽然山路崎岖，但莽骑兵为了赶在正规军前清理埋伏，仍保持急速行军。一个小时后，莽骑兵遇到了西班牙军队，双方在山上展开枪战。由于美军不熟悉地形，所以很吃亏，转眼就有好几名骑兵中弹身亡，好几十人受伤。西奥多勇往直前，带人去包围西班牙军的阵地。没想到，直到山顶才发现敌人的阵地。西奥多身先士卒，向敌人开火。最终西班牙军队失去阵地，伤亡惨重，幸存者也被迫撤进丛林。

整个战斗进行了两个小时，莽骑兵团攻克了通往圣地亚哥的第一关。在那些随军记者的追捧下，西奥多成为这场战斗的英雄。经历过战火洗礼后，西奥多变得稳重起来。他的心情不好，那些日夜相处一个多月的队友们说牺牲就牺牲了。战争是残酷的，没有真正的输家，也没有真正的赢家。当记者们追问西奥多的胜利感想时，西奥多并没有什么夸大自己功绩的意思，相反他还实话实说，提到自己根本就没看清楚敌人的样子。虽然西奥多说的是实话，可是却没有人相信，大家都认为他只是在谦虚而已。纽约的独立共和党人宣称要在几个月后推举西奥多竞选纽约州长，华盛顿的国会议员们则提议授予他准将军衔。西奥多算是个幸运的人，总是能够在不经意间获得重要的收获。

由于美军供给安排不合理，自大家登船渡海以来，食物就非常匮乏，

THEODORE ROOSEVELT

第三章 巅峰之路（1898—1901）

西奥多（右起第一位）与骑兵团士兵在古巴丛林中

THEODORE ROOSEVELT

能吃的东西只有苦咖啡和咸猪肉。拉斯瓜西马斯战役后，士兵们劳累不堪，伤兵也需要补充营养，西奥多开始想办法为大家补充食品。他听说海滩军需站有1100磅豆子，就去找军需官，要求将这些豆子全部拨给自己的骑兵团。那个军需官有些势利，见西奥多负责的是志愿兵，就不以为然，打着官腔说，按照规定，这些豆子是只供给军官享用。西奥多不再说话，退了出去，没等军需官离开，他又转身回来，仍然要1100磅豆子。军需官还是推托，西奥多仍是坚持。军需官没有办法，就拿出统帅部的命令来提醒西奥多，声称要报告给华盛顿方面。西奥多毫不在意，仍然坚持要豆子。军需官不得不再次提醒西奥多，像这种不按规矩拨粮的事，或许最终需要西奥多负责赔款。西奥多毫不犹豫地答应了，终于拿到了豆子。骑兵团的士兵们顿时兴高采烈，好像参加酒会一样吃得津津有味。如果说过去西奥多是凭借英雄的名气得到大家的认可和尊重，那现在西奥多就是凭借这1100磅豆子得到了士兵们的真心爱戴。

豆子会餐结束后，伍德接到调令，西奥多升任团长，被授予上校军衔，成为名副其实的团长。骑兵团接到新任务，那就是作为后备力量，参加圣胡安山战役。

7月1日清晨，攻打圣胡安山的战斗开始。在美军与西班牙军队大规模交战前，西奥多带领骑兵团赶到胡安山的山脚扎营待命，没想到遇到西班牙人的突袭，转眼就伤亡数人。西奥多赶紧命令士兵们都撤进森林躲避。在几声炮击声过后，美军开始展开大规模战斗，没想到却遇到西班牙人的顽强狙击，最后血流成河。

战斗进行不久后，西奥多接到了行动命令，带领骑兵们开进圣胡安山下的一个小山包后隐蔽起来。按照战斗部署，骑兵团是作为后备力量保存在这里的，在局面能够控制的情况下不用参加战斗。西奥多是个好强的人，不愿意把功劳让给别人。他不停地请示上司，希望能够参加战斗，终于得到批准，可以协助正规军按照战斗部署来参战。

战斗进行得非常激烈，使得前面的正规军无法前行。西奥多正规军的战法很无聊，因此打算带领骑兵绕过去消灭敌人。行军中，隐藏在草丛中的西班牙军开始暗箭伤人，等西奥多冲到山顶时，身边的士兵死了好几个。山上有很多西班牙军，幸好骑兵团的士兵跟在西奥多身后，否则就很难幸免遇难。在经过殊死搏斗后，莽骑兵团打败了西班牙军，占领了这个山头。但圣胡安山主阵地的战斗还在继续，大家没有时间休息，就被西奥多带过去参加攻占主阵地的战斗。在莽骑兵团全团人马的勇猛冲锋下，终于打败了西班牙军，占领了整个圣胡安山。

在整个战斗过程中，西奥多始终骑在马上，带领士兵们冲锋陷阵，甚至亲自枪杀敌军。不管有多么危险，他都能够身先士卒，站在最前线，沉稳地下达命令。能够做到这些，是非常不容易的。可是，西奥多不能骄傲，因为在圣胡安山战役中，西奥多的莽骑兵团损失了89人，是几个志愿军部队中伤亡最重的。西奥多带着悲伤又自豪的心情，在心中默默念着每个英雄的名字，这就是他的莽骑兵，值得尊敬、值得怀念的战友。

在整个战役中，西奥多与莽骑兵们承担的都是最危险的任务，也立下了显赫的功劳。成功地攻下圣胡安山后，西班牙的军事重镇失去了地利的保护，完全暴露在美军的火力下。由此可见，攻下圣胡安山对美西战争的进行有着至关重要的影响。圣胡安山地形复杂、易守难攻，按常规来说很难攻克下来。因此有人说，如果没有西奥多与他的莽骑兵团，美军与西班牙军的战斗就胜败难料了。

战役结束后，西奥多成为最受士兵爱戴的大英雄。就算不是莽骑兵团的人，在谈到西奥多的时候，也对他的英勇无畏钦佩不已。西奥多开始享受胜利的滋味，认为这是自己人生中最有意义的一天。他想到那些目中无人的正规军将军，想到自己竟然取得比他们更大的成绩，真是让人忍不住兴奋起来。

美军没有按照原计划占领圣地亚哥城，而是迫使西班牙同意停火谈判。最后双方达成协议，为顾全守军的脸面，美军佯作炮击，然后西班牙人交枪弃城。

7月17日，美军进入圣地亚哥城，西班牙人开始从古巴全面撤退。

英雄，凯旋归来
THEODORE ROOSEVELT

虽然美军在美西战争中获得了胜利，却付出了昂贵的代价。除了战斗伤亡外，疾病也在军中肆虐，每天都有大量的士兵倒下。看着曾和自己一起并肩作战的伙伴们在死亡线上挣扎，西奥多感觉很沮丧。值得庆幸的是，由于多年的锻炼，他的身体较一般人强健，所以没有被传染病光顾。骑兵团病倒的士兵已达半数，大量的士兵因食品匮乏而身体虚弱，整个团的战斗力大大下降。西奥多不再寄希望于办事拖拉的美国陆军部，他自己拿出私人积蓄派人在当地购买食品，为士兵们补充营养。

1898年7月末，在纽约共和党大会召开前，共和党各界人士纷纷致电西奥多，希望他回纽约竞选州长。对于西奥多来说，这是开拓政治前途的大好机会。纽约在美国政治中具有特殊地位，作为美国人口最多的州，这里的总统选举人票数直接影响着选举的最终结果。不管是共和党，还是民主党，都非常重视纽约州，只有这样才能够让他们在总统大选中获得更多胜算。中期选举前夕，在纽约州的两党党魁们开始想办法赢得选举，以达到控制纽约州政治的目的。

由于当时的政治腐败，政客们多与党魁狼狈为奸、声名狼藉，很难在民众中获得支持与认可。西奥多正是在这种政治背景下，开始引起共和党党魁的关注的。在他们眼中，西奥多只是个爱惹麻烦的倔小伙，实在是不招人喜欢，但他具有良好的名望，能够为共和党带来巨大的政治收益。

在西奥多带领骑兵团奔赴古巴后，纽约共和党人就开始议论西奥多是不是适合竞选州长，但还存在很大的争议，党魁们更希望能够找出一个乖巧听话的政客。没想到西奥多快速地成为传奇人物，风头强劲。当时的西奥多正在古巴和骑兵团士兵共同对抗恶劣环境，还不知道美西战争带给自己的是什么样的荣耀。虽然他参战的本意并不是想获得政治资本，只是单纯地想满足自己对战争的渴望而已，但却有了意外的收获。圣胡安山战役后，

THEODORE ROOSEVELT

他成为众人瞩目的战斗英雄，成为全国性的知名人物。人们提到西奥多的时候，都对他在古巴的勇敢表现钦佩不已，称他为"圣胡安山"英雄。

尽管党魁们还游移不定，但越来越多的纽约州共和党人已经认定西奥多是最合适的州长候选人，于是纷纷致电西奥多，催他回纽约竞选州长。很多人开始猜测西奥多的政治命运，猜测他会不会像很多曾就任过纽约州州长的政客那样，先是竞选州长，然后竞选总统。就在纽约州共和党人翘首等待的时候，西奥多却作出了令人意外的答复：因为战争还没有结束，不能擅离职守，所以不能回纽约参加竞选。

纽约州共和党的党魁们为西奥多头痛不已，为了赢得本年的竞选，他们已经打算推选他做州长候选人，没想到他仍是这样不听话。可是，其他共和党人却认为西奥多"顾全大局"，具有高尚的人格魅力，对他更加支持和认可。

远在古巴的西奥多没有精力理会纽约州政坛的混乱局面，军中疫病流行，情况非常危急。可是为了不引起国内民众的恐慌，陆军部在总统的暗示下，命令他们继续驻留在古巴。因环境恶劣，又没有足够的医疗条件，患病的军人越来越多，各级军官都比较着急，心中都忍不住埋怨总统与陆军部的愚蠢决定。情况仍在恶化，美军损失已达半数，军官们都清楚地认识到，应该让陆军部了解这里的严峻形势，以说服陆军部同意撤军。但大家都有私心，没有人敢动手写报告，为了自己的政治前程，谁敢得罪总统呢？在正规军军官的诧异声中，志愿军上校西奥多站了出来。或许是爱出风头的本性，或许是他的道德良心让他无法保持缄默，西奥多在他的政治前途一片大好时做了一件非常冒险的事情，起草了说明美军因疾病肆虐使得战斗力大为受损的公开信。在全体军官签名后，这封公开信被寄回国内的美联社。

1898年8月4日，在美联社下属各大报纸上登出了古巴寄回的这封公开信，引起了公众的广泛关注。在这封公开信中，西奥多非常严肃地说明了军中疾病肆虐的详细情况，并且推测美军可能全军覆灭。美国民众这才认识到战争带来的不仅仅是胜利，还有亲人去世的伤痛，要求撤军的呼声

THEODORE ROOSEVELT

第三章 巅峰之路（1898—1901）

身穿戎装的西奥多

日益强烈。大家都相信公开信中所说的，认为若是有人想阻止撤军，那他就是害死士兵性命的刽子手。另外，媒体开始玩起文字游戏，矛头逐渐指向总统与陆军部部长。

THEODORE ROOSEVELT

第三章 巅峰之路（1898—1901）

面对混乱的国内舆论，麦金利总统与陆军部长很恼火，并且将过错理所当然地归罪于西奥多的公开信。为了扭转不利局面，陆军部长向媒体公布了西奥多前段时间给他的私信，用来报复西奥多。在信中，西奥多不遗余力地盛赞莽骑兵，认为它比任何州的民兵部队都要好，一点也不逊色于正规军。西奥多信中的狂妄言论引起了舆论的强烈不满，开始有人在报上公开指责西奥多，认为他是个急功近利的人。甚至有人非常不客观地将美军战斗力减弱的原因归罪于西奥多，认为应该将他送上军事法庭。当然，也有人看透了陆军部长的把戏，知道这只不过是转移舆论关注的手段而已。顿时西奥多的名字遍布各大报刊，越来越多的美国人熟悉了这个非常具有争议性的名字。有的报刊上指责西奥多是个自私自利的政客，有的报刊上赞扬他是令人尊敬的战斗英雄；有的报刊认为他的政治前途已经到了终点，有的报刊则暗示他或许有更好的发展。

在各种争议声中，关于撤军的命令还是到达了古巴。

1898年8月8日，在西奥多的带领下，莽骑兵团登船离开古巴，返回美国。虽然大家品尝到了胜利的喜悦，但也沉浸在失去伙伴的痛苦中。当初随西奥多前往古巴的560名士兵里，只有不到500人返回，其他的人都因伤亡与疾病永远地离开了大家。

在西奥多即将返回美国前，关于推举他竞选纽约州州长的事情终于尘埃落定。为了得到独立共和党人的支持，确保这次竞选的胜利，纽约州党魁普拉特放弃了被贪污丑闻困扰的现任州长布莱克，同意提名西奥多。虽然如此，普拉特心中对西奥多的厌恶却丝毫没有减少。他知道，自己就是讨厌这个不守规矩的年轻人。如果不是局面紧迫，他是绝对不会同意让西奥多有机会参与竞选州长的。在美国历届总统中有很大一部分都曾做过纽约州州长，如果西奥多顺利当选为州长，那他说不定就有机会当上总统。想到这些，普拉特就非常恼火，他陷入一种非常矛盾的情绪，一方面希望西奥多能够给共和党带来朝气，让共和党获得这次选举的胜利；另一方面希望西奥多落选，从而彻底断送他的政治前途。在这种情绪的影响下，普

THEODORE ROOSEVELT

拉特开始对外沉默起来，同意提名西奥多，但并不公开表示支持。

纽约州的共和党人，都被普拉特的情绪感染，大家都感觉到普拉特与西奥多之间存在着难以化解的矛盾。

1898年8月中旬，在万众瞩目中，西奥多和他的莽骑兵团终于抵达美国。作为凯旋归来的战斗英雄，他得到了鲜花与荣誉。就连几周前对他心存不满的总统，也对他格外亲切。记者们都围上了这位具有传奇色彩的人物，忽略了那些正规军军官。西奥多成为媒体关注的焦点，迅速成为家喻户晓的知名人物。他有点骄傲起来，期待自己能够得到国会授予的英雄勋章，认为自己完全有资格得到这个荣誉。世事岂能尽如人意，在各方反对下，西奥多没能如愿以偿。不过，他还是在这场战争中得到了更大的收获。战争的过程是残酷的，但战争带来的荣耀却是辉煌的。他已经不再是一个地方性政治家，而是具有全国影响力的政治人物。此时的西奥多终于拥有了迈向总统宝座的政治资本。

尽管惦记着竞选州长的事情，但西奥多没有马上回纽约，而是和他的莽骑兵团回到圣安东尼奥的训练营地。支持他竞选州长的各路共和党人开始陆续上门，和西奥多讨论竞选事宜。眼前面临的关键问题就是如何获得党魁普拉特的支持，在即将召开的纽约州共和党大会上顺利通过提名。大家的意见并不统一，有人建议西奥多放低姿态，同意和普拉特妥协；有人建议西奥多利用声望迫使普拉特同意提名他为共和党的候选人。就西奥多的本性来说，他是倾向于后一种方案的，但那样做就意味着他会失去党魁的支持，只能依靠独立共和党人的选票。可是，若让他按照党魁的意愿公开声明妥协，他又无法做到。因此，他只好保持沉默，在公开场合只谈战争趣闻，闭口不谈政治。令人意外的是，西奥多的沉默让他有了很好的收获，独立共和党人认为这是他不屈服于党魁政治的表现，党魁们却认为这是西奥多变乖的意思表示。总之，大部分共和党人都认可了这位风云人物成为他们的州长候选人。

1898年8月下旬，纽约共和党大会在曼哈顿召开，西奥多开始为自己的州长候选人提名而奔走。他性格高傲，不愿意向自己鄙视的党魁政治低头，但是在认清现实后，他知道自己不能够鲁莽地反抗他们。另外，让他倍感压力的是，现任州长布莱克也在争取提名，所以这个时候党魁普拉特的意见成为决定两人谁能够顺利通过提名的重要因素之一。不过，西奥多不愿意向普拉特妥协，更不愿意破坏自己独立共和党人的形象。在进退两难之际，他离开了纽约，回到了圣安东尼奥训练基地。

西奥多即将竞选纽约州州长的消息已传了出去，开始有人猜测他会不会在1900年竞选总统。西奥多学会了隐藏锋芒，暂时不再谈政治，而是把精力放在骑兵团事务上。由于战争已经结束，大家都清楚骑兵团即将面临解散，都格外珍惜彼此相处的时间。

1898年9月1日，普拉特终于对外表态，声称自己支持西奥多竞选州长。对于这个结果，普拉特本人实际上是非常不愿意的，可是没有办法，越来越多的共和党人支持西奥多竞选。就算他不表态，西奥多的党内支持率也已经超过半数。普拉特表态后，大家都在等待西奥多的态度，西奥多却依旧每天和骑兵团士兵在一起，表现出一副好像并不关心政治的样子。直到骑兵团解散前一日，西奥多才透漏自己愿意接受以普拉特为首的正规共和党人的提名。西奥多的低调让党魁们和独立共和党人都非常满意，党魁们认为西奥多开始学着听话了，独立共和党人则认为西奥多没有正式表态，消息并不确实，认为他仍然站在自己这一方。

1898年9月13日，是晴朗的一天，圣安东尼奥训练基地却是愁云密布。很多士兵泪流满面，莽骑兵团要解散了，曾出生入死的伙伴们就要分离，大家都觉得难过无比。西奥多强忍着自己的眼泪，面向大家总结了骑兵团成立4个多月的成就，真诚地赞扬大家的坚强和勇敢。

官兵们听着西奥多满怀深情的演说，都激动万分，有的甚至忍不住号啕大哭。想到即将与他们的偶像、他们的团长分别，官兵们倍感痛苦。西奥多看着这些曾患难与共的伙伴，好不容易忍到演说完毕，才偷偷转过头，擦去自己的眼泪。分别仪式却似乎刚刚开始，等西奥多转过头来，大

THEODORE ROOSEVELT

家已依次走到他面前。西奥多的眼泪再次涌了出来。他含着眼泪，和每个人握手道别，用颤抖的声音祝福这些伙伴们。西奥多此时的样子与他平日的硬汉形象完全不符，但骑兵团的士兵们对他的敬意却丝毫不减。很多年后，当士兵们回忆起他们的团长时，仍以曾做过他的部下而自豪。

在西奥多的一生中，最让他骄傲的事不是当上美国总统，而是能够成为团长，带领他的莽骑兵团奔赴战场。虽然因为多种原因，西奥多没有得到他想要的荣誉勋章，但他还是因实现了自己的英雄梦而感到满足。在骑兵团解散后，他始终记得他的士兵，而莽骑兵们也没有忘记他们的团长。在后来的日子里，西奥多力所能及地帮助每一个遇到困难的莽骑兵，仍以一个团长的姿态照顾好每一个需要帮助的伙伴。莽骑兵们也给予西奥多真诚的回报，他们经常参与西奥多的各种竞选活动，为他们的团长呐喊助威。真诚是最容易打动人心的，莽骑兵们的助威效果格外得好，这是西奥多所没有想到的。莽骑兵团的士兵们，就好像从来没有解散一样，经常举行各种聚会，怀念彼此共同度过的那段辉煌的人生经历。

3 对抗党魁政治
THEODORE ROOSEVELT

1898年9月18日，各大报纸刊登了西奥多表示愿意接受纽约州共和党人提名的消息。那些独立共和党人非常愤怒，共和党提名大会即将召开，他们已经没有时间再寻觅新的候选人。他们指责西奥多已成为党魁普拉特的傀儡，是个不守信义的小人。尽管西奥多仍坚持自己的政治立场是独立的，可这次他确实向党魁政治作了妥协。在正式接受提名前，他拜访了普拉特。两人的谈话内容外界无从知晓，可是根据西奥多出来后满面春风的样子，两人似乎达成了什么协议。西奥多的提名已成定局，大家议论的话题不再是他能否能够通过提名，而是他是否能够如愿当上州长，为共和党带来好运气。

THEODORE ROOSEVELT

虽然党魁们放弃了州长布莱克，但这个老政客并没有放弃自己的政治前途。在西奥多接受提名的消息公布后，他和他的支持者开始攻击西奥多，强调西奥多在海军部任职，是华盛顿居民，没有竞选资格。根据纽约宪法规定，只有本州居民才有资格竞选州长。对西奥多来说，这确实是他迫切需要解答的尖锐问题。普拉特没想到过去的傀儡布莱克竟然横生枝节，非常恼火。不管是出于什么目的，普拉特已成为西奥多竞选的支持者，当然不允许有意外发生。既然对方是根据宪法来攻击西奥多的，那他当然也只好依靠法律手段来还击了。在普拉特的指示下，几个资深律师一起研究对策，解决了这个法律上的麻烦。有人能够出面解决麻烦当然好，但西奥多却感觉不到欣喜。因为经过这个事件，党魁们似乎已经把西奥多当成了他们的新傀儡，这让西奥多非常反感。

1898年9月25日，在萨拉托加举行的纽约州共和党提名大会上，布莱克因失去党魁的支持，只得到不到四分之一的表决票，而西奥多的提名却以超过四分之三的表决票顺利通过。西奥多是在电话里知道这个好消息的。为了避免让公众认为他与党魁们关系密切，他没有出席这次提名会议。即便得不到独立共和党人的支持，他也不想得到他们的反对。普拉特也没有出席这次会议，虽然在无奈之下选择支持西奥多竞选，可多少有些不情不愿，何况提名会议上的对手还是他提拔起来的布莱克。

1898年9月26日，西奥多赶到萨拉托加会场，发表了正式接受纽约州州长候选人提名的演说，拉开了新一轮的竞选序幕。直到此时，他仍没有放弃对独立共和党人的拉拢，还是希望能够得到他们的支持。他尽量回避自己与党魁们的关系，将自己放到公正、公平的竞选立场上。

现任州长布莱克的腐败政治，让共和党声名狼藉，使得很多纽约人对共和党失去信心。民主党利用这点，推出了名声清白的奥古斯塔斯·范怀克大法官为候选人，得到很多选民的支持。即便共和党推出了西奥多为候选人，但竞选局面仍不容乐观。在竞选初期，西奥多与党魁们因竞选形式发生了意见分歧。爱出风头的西奥多想要亲自出面竞选，党魁们却希望由

第三章 巅峰之路（1898—1901）

THEODORE ROOSEVELT

竞选机构负责相关活动，因为竞选毕竟不是个人的事情。在争议过后，西奥多还是接受了他们的安排。党魁们这样做的原因是希望西奥多能够在他们的掌控中，可这样做对选举却没有任何好处。民主党利用贪污丑闻攻击共和党，使共和党的竞选活动陷入被动局面。

为了转移公众视线，西奥多开始直接面对选民。同那些老套的选举把戏相比，战斗英雄西奥多的出现更容易引起公众的兴趣。大家开始谈论他的莽骑兵团，开始谈论他在圣胡安山战役中的功绩。西奥多的个人魅力，淡化了他的党派政治影响，让他得到民众的广泛认可。在竞选演说中，西奥多多次强调，州长的职位是属于公众的，州长应该对所有民众负责。

面对民主党对共和党贪污丑闻的大肆宣扬，西奥多开始给予有力还击。他在演说中提到了司法改革，认为只有这样才能保证司法公正，让司法界不再像现在这样腐败。西奥多的改革姿态获得了良好收益，选民开始关注纽约司法界的腐败现象，开始质疑奥古斯塔斯·范怀克大法官的清白声誉的真实性。在西奥多的还击下，民主党候选人的优势变得荡然无存。

1898年纽约州的大选，不再是共和党与民主党的竞选，而是成为西奥多展示个人魅力的舞台。公众关注的不再是共和党与民主党彼此之间没完没了的政治攻击，而是英雄西奥多会参加什么地方的竞选活动。党魁们不再束缚西奥多，任由他自由发挥。他们都认识到，确实只有西奥多才能给共和党带来好运。大批的记者跟随着西奥多，等待着机会采访他。大家根据公众的兴趣，采访的话题也是以莽骑兵团为主。公众对西奥多的崇拜开始进入狂热状态。共和党利用这点，为西奥多安排各种集会，让人们有机会与这位战争英雄近距离接触。西奥多每天要赶赴好几处场地，进行四五场演说。这些日子对西奥多来说，是充实而愉快的。

1898年11月7日是投票日，在公众的期待中，西奥多以17794票当选州长，为共和党赢得了此次选举的胜利。

1899年1月1日，在大家还在庆祝新年的时候，西奥多到达奥尔巴尼，开始了自己的州长生涯。1月2日，在本年度第一次州议会的会议上，

THEODORE ROOSEVELT

西奥多发表了州长任上的第一次年度咨文。咨文的主要内容包括要求推进文官改革制度、进行税收改革、承认劳工权利等。咨文的内容简单明了，并没有什么独特之处，可真正施行起来并不容易。

如果说1898年带给西奥多的是幸运连连，那1899年带给他的就是困难重重。自从当上州长的第一天起，西奥多就陷入非常尴尬的处境。不管他是如何强调自己的独立立场，可毕竟是与党魁妥协后才参与竞选的。如果按照党魁们的意愿行事，那就会损害西奥多的政治形象，说不定就要葬送他的政治前途；可是不按照党魁们的意愿办事的话，就得不到他们的政治支持，无法实施各种改革政策。

西奥多知道，只有打破党魁们对人事任命的垄断，才能够确保自己的新政得以顺利实施。他想要表明一个态度，那就是自己不是党魁政治的傀儡。他坚持自己的独立立场，打算自己选任官员，而不是依照常规接受党魁们选择的人选。普拉特对于西奥多的表态只是一笑了之，可是西奥多接下来却见识到了这位资深党魁对纽约州政治的影响力。西奥多自己决定的人事任命名单，根本就没有办法得到州议院的核准，事情陷入僵局。

西奥多为了实现自己的目标，顺利推行新政，开始尝试着要一些政治手段。他不再坚持任命自己确定的人选，而是提出一个双方都能够接受的官员候选人名单，由普拉特敲定最后的人选。表面上看来，普拉特仍然握有人事任命权；实际上，西奥多已开始拥有了自己的政治班底。双方皆大欢喜，最终各种人事任命都按照这个程序顺利完成。

人事任命风波，是西奥多与党魁政治的首次交锋，让他真正意识到自己决不可能平静地度过两年州长任期。是否能够协调好与党魁们的关系，成为他顺利推行新政的重要因素之一。西奥多知道，与党魁们闹翻是愚蠢的行为；只有与普拉特合作，才能真正地运用州长的权利为民众办事。可是他又非常鄙视党魁们对政治的幕后操纵，不愿意当他们的傀儡。于是他开始像个真正的政客，手段圆滑地与各个党魁们打着交道，表面上按照党魁们的意愿处理政务，实际上仍坚持自己的独立立场。当党魁们对他的行

THEODORE ROOSEVELT

事持反对态度时，他就利用公众的力量，用舆论迫使党魁们与他妥协。他找各种机会来说明自己的独立立场，和媒体保持长期融洽的关系，加强州长工作的公开性，让公众能够清楚地了解各种政策施行的情况，以减少幕后政治交易的可能性。

西奥多的手段根本就无法骗过政治经验丰富的普拉特，他没有明确地站出来反对西奥多，可他却依仗自己的经济实力来操纵政治。作为一个大资本家，普拉特将金钱与政治相结合，用金钱来操纵政治，用政治权利来谋取更多的利益。企业利益与政治权利交易的具体表现就是党魁政治，这已经成为民主政治的毒瘤。大资本家们就像普拉特一样，运用金钱来干预政治。

早在就任州议员期间，西奥多就见识过党魁政治的危害，对那种用金钱来操纵政治的行为非常反感。为了抑制大资本家对政治的干预，西奥多开始有计划地针对大公司进行整顿，用来限制大公司对公共财产的掠夺。像西奥多这样认识到党魁政治危害的还大有人在，已经有好几个人向议会递交了限制大公司拥有公共事业特权的法案，其中有一个规定对经营公共事业的大公司征收新税收的法案引起了西奥多的关注。这个法案是由民主党参议员约翰·福特提出的，因此又被称为《福特法案》。该法案规定，经营纽约州公共事业的大公司除了负担《国家税法》规定的税收外，还应当向州里缴纳一部分收入。

西奥多对《福特法案》很感兴趣，希望能够促成该法案的通过。令人毫不意外的是，普拉特对《福特法案》强烈反对，认为该法案对企业界危害巨大，具有无法预测的政治风险。在和西奥多谈到该法案的时候，普拉特建议他谨慎对待，不要鲁莽行事。

虽然没有再坚持一定要通过《福特法案》，可是西奥多仍向记者透露自己并不反对该法案。在州议会上，西奥多提到应拟订一项法律，用来对拥有公共事业特权的大公司进行征税。他知道，在普拉特反对的情况下，即便他支持《福特法案》，法案也无法顺利通过。因此，他并没有直接提到《福特法案》，可是他的立场却显而易见。

对于不服管束的西奥多，普拉特不会永远被动地接受挑衅，他开始决定利用《福特法案》来给西奥多一个深刻的教训。

1899年4月12日，在普拉特的操纵下，参议院通过了《福特法案》，这让西奥多感到非常意外。虽然他不明白普拉特的意图，但仍是抓住这个机会公开支持该法案。他要求众议院马上对该法案进行表决，可是却得不到回应。在普拉特的安排下，众议院提出了与《福特法案》相悖的法案。不久，党魁们支持的议员们和具有改革精神的议员们开始了没完没了的辩论。失去耐心的西奥多终于决定亲自出面，动员一切力量来支持《福特法案》。可是，由于众议院议长是普拉特的人，所以《福特法案》的表决日期还是一拖再拖。

1899年4月27日，忍无可忍的西奥多开始运用州长权力，向议会发表紧急咨文，要求众议院议长立即表决《福特法案》。众议院议长不仅没有按照程序在议会上宣读州长咨文，反而决心反抗到底。他不顾州长的权威，撕毁了咨文文本，这对西奥多来说是极大的侮辱。西奥多知道，自己不能后退，否则就只能按照普拉特的意愿，做他的傀儡。普拉特却不给西奥多喘息的机会，又指使大公司代理人警告西奥多，要是他再支持《福特法案》，就会失去所有政治提名的机会。

1899年4月28日，西奥多再次向议会发出了州长紧急咨文，要求众议院立即表决《福特法案》。众议院议长不敢再继续挑衅州长的权威，终于同意将《福特法案》交付表决。虽然普拉特操纵的部分共和党众议员投了反对票，可是由于大多数民主党众议员的支持，《福特法案》还是以109票对35票的绝对优势获得通过。在与党魁政治的对抗中，虽然西奥多获得了表面上的胜利，可是却彻底得罪了那些大公司代理人。惟一让西奥多值得庆幸的是，由于他超越党派的行事作风，使得他得到民主党改革派的认可与支持，他的州长工作也因此顺利开展起来。

普拉特不甘心让《福特法案》就此通过，开始婉转地向西奥多施加压

THEODORE ROOSEVELT

力,希望他同意议会提出针对该法案的修正案,否则的话他将失去企业界的支持。普拉特想利用这个机会提出新法案代替《福特法案》,以此来为大公司谋取利益。西奥多在种种压力下,不愿意与普拉特公开交恶,同意将《福特法案》进行修正后再签署通过。可是,为了避免再起风波,西奥多警告议会,若是修正案不能迅速通过,那他只能签署原来的法案。党魁们只好改变提出新法案的计划,在《福特法案》中加入一条有利于大公司利益的条款。在议会表决通过后,新的《福特法案》被送到州长办公室。这个时候,等待该法案签署的人换成了普拉特。西奥多利用这个机会提出州长对任何修正案都应具有事先知情权与认可权,否则就拒绝签署新《福特法案》。在西奥多的要挟下,议会同意在进行任何法案的修正之前,都要事先征得他的同意。

1899年5月27日,在党魁们的妥协下,西奥多终于签署了《福特法案》。在围绕该法案展开的长达两个月的较量中,新闻媒体始终关注着事态发展。西奥多没有局限于党派立场,给予该法案大力支持,让他的新政更加具有改革色彩。他与党魁政治的较量,也让他得到更多民众的认可。西奥多虽然失去大公司代理人的政治支持,可是却在公众中具有了更大的政治影响力。

1899年6月16日,西奥多离开纽约,乘坐火车前往新墨西哥州,参加莽骑兵团解散后的第一次聚会。记者们对他的出行做了报道,人们得到消息后,赶到沿途的火车站,欢迎这位具有传奇色彩的战斗英雄。西奥多再次成为全国舆论关注的焦点。

6月24日,是拉斯瓜西马斯山口战役一周年纪念日,解散了9个月的莽骑兵团官兵在新墨西哥州圣太菲举行了热闹的集会。对于这些男人们来说,莽骑兵团的4个多月的战斗经历成为他们最值得骄傲的人生资本。大家一起悼念战争中牺牲的伙伴,回忆共同度过的日日夜夜。大家围着他们的团长,就好像从来没有分开过一样。

6月29日,西奥多回到纽约,为了避免引起麦金利总统的误会,他发表公开声明，呼吁全国选民在来年的大选中继续支持麦金利。

为了转移媒体的视线，西奥多开始重视容易引起公众关注的社会改革，尝试制定改善劳工处境的法令。为了保障工人的基本利益，让他们避免资方的过度压榨，西奥多加强了劳工监督局的权力。另外，他还促成了保障劳工利益的几项法案，其中有的用来确保劳工能够在具备安全生产条件下工作，有的规定了女工与童工的最高工时。另外，他开始在州政府雇员中推行8小时工作制。

在两年的州长任期内，西奥多对文官制度改革始终热情不减。根据纽约州的实际情况，在文官制度改革委员会的协助下，他提出了新的文官制度法案。虽然普拉特对西奥多这份新法案存在诸多不满，可仍是在两人的周旋中同意了该法案。西奥多对自己的工作成绩非常满意，认为自己可以算是一个不错的州长，觉得自己能够认识到眼前的政治弊病，进行相应改革，用来更好地维护美国的民主制度。

4 被迫接受的交易
THEODORE ROOSEVELT

1900年1月2日，西奥多在纽约州议会上发布了州长任期内的第二次年度咨文。该咨文的主要内容是，加强州政府对经营公共事业企业的控制，加大企业的改革力度，保护纽约州的自然资源。纽约州的大资本家们吃尽了《福特法案》的苦头，对州长的新年度咨文更是深恶痛绝。大家希望尽快摆脱西奥多，不管他去接受什么新职务，只要离开纽约州就行。

面对个人的政治生涯，西奥多却仍在犹豫中。早在去年6月公开声明继续支持麦金利后，他就开始考虑自己以后的政治发展。按照常规，西奥多似乎只有两个选择，那就是再次竞选州长、争取连任，或者是进入麦金利的内阁担任职务。

西奥多与纽约州党魁普拉特的矛盾虽然没有公开，可是却是难以协调

THEODORE ROOSEVELT

的。西奥多想不出有什么理由让普拉特继续支持自己竞选州长。而能够提供竞选资金的企业家们，早就因《福特法案》对西奥多恨之入骨。就算西奥多侥幸赢得1900年州长竞选，那还要面对1902年的选举。要知道在美国是没有哪个政治家能够沉寂两年后，再出面来参加总统大选的。为了保持自己的政治资本，让自己有实力角逐1904年的总统大选，西奥多知道自己必须站在政治前沿，保障自己在选民中的影响力能够持久。麦金利总统希望西奥多在卸任后到华盛顿担任陆军部部长，这也算是对西奥多忠诚的回馈。西奥多却谢绝了总统的好意，他实在是忍受不了联邦政府内阁中那种办事拖拉的风气。

不知道算是西奥多的运气好，还是天意的安排，1899年11月，副总统加勒特·霍巴特在任期内病逝，选举新的副总统候选人成为共和党党员的首要任务。作为具有全国影响力的共和党人，西奥多再次成为公众关注的焦点。很多人希望西奥多能够成为副总统候选人，协助麦金利赢得1900年大选。西奥多不愿意成为配角，因为除了总统在任期内死亡外，很少有副总统能够成功地赢得大选。在联邦政治中，副总统只是一个陪衬的角色，不能树立什么政绩，更不要说拥有全国性的政治影响力了。虽然西奥多与普拉特矛盾重重，可在纽约州共和党人中没有合适的人能够取代西奥多。如果共和党想要赢得1900年纽约州大选的胜利，恐怕还得继续支持西奥多提名。正是因为如此，西奥多才在再次竞选州长与竞选副总统之间难以决断。

不过，在西奥多的年度咨文发表后，他的对手们开始为他做了决断。为了保障党魁们在纽约州的利益，普拉特痛下决心要将西奥多撵出纽约。他开始在公开场合谈论西奥多的政治前途，认为西奥多应该去竞选副总统。为了反驳普拉特的观点，西奥多在报上发表声明，表示自己的责任是处理好纽约州的事务，不管在什么情况下自己都不愿意接受副总统提名。

普拉特不愿就此罢手，关于西奥多即将成为副总统候选人的报道仍是层出不穷。为提名西奥多为副总统候选人忙碌的还有西奥多的支持者们，

THEODORE ROOSEVELT

他们非常乐观地认为 1900 年的副总统肯定能够成功当选 1904 年的总统。虽然麦金利没有公开表态，可他的支持者们认为，选择西奥多做竞选伙伴，共和党的胜算更大些。总之，此时提名西奥多做副总统候选人，成为大多数共和党人认可的事情。

1900 年 6 月 20 日，共和党全国代表大会在费城召开，这次大会的主要目的是推选出总统与副总统候选人。由于总统候选人早已确定为麦金利，所以这次大会实际上成为副总统候选人的提名大会。除了西奥多外，副总统候选人的热门人选还有海军部部长约翰·朗。虽然麦金利没有支持约翰·朗，可是共和党全国委员会主席马克·汉纳却始终在为约翰·朗的提名四处奔走。

西奥多不愿意被提名为副总统候选人，可是也不愿意懦弱地躲起来。在妻子伊迪丝的陪同下，他赶到费城参加大会。就如人们预料的那样，当西奥多到达会场的时候，他就成为各州代表团推举的重点。由于党魁汉纳的反对，西奥多的提名之路并不顺利。尽管西奥多本人并不热衷于副总统候选人的提名，可是共和党党内几个资深党魁却围绕着西奥多展开了各种争斗。作为纽约州党魁，普拉特一直暗中支持西奥多获得提名，用来阻止他继续竞选州长。可是为了避免嫌疑，免得引起独立共和党人的反感，普拉特没有直接出面，而是安排来自宾夕法尼亚的前任国会参议员马修·奎伊出面促成此事。奎伊是宾夕法尼亚州的党魁，在共和党内具有一定的影响力和号召力。他的支持，成为西奥多顺利通过提名的有利保障。

共和党党魁汉纳担心的，并不是西奥多担任副总统的问题，而是担心麦金利在任期内去世，西奥多会成为总统。作为共和党保守派的核心人物，他当然不愿意具有改革精神的西奥多登上总统宝座。虽然自己年纪不轻，可是汉纳还期望自己能在 1904 年参与总统大选。为了避免西奥多成为总统的可能性，他想尽办法阻止西奥多的副总统提名。当他发现西奥多的副总统提名已经势不可挡后，就开始琢磨怎么才能让西奥多本人主动拒绝接受提名。于是他大肆宣扬西奥多与普拉特的合作关系，将西奥多贴上党

THEODORE ROOSEVELT

魁政治的标签,用来迫使他自己拒绝接受提名。大家都开始观望,不知道西奥多是否会声明自己的独立性,放弃副总统候选人提名。

西奥多陷入两难中,若是发表声明,那不仅得罪党魁们,还让热衷于提名他的其他共和党人失望;若是不发表声明,就容易造成他与普拉特同流合污的误会。最后,针对汉纳的攻击,西奥多还是发表了公开声明,声明中虽然强调了自己在政治上的独立观点,可是却没有任何拒绝副总统候选人提名的意思。代表们看到这个声明后,认为西奥多已经同意做候选人了。

对于汉纳对西奥多提名的阻挠,奎伊开始给予有力反击。他在大会上提出按人口比例来平衡各州代表团的人数。由于南部诸州是民主党势力范围,共和党人数根本无法与北部诸州相比,如果奎伊的提案得到通过,那南部诸州在全国政治的影响力将大大减弱,而那里正是汉纳的权力范围。为了保证自己的党内地位,汉纳只好找到奎伊,接受他的条件,同意支持西奥多。作为交换条件,奎伊也要撤回关于按比例决定代表人数的提案。

1900年6月21日,与会代表就总统与副总统候选人提名进行表决。在第一轮投票后,麦金利以926票获得总统候选人提名,西奥多则以925票成为副总统候选人。虽然西奥多本人最讨厌政治交易,可是为了保住自己的政治地位,他还是无奈地接受了提名。如果西奥多坚持拒绝接受提名的话,共和党也会找到其他候选人,可那对西奥多来说却是非常冒险的。那样的话,他将失去许多共和党人的支持,若是普拉特坚持反对,他连再次竞选纽约州州长的机会都没有。不管西奥多对党魁政治多么鄙视,他能够做的也只有接受他们的安排,开始自己的竞选活动了。

1900年的全国大选,对共和党非常有利。经过麦金利几年的经营,美国经济摆脱了经济危机的影响,呈现出高度繁荣的景象。麦金利在民众中具有广泛的支持率,再次当选总统似乎已经成为定局。

民主党没有合适的候选人,只有再次推出农业改良主义者威廉·布赖恩为候选人,竞选主题仍是"自由锻造银币"。在工业集团与农业集团的

THEODORE ROOSEVELT

再次较量中，工业集团的影响力更加明显起来，与代表农场主利益的候选人相比，公众更信赖能够促进经济繁荣的麦金利。

虽然局面对共和党有利，但西奥多仍是非常认真地进行着选举活动。在4个月的竞选过程中，西奥多平均每天演讲5到6场，行程2万多英里。在竞选活动期间，共和党的大多数事务都是由西奥多独立承担的。他把这次大选当成是1904年大选的实验场，认真地准备每次演说。虽然布赖恩是公认的好口才，可是西奥多的个人感染力却不容小视。观众为他的演说而欢呼，都折服在他高尚的个人魅力之下，甚至很多人都忘记了竞选的主角是麦金利。许多原本支持民主党的选民因西奥多个人的影响力而选择了共和党，这对共和党来说是意外的收获。

西奥多在发表公众演说

与西奥多相比，麦金利才算是真正的政客。在整个竞选过程中，他很少亲自出面竞选。在外人看来，他似乎非常信赖西奥多，给予西奥多极大的权力。可是西奥多本人知道，自己与麦金利并不亲近。由于西奥多的出

第三章 巅峰之路（1898—1901）

THEODORE ROOSEVELT

面，麦金利成为美国历史上最闲暇的总统候选人。在竞选期间，他甚至有时间和家人一起去度假。这虽然说明了共和党对这次大选的结果颇有信心，也间接地表明了西奥多的个人能力。虽然只是配角，可是西奥多仍是全力以赴，希望在选举结束后得到好的回报，得到麦金利的认可与重视。

1900年11月6日，大选揭晓，麦金利以292张选举人票对155张选举人票，击败了布赖恩，获得总统大选的胜利。作为麦金利的搭档，西奥多当选为美国副总统。

1901年1月1日，西奥多结束了自己的州长任期。在离开奥尔巴尼前，西奥多与普拉特进行了愉快地会晤，两人非常客气地谈到纽约州的政治情况与全国的政治局势。尽管不喜欢西奥多，可是想到能够让他离开纽约，普拉特仍是十分高兴。他知道，以后的日子，该头疼的就是华盛顿的那些老顽固们了。

在搬回纽约两年后，西奥多再次举家迁往华盛顿，在总统府附近选择了合适的住所。伊迪丝开始忙着料理新居，孩子们也开始熟悉新的环境。西奥多的长女小艾丽斯已经17岁了，她的容貌酷似她的生母。或许是出于对前妻的怀念，或许是出于对小时候冷淡她的内疚，西奥多对这个女儿非常纵容，让小艾丽斯养成了非常张扬自我的个性。虽然伊迪丝只是继母，可是她却对每个孩子都一视同仁，若是客观地说，她对小艾丽斯投入的感情要比自己亲生的5个子女更多些。虽然小艾丽斯是她情敌的孩子，却由她亲自抚养长大，感情上和亲生的并没有什么两样。为了争夺小艾丽斯的抚养权，伊迪丝甚至与西奥多的姐姐贝米对簿公堂。在小艾丽斯的心中，也始终把伊迪丝当成亲生母亲一样热爱与尊敬，帮助她料理家务，照顾年幼的弟妹。

西奥多的家庭生活是非常幸福的，温柔大方的妻子，慈祥体贴的父亲，一帮活泼可爱的孩子们。不管是17岁的长女小艾丽斯，还是4岁的幼子昆廷，都非常喜欢他们的父亲。在与家人短暂分别的日子中，西奥多经常给孩子们写信，有的信上画着可爱的插图，有的信上虽然只是短短的几

THEODORE ROOSEVELT

句话，可是其中却包含着一个父亲对儿女们的关爱。

1901年1月中旬，安顿好家人后，西奥多开始与朋友结伴到科罗拉多大峡谷狩猎。在狩猎期间，他多次写信给几个儿女，向他们讲述狩猎的乐趣。其中有一封信这样写道：

幸运的泰迪：

我们沿着铁路，驱车前往50英里外的边境小城米克。我们在那里见到了迎接我们的戈夫，他不爱说话，举止优雅，是个能够吃苦耐劳的好猎手。次日清晨，我们骑马前往戈夫的农场，用马车来运载大家的行李。……

今天早晨出发不久，我们就发现了美洲狮留下的踪迹。猎犬们在大峡谷中四处搜索，转悠了快两个小时。有的时候，我们根本就听不到犬吠的声音。……很快，我们发现了那头狮子。它正站在一棵树的树梢上，与树枝中的两只猎犬搏斗。与猎犬相比，狮子更害怕我们，见到我们后它跳下树逃走了。猎犬们在后面紧追不舍，在几百码后就将狮子逼到另一棵树上……它再次逃走了。这次，猎犬们在200码外围住了它，展开了一场恶战。猎犬们凭借自己的力量能够咬死狮子，可是其中的4只猎犬已被狮子咬伤和抓伤。为了避免狮子咬死哪只猎犬，我就跑了过去，用你借给我的那把刀子从背后刺中狮子的肩部，直接刺进它的心脏。很早之前，我就有这样的愿望，希望能够像今天这样，在猎犬与刀子的帮助下，猎杀一头美洲狮。今天终于如愿以偿……

就在孩子们为父亲的英勇事迹雀跃时，西奥多的第二封信又到了。

亲爱的小埃塞儿：

我非常开心，你妈妈、你姐姐与你恐怕都不会喜欢这些狩猎旅行中的乐趣，可是你们大家肯定会喜欢这些猎犬。它们总共有11只，其中只有8只具有战斗力，能够在狩猎中大显身手。在这个礼拜与美洲狮和豹子的战斗中，这8只猎犬都光荣负伤了。它

THEODORE ROOSEVELT

们并不团结，总是要彼此干一架的样子，可是就像我们喜欢亲近家犬一样，它们也非常亲近我们。因为我宠爱它们，所以它们对我也格外好。就在我写这封信的时候，两只猎犬正躺在我的脚边，相互发着挑衅的哼哼声，用鼻子蹭我的膝盖，希望能够得到我的爱抚。其中一只是大猎犬，一只是小型混血犬，它们两个都在今天早上被美洲狮咬伤。它们和农场的小猫们相处得非常愉快。在所有猎犬中，3只不用搜索猎物的战斗型猎犬对人最有感情。除了战斗力强外，它们竟然还会爬树……

狩猎带来的乐趣驱散了党魁交易带给西奥多的政治压力，1901年2月，西奥多回到了华盛顿，为即将开始的副总统任期做准备。

5 布法罗的子弹
THEODORE ROOSEVELT

1901年3月4日，西奥多站在麦金利身后，出席了总统就职典礼。虽然在外界眼中，西奥多作为副总统已经身居要职，可是实际上他知道自己在麦金利政府中并没有什么份量。对于西奥多在竞选中的辛苦付出，麦金利总统并没有给予相应的回报。或许是出于对西奥多能力的忌惮，麦金利总统没有按照常规那样依赖自己的副总统，而是闲置了他，不让他参与重要决策，不听取他的建议，漠视他的存在。

虽然想要有所作为，可实际上除了主持参议院会议之外，西奥多根本就无事可做。西奥多迎来了政治生涯中最闲暇的一段时光。伊迪丝和孩子们却非常高兴，因为西奥多开始有时间陪着家人外出旅行。虽然这种悠闲的生活并不适合西奥多要强的个性，可是在麦金利总统的故意压制下，他也是无可奈何的。

在副总统任期内，西奥多做过的惟一有意义的工作就是会晤金融巨头摩根。企业界人士因西奥多在州长任期内对《福特法案》的支持，对他始终怀有戒心。在双方会谈中，西奥多始终保持低调保守的态度，表明自己不会在以后的政治生涯中实施激进的经济改革。这次会晤代表了西奥多与企业界的和解，他的伙伴们都明白这是为1904年的大选做准备。

1901年4月末，西奥多前往格罗顿公学，探望在那里读书的长子小西奥多。小西奥多是西奥多与伊迪丝的第一个孩子，他像他的父亲一样，身材非常高挑。不管是文化学习方面，还是体育运动方面，小西奥多的成绩都非常出色，这让西奥多非常欣慰。可是出于对儿子的关爱，他还是忠告儿子不要因过度劳累而损害健康。

1901年5月1日，为期6个月的泛美博览会在纽约的布法罗举行，西奥多与伊迪丝带着孩子们回到纽约，参观了这次盛会。随后，长女小艾丽斯前往波士顿探望李夫妇。西奥多夫妇带着孩子们暂时回到纽约旧宅中。

在纽约逗留期间，除了会见一些老朋友外，西奥多还拜访了哥伦比亚法学院的法学家德怀特教授。虽然放弃了自己的学业，可西奥多对自己的这位研究生导师始终怀有敬意。他和自己的导师探讨着与政治相关的法律话题。由于时间充裕，西奥多再次拿起法律书籍，想要趁这个机会完成自己中断20年的法学学业。

1901年9月6日，在布法罗出席泛美博览会的总统麦金利遭遇暗杀事件。当时，他正在布法罗的音乐堂举行总统招待会，结果被利昂·乔尔戈什近距离击中腹部。利昂·乔尔戈什，28岁，是一个无政府主义者。在总统接见时，他用手帕做掩护，向麦金利的腹部连续射击两次。总统的侍卫们立即逮捕了他，制止了他的第3次射击。鲜血淋漓的麦金利马上被送往最近的医院救治，生死不明。此时的西奥多正在佛蒙特州，参加州政府为他准备的欢迎宴会。他接到了电话，得知总统遇刺后向参加宴会的人们宣布了这个不幸的消息，然后带着助手离开佛蒙特，赶往布法罗。

经过抢救，麦金利似乎脱离了危险。他的神志已经恢复清醒，伤势也逐渐恢复。他询问了暗杀者的消息，得知凶手利昂·乔尔戈什在暗杀事件发生后的次日认了罪。

THEODORE ROOSEVELT

　　1901年9月11日，西奥多见总统的病情已经稳定，就悄悄离开布法罗，前往纽约州境内的阿迪朗达克山狩猎区，与在那里度假的家人会合。

　　9月13日，星期五，对西方人来说，这是一个非常不吉利的日子。沉浸在攀登乐趣中的西奥多却没有想那么多。昨天，西奥多与妻子带着孩子们从山脚的营地爬到半山腰，并且在那里露营。由于天气有些阴沉，山间雾气缭绕，孩子们没有如愿地看到星星，忍不住有些抱怨。由于半山腰到山顶的路更加崎岖，所以天亮后西奥多让妻子带着孩子们回营地，自己和几个身体强壮的伙伴们继续向山顶攀登。在山顶做了短暂停留后，大家怀着愉快的心情下山。让人郁闷的是，才到半山腰，天气就开始变得糟糕起来。西奥多等人想要在这里等到雨停后再下山，却收到了山下送来的电报。虽然电报上只有几个字，可是西奥多的手却颤抖起来，"总统病情恶化"。他不明白为什么会出现这种情况，只知道自己不能再在山间停留。在山雨淋漓中，西奥多踩着泥泞的山路下山。

　　直到半夜11点半，狼狈不堪的西奥多才回到山脚营地。这里堆积了好几封电报，最后的电报上赫然写着总统病危的消息。换了干净衣服后，西奥多来不及稍作休息，就吻别了妻儿，乘坐马车前往距离阿迪朗达克山最近的北希腊火车站。

　　西奥多没有时间等待雨过天晴，他陷入一种焦躁不安中。自从离开营地起，他就开始保持沉默。对于卑鄙的暗杀者，西奥多是非常愤慨的。但他也不能否认，自己得知总统病危的一瞬间，心底是存在欣喜的。虽然根据美国宪法第二条第一款"如遇总统被免职、死亡、辞职或丧失履行总统权力和责任的能力时，总统职务应移交副总统"，可是按照美国政坛常规，只要被刺杀总统的心脏没有停止跳动，那总统的职务就不能够移交。麦金利的病危是他的不幸，却是西奥多的机遇。或许不用等待4年，西奥多就能够登上总统的宝座。对于任何政治家来说，这都是令人激动的机遇。不过西奥多的道德良心却不允许他坦然地面对这种机遇。尽管受到麦金利总统的一再压制，可西奥多还是承认这个男人确实是一名非常优秀的总统。

THEODORE ROOSEVELT

他带领美国人民摆脱了1893年经济危机带来的不良影响，使得美国经济繁荣发展，改善了人民的生活条件。

就在西奥多冒雨前进时，在布法罗医院的麦金利总统已经开始陷入弥留状态。在昏迷前，他说的最后一句话是："上帝，我离你越来越近了。"

1901年9月14日凌晨2点15分，美国第25任总统麦金利因伤势恶化在布法罗医院去世。按照美国宪法规定，从这一刻起西奥多已经成为新一任美国总统。在国务卿约翰·海的率领下，联邦政府的内阁成员齐聚布法罗。虽然大家的心情都非常难过，可是根本就没有悲伤的时间。因为麦金利总统的葬礼，新总统的就职仪式，各种事情都等待着大家去料理。

与焦头烂额的内阁成员相比，西奥多算是比较轻松的，需要做的就是在最短的时间内赶到北希腊火车站。尽管山路坎坷不平，雨也大了起来，可是西奥多还是在5个半小时后赶到了北希腊火车站。这也算是创下了一个小小的奇迹，要知道即便在白天，在天气晴好的情况下，这段路也需要7个小时。

1901年9月14日凌晨5点半，到达北希腊火车站的西奥多从等候在这里的私人秘书威廉手中接过了总统去世的电报。这一刻，西奥多丝毫感觉不到继任总统的欣喜，只是感觉疲惫不堪。可是等候在这里的除了他的秘书，还有许多关心他的当地居民。他知道自己得坚强起来，不能让公众对联邦政府失去信心。西奥多强忍着疲惫，快速地登上站台，迈上等候在此的专列。他缓慢地转过身来，神色肃穆地向人们挥手告别。

列车在山雾中快速地奔驰，西奥多坐在座位上，来不及休息，就开始口述几份电报。除了向内阁成员说明自己的到达时间外，他还没有忘记向妻子通告平安。可就在威廉刚刚让工作人员给伊迪丝发了平安电报后，载着西奥多的特快列车就发生了交通事故。原来在公路与铁路交叉口，火车与一辆小型拖拉机相撞，拖拉机上的两人重伤。由于雾大的关系，能见度非常低，当火车司机发现前方有人，想要刹车的时候，时间已经来不及了。拖拉机上的两人马上被送往医院，十几分钟后火车重新启动。西奥多相信，尽管此刻云雾缭绕，可是阳光终将照耀在美国上空。

第三章 巅峰之路（1898—1901）

THEODORE ROOSEVELT

9月14日早上8点，列车到达奥尔巴尼车站，等候在这里的工作人员为西奥多送来当天的报纸。总统去世的消息已经刊登在这些号外上。在短暂的停留后，列车继续驶向布法罗。

下午1点半，列车到达布法罗车站，得到消息的民众自发聚集在这里，等待他们的新总统。出于安全考虑，工作人员没有给西奥多留下与民众见面的时间，就簇拥着他离开站台。在骑警的护卫下，西奥多乘马车前往老朋友安斯利·威尔科斯的豪宅，他将在这里进行短暂停留。在短短40分钟内，西奥多用了午饭，换上了合适的礼服。

下午2点半，布法罗市达勒威尔大街，马路两侧都是神情肃穆的骑警，街道上显得分外的冷清，与几天前还熙熙攘攘的景象形成鲜明的对比。

达勒威尔大街641号豪宅前停着一辆马车，一个身穿礼服、身材稍胖的中年男子看着马车前后全副武装的警察有些生气，对带头的警官喊道："我说过不用这样，这是干什么？"警官不停地道歉，却还是不肯依中年男子的命令带人离开。

中年男子叹了口气，左手扶着马车座扶手，右手扶着头上的高沿礼帽，登上了马车。这个礼帽虽然是用上好丝绸做的，却因帽沿有些破损而与中年男子身上穿的礼服有些不协调。是的，它们是有些不协调，因为它们是临时搭配在一起的。礼服的主人是中年男子的朋友、641号豪宅的主人安斯利·威尔科斯，帽子的主人则是安斯利的邻居约翰·斯盖切德。这个中年男子不是别人，正是西奥多·罗斯福，昨天的美国副总统，今天即将就职的美国总统。

马车沿着达勒威尔大街向北行驶一公里后，到达了墨尔本豪宅。门外有人在迎候，还有拿着照相机的记者，大家的表情都是沉重而哀伤的，包括被簇拥进来的主角西奥多。他是来向自己的领导，十几个小时前刚刚去世的美国第25任总统威廉·麦金利作遗体告别的。那位被称为"俄亥俄的偶像"、"繁荣总统"的优秀公民，因无政府主义者愚蠢的报复成为美国历史上第三位在任期因遭遇暗杀而去世的总统。

THEODORE ROOSEVELT

一楼的大厅里摆设了椭圆形的长桌，七八个着装比较正式的男人散坐在座位上，见西奥多到了，都起身迎接。西奥多一边点头致意，一边环视了四周，发现在座的有联邦最高法院大法官约翰·黑泽尔和几位内阁成员，却没有看到国务卿约翰·海的身影。随行的人看出他的疑问，低声解释道："国务卿和财政部长回华盛顿料理国事，才离开布法罗。"

西奥多与大家简单地打过招呼后去了二楼，麦金利总统的遗体就停放在楼上的一个房间里。西奥多轻轻地走进房间，在这位带领美国人走向经济繁荣的总统遗体前低头默哀了几分钟。他的心中丝毫没有即将成为总统的喜悦，因为依靠着扶着麦金利的棺材成为总统，是让人尴尬的、让人悲伤的事。

西奥多默默地走下楼，几个内阁成员还在等待他。按照《美国宪法》第二条第一款之规定，在麦金利总统逝世的那一刻开始，作为副总统的罗斯福已经接过总统职务，眼下要做的就是要举行新总统的宣誓就职仪式。

陆军部长埃利胡·卢特走上前，向西奥多提议在此地举行总统就职仪式。西奥多回头看了看楼上，眼圈有些发红："这会打扰到他，或许其他地方会更合适。"卢特想说什么，但还是忍住了，只是点了点头。大家都知道，或许西奥多会把就职地点选在威尔科斯府邸，所以并不怎么感到意外。

下午3点半，威尔科斯家中的图书馆，大法官约翰·黑泽尔站在空地的最中央，新总统的就职仪式即将开始。西奥多站在大法官对面，6位内阁成员站在他的身后。大法官的脸色有些难看，眼中多了几分尴尬和无奈。在书房门后观礼的威尔科斯看出大法官的不自然，不好意思地敲了敲额头，原来图书馆里没有《圣经》，可是又有谁会想着要特意在图书馆里收藏一部《圣经》呢？

"我谨庄严宣誓，我必忠实执行合众国总统职务，竭尽全力，恪守、维护和捍卫合众国宪法……"西奥多举起左手，跟着大法官郑重宣誓，记者们的闪光灯闪个不停，美国迎来了它的第26任总统。

第三章 巅峰之路（1898—1901）

THEODORE ROOSEVELT

6 "宴会事件"
THEODORE ROOSEVELT

年轻的总统西奥多·罗斯福

1901年9月20日上午9点半，参加完麦金利葬礼的西奥多出现在宾夕法尼亚大街的总统府邸前，开始自己总统任期内的第一个工作日。这里不仅是美国总统的办公室与府邸，还是联邦政府的行政中心。这栋建筑的主体是一幢3层高的白色楼房，另外加上附属建筑与园林，总共占地18英亩。这座主楼是带有爱尔兰风格的宫殿式建筑，由著名建筑师詹姆士·贺朋设计，1792年动工。1800年，第二任总统约翰·亚当斯搬到这里，使这里正式成为总统府邸。1814年，英国远征军攻占华盛顿后，想要放火焚毁这座宫殿。没想到天降大雨，浇灭了这场大火，总统府得以幸存。为了掩藏曾被大火焚烧的痕迹，总统府工作人员将整个建筑涂成白色。后来大家都认为白色比较适合该建筑物的风格，就用白色大理石重建了这座大楼。因此，除了总统府外，也有人称这座代表美国至高无上的权力象征的建筑为"白宫"。

西奥多上了二楼，进入总统办公室，为即将召开的第一次内阁会议做准备。工作之余，他不忘吩咐总统府的工作人员对总统公寓进行重新修整。他希望这里能够成为孩子们喜欢的新家，希望在孩子们入住前为他们营造出舒适的环境。他吩咐工作人员按照常规，用白色涂料重新粉刷主楼外部，他将这里正式命名为"白宫"。

上午11点30分，在西奥多的总统办公室，内阁成员们召开新总统继任后的第一次内阁会议。与这位42岁的年轻总统相比，这些内阁成员们年纪更长、政治资历更深。如何让大家信服自己，成了西奥多眼前需要解决的主要问题。惟一让西奥多感到放松的是，国务卿约翰·海是老西奥多在世时的老朋友，因此他在权力范围内给予了西奥多许多支持和帮助。按照法律程序，内阁成员们需要向新总统递交辞职报告，然后等待新总统的重新任命。为了确保联邦政府的正常运转，西奥多保留了所有内阁成员的职位。接着，阁员们依次向新总统进行工作汇报，西奥多关注的重点是现行的税收政策与海军建设的情况。

下午4点，西奥多见到了负责白宫新闻报道的三家华盛顿出版机构的老板。他了解媒体报道对政治发展的影响力，希望能够在自己的权限范围内适当运用媒体的力量，而不是被媒体耍得团团转。在短暂的会话后，西奥多与他们达成协议，用来防范白宫记者站在总统的对立面来误导民众。

送走新闻界的朋友后，西奥多收到了共和党党魁汉纳的短信。除了担任共和党全国委员会主席外，汉纳还担任国会参议员职位。作为议会中多数派领袖，汉纳的政治影响力是显而易见的。西奥多需要庆幸的是，距离联邦国会召开的日期还有3个月，他有时间适应总统的职位，可以有准备地面对那些思想保守的顽固派。

早在15个月前，汉纳就考虑到西奥多在副总统任期内继任总统的可能性，没想到一语成谶。虽然与麦金利存在政治分歧，可是两人毕竟是合作

THEODORE ROOSEVELT

多年的工作伙伴和朋友。在麦利金去世前，汉纳始终陪在他的身边；在他去世后，汉纳忍着悲痛料理他的葬礼。虽然汉纳对西奥多本人并不满意，可是为了维护共和党的利益，他还是在表面上给予新总统适当的支持。尽管眼下是国会休会期间，但他参加完葬礼后并没有离开华盛顿，而是留下来对新总统的工作指手划脚。西奥多虽然对这种情况非常不满，可是为了1904年的总统提名只好再三忍让，努力与汉纳和平相处。

1901年9月24日晚，伊迪丝避开广场上的记者，带着孩子们悄悄入住白宫。由于长女小艾丽斯在康涅狄格旅行、长子小西奥多在格罗顿公学读书，所以这一天只有4个孩子随着母亲来到他们的新家。这4个孩子是：西奥多的次子，12岁的克米特；西奥多的次女，10岁的埃塞尔；西奥多的三子，7岁的阿奇；西奥多的幼子，4岁的昆廷。由于历届总统上任时年纪都比较大，白宫里很少有孩子的身影。因此，西奥多一家的入住，为白宫带来了新的活力。公众认识了新总统的家人，美国的第一家庭不再像一个政治符号。温柔的妻子加上可爱的孩子，让这个备受关注的家庭更加具有人情味儿。西奥多对家庭与婚姻的忠贞，让他的人格魅力得到升华，使得他得到妇女阶层的广泛认可。虽然在这个时期，女性还不具备选举权，可是她们却能够影响家人的政治取向，为西奥多赢得更多的支持率。

白宫的工作人员开始学着和孩子们打交道，整个过程是令人轻松而愉快的。就连一向以严谨著称的白宫警卫们也开始面带微笑，几个男孩的精力非常旺盛，一会缠着他们抓兔子，一会要参加他们的阅兵式。虽然出生在富裕家庭，可是由于受父母良好教育的影响，孩子们虽然可爱但并不傲慢。不管是面对内阁成员，还是厨房里的黑人女工，孩子们都一视同仁，能够礼貌地向对方打招呼，这使得他们成为白宫里人见人爱的小宝贝儿。白宫的新闻记者，对几个孩子进行了采访报道，主要内容是埃塞尔的宠物兔子在白宫的安置问题。没想到，这期报纸竟然大卖。这些充满童趣的报道，在一定程度上驱散了暗杀事件带来的阴影。

为了缓和共和党与民主党的关系，建立一个温和的新政府，西奥多致电

THEODORE ROOSEVELT

黑人运动领袖布克·华盛顿，希望两人能够会面。此时的美国，黑人的社会地位非常低下，南方诸州的黑人虽然得到了人身自由，可是却不具备选举权。南北战争后，南方黑奴得到解放，成为自然人。尽管在 1870 年通过的宪法第 15 条修正案中规定禁止各州以种族、肤色及以前的奴隶身份为由剥夺公民的选举权，可南方黑人还是最终被剥夺了政治权利。南方各州利用第 15 条修正案的法律漏洞，用交纳人头税和文化考试的方式，来限制黑人的选举权。因为该法案并没有明确规定所有成年男性均具有选举权或不得以其他条件明确选民资格。由于黑人社会地位低下，生活比较困难，文化水平都不高，所以交人头税及文化考试成为两道门槛，剥夺了绝大多数黑人的选举权。

　　为了彻底将黑人隔离在政治舞台之外，南方诸州还存在着"白人初选原则"。在南北战争结束后，为了防止黑人在南方形成自己的政治势力，民主党规定：在党内初选时，只有白人才有资格成为候选人，黑人则无论贫富均被拒之门外。由于民主党对南部诸州政治的绝对影响力，这种原本只适用于党内的"白人初选原则"在南部诸州制度化，这就完全杜绝了南部黑人参政的可能性。

　　虽然布克·华盛顿没有在政府担任公职，但他却具有极为广泛的政治影响力。可以毫不客气地说，45 岁的华盛顿就是名副其实的黑人"国王"。他不仅控制着全美范围内的大多数黑人媒体，还是美国黑人委员会的主席。

　　实际上，华盛顿并不算是纯粹的黑人，他的父亲老华盛顿是弗吉尼亚的白人农场主，母亲珍是带有非洲血统的黑奴。珍是一个厨师，在老华盛顿农场附近的庄园中从事奴隶工作。珍年轻的身体引起老华盛顿的欲望，他强奸了这个黑人姑娘。10 个月后，珍生下了自己的第一个孩子，这就是布克·华盛顿。珍的主人没有把这当回事儿，因为年轻的黑人女奴遭遇强奸并不算什么新鲜事。没有人去关心孩子的父亲是谁，大家只知道农场中又多了一个小黑奴。接下来的几年中，珍又生下了儿子约翰和女儿艾曼达，如同华盛顿一样，只有珍知道到底谁是他们的生父。虽然华盛顿还是一个孩子，可是却开始负担沉重的体力劳动。由于他的混血血统，他的皮

第三章　巅峰之路（1898—1901）

THEODORE ROOSEVELT

肤呈暗黄色，使他即不同于白人，也不同于黑人。可是，华盛顿能够凭借自己的聪明伶俐，和农场中的所有人都搞好关系。

1865年，南北战争结束后，9岁的华盛顿摆脱了奴隶身份，跟着母亲和弟弟、妹妹迁往西弗吉尼亚州。尽管珍嫁人了，可是对方只是收入微薄的黑人，不能够养活这一大家子人。为了维持生活，珍与华盛顿仍旧要赚钱养家。在工作闲暇，华盛顿学会了读书写字。他阅读了大量的书籍，提高了自己的文化水平。

1872年，16岁的华盛顿进入弗吉尼亚州的汉普顿师范学校接受系统的教师培训。虽然华盛顿家庭困难，可是他却并不为学费和生活费发愁，因为学校会为特困生提供勤工俭学的机会。汉普顿师范学校由教会和慈善家资助，学校的主要目的就是培训黑人教师。从师范学校毕业后，华盛顿来到了首都。尽管收入并不丰厚，但他已经摆脱了体力劳动，从事一些文员性质的工作。

1879年，华盛顿回到弗吉尼亚州，在汉普顿师范学校担任教职。他是一个具有天赋的教育工作者，课堂气氛非常活跃，学生们都非常喜欢这位年轻的老师。1881年，25岁的华盛顿被任命为阿拉巴马州新建立的塔斯克基师范学院的院长。塔斯克基师范学院是阿拉巴马州慈善家参照汉普顿师范学校模式创建的黑人教师培训基地。

华盛顿是一个温和的种族主义者，反对用暴力手段来解决美国长期存在的种族问题。他认为，只有依靠技能与文化知识获得财富后，黑人才能够真正争取到合理的政治权利。在接下来的20年中，华盛顿和他的学生们建造了一个无形的黑人王国。从塔斯克基师范学院毕业的学生们成为牧师、记者、政客、企业家等，在各种领域作出成绩。他们永远记得华盛顿校长的名言："成功并不能用一个人达到什么地位来衡量，而是依据他在迈向成功的过程中，到底克服了多少困难和障碍。"学生们不畏惧工作和生活上的各种阻碍，成为各行各业的优秀人才。不管成就如何，他们始终环绕在他们的校长周围，为黑人早日获得与白人一样的政治权利作努力。

与民主党的激进态度不同，共和党对黑人始终持温和态度。在西奥多

THEODORE ROOSEVELT

担任总统前，华盛顿曾应麦金利总统的邀请，来到首都讨论一些和黑人相关的政治问题。

1901年9月29日，应西奥多的邀请，华盛顿来到首都。为了避开新闻媒体，双方将会面时间定在晚上。在总统办公室，西奥多见到了声名显赫的华盛顿。他咨询了南方政治的详细情况，并且希望对方担任自己的政治顾问，协助自己建立新的政府。西奥多能够给黑人做的就是，在北方范围内实行黑人与白人平等的官衔授予制度。毕竟，在北方各州，种族矛盾不像南方各州那样严峻。若是西奥多直接插手南方的政治，不仅不会给黑人带来福利，恐怕只会激化种族矛盾，引起流血冲突。双方意见达成一致后，愉快地结束了这次会晤。

华盛顿离开白宫后，没有在首都停留，直接回到了南方。在华盛顿的周旋下，西奥多任命民主党人担任地方联邦法院的法官。虽然这项任命引起了党魁汉纳的不满，可是却得到两党众人的热烈支持。在共和党人眼中，这项任命意味着党魁政治控制的"分赃"制度已经结束；在民主党人眼中，这项任命代表着长期被排斥在主流政治外的日子已经一去不复返了。西奥多没有想到这个事情会有如此良好的效果，于是对华盛顿的能力更加赏识。

1901年10月16日，华盛顿从南方回来。西奥多得到消息后，邀请他到白宫共进晚餐。在白宫作为总统府邸的100年中，还没有哪位总统能够放下种族矛盾问题，邀请黑人到白宫做客。西奥多打破先例，成为第一个邀请黑人到白宫做客的总统。相应的，华盛顿成为第一个到白宫做客的黑人。在轻松的氛围中，西奥多夫妇陪同他们的客人共进晚餐。进餐过程中，西奥多与华盛顿谈论一些与南方政治相关的话题，总统夫人则面带笑容地充当听众。此时的西奥多，根本就没有想到这顿晚餐会掀起一场政治风暴。

1901年10月17日，西奥多邀请黑人运动领袖华盛顿在白宫共进晚餐的消息刊登在各大早报上。媒体对这次会晤是持肯定态度的，认为这是白人政治家在种族问题上的最大让步。黑人们则更加关心和爱戴他们的"国王"，认为他是所有黑人的骄傲。可是，令西奥多措手不及的是，几个小

第三章 巅峰之路（1898—1901）

THEODORE ROOSEVELT

时后谴责西奥多的报道开始在南方各大报纸上层出不穷。

那些激进的种族主义者对于新总统对黑人的暧昧态度表示了强烈的愤慨，认为他的这个做法激起了南方人的仇恨，因此南方人不再欢迎他。除了正常的谴责外，还有一些人开始编造谎言诋毁西奥多和伊迪丝的名誉，用来说明总统夫妇与华盛顿之间存在着不可告人的私人关系。作为另一方当事人，华盛顿在攻击中也不能幸免，被谴责者这样骂道："一个不知天高地厚的黑鬼，必须接受教训。"短短几天时间之内，白宫就收到了大量的带有暴力字眼的恐吓信。

当南方的所有媒体都毫不客气地对西奥多的鲁莽行为给予谴责时，西奥多才认识到，自己犯了个大错误，失去了争取南方选民的可能性。

1901年10月23日，西奥多应邀来到耶鲁大学参加建校200周年校庆，同时还将接受该大学授予的荣誉博士学位。在校庆前夕，就有南方记者报道称：西奥多与华盛顿将在耶鲁大学再次共进晚餐。数以百计的记者涌进耶鲁大学，关注着总统与黑人领袖的互动关系。为了确保总统的人身安全，校方要求西奥多不能与群众接触。西奥多这才真正认识到晚宴风波带来的危险。他开始担心，会不会有人用这个话题来刁难自己。他的担心是多余的，当他作为特别来宾坐到台上时，大家用真诚而热烈的掌声表达了他们对新总统的无限敬意。在校方的周密安排下，总算没有出什么大漏子。西奥多离开耶鲁大学后，与到这里旅行的小艾丽斯会合，平安地返回华盛顿。

1901年10月27日，在家人的祝福中，西奥多度过了自己在白宫的第一个生日。"晚宴事件"带来的风波依然没有平息，西奥多的心情非常郁闷，感到有些沮丧和灰心。他虽然承认或许自己的行为在政治上犯了错误，可是却不认为应该接受道德方面的谴责。

在接下来的日子中，西奥多依然将华盛顿当成自己的政治顾问，与他保持联系，商谈南方政治与种族问题。可是为了避免再次引起波折，西奥多开始尽量避免与华盛顿会面。就算有事情必须面谈，也安排在白天，不愿意给别人留下任何与晚宴有关的想象空间。

第三章 巅峰之路（1898—1901）

THEODORE ROOSEVELT
第四章
改革风云（1901—1908）

在继任总统的最初几个月，西奥多确实给公众制造了一个假象，那就是他在延续麦金利时期的政策，他本人是一个带有保守色彩的进步分子。可只有与他关系密切的约翰·海清楚，西奥多的行为只是暂时妥协，他不会甘心躲在麦金利的光环下。西奥多的几份人事任命代表着他正式迈出了政治改革的第一步。即便这一步是西奥多所鄙视的政治交易，可是他却毫不后悔。他知道，只有在国会里拥有自己的势力，才能够通过有利于人民的法案。

THEODORE ROOSEVELT

第四章 改革风云（1901—1908）

1 令人满意的年度咨文
THEODORE ROOSEVELT

1901 年 11 月 12 日，参考多方意见后，西奥多完成了总统年度咨文的起草。按照常规，在每年国会召开时，总统都要向议院递交年度咨文，咨文的主要内容是对未来一年工作的计划。很多总统都是整合内阁各部的工作报告，加加减减后作为国情咨文递交给国会的。西奥多不愿意这样做，而是将这篇年度咨文当成为未来工作的纲领，所以亲自起草。从继任总统的第一天起，西奥多就开始考虑年度咨文问题。他将这份年度咨文当成是阐述自己政治哲学的机会，明确地提出了想要进行政治改革的主张。为了得到党魁们的支持，西奥多在动笔前写信给共和党内的几个影响力比较大的党魁，用非常恭敬的口气向他们请教咨文起草的问题。总统的态度让这些党魁很满意，外界猜测西奥多会延续麦金利的施政纲领，成为一个收敛锋芒的保守型总统。

11 月 15 日，参议员汉纳回到华盛顿，为即将召开的国会做准备。西奥多将咨文草稿交给汉纳过目，希望听取他的意见。汉纳认真地阅读了咨文全文，对其中关于托拉斯问题的部分格外重视。汉纳担心年轻的总统行事鲁莽，会破坏共和党与大公司的关系。他希望西奥多不要在咨文中直接强调托拉斯带来的不良后果，担心这样敏感的话题会引起企业界的不满。西奥多接受了汉纳的意见，再三修改咨文，想在党魁们能够接受的情况下保留自己的改革意图。

接下来的日子里，参议员们陆续回到华盛顿，拜访总统的求职者络绎不绝。作为一个年轻的总统，西奥多不得不抽出大量时间来接待这些代表着各方政治势力的求职者。

11 月 22 日，在修改好年度咨文后，西奥多带着家人离开华盛顿，开始为期 10 天的休假旅行。他这样做的目的是想要避开那些求职者，同时好让自己在国会召开前夕放松一下。他知道，国会召开后，还有场硬仗需要去打。

THEODORE ROOSEVELT

国会是美国最高立法机关，由参议院和众议院组成。参议员由各州选民直接选出，实行各州代表权平等原则，每州2名。当选参议员必须年满30周岁，且作为美国公民已满9年，而且当选时须为选出州的居民。参议院的任期是6年，每2年改选三分之一，可以连任。众议员人数按各州人口比例分配，由直接选举产生，每州至少1名，必须年满25周岁，作为美国公民已满7年，而且当选时为选出州的居民。众议员任期2年，可以连任。两院议员长期连任现象极为普遍，且议员不得兼任其他政府职务。

在美国三权分立的政治体系中，国会行使立法权。相关议案一般需要经过提出、委员会审议、全院大会审议等程序。一院通过后，送交另一院，按照同样程序进行审议。法案经两院通过后交总统签署生效；如果总统否决，该法案就送回两院重新表决，若经两院三分之二议员重新通过，该法案即正式成为法律。

除了立法权外，国会还拥有美国宪法所规定的对外宣战权、修改宪法权等其他权力。另外，为了防范独裁政治的产生，参众两院拥有特殊权力来防止总统权限过大。比如，总统任命高级官员和同外国结盟都需要经过参议院的同意。另外，参议院还有权审判弹劾案，有权在特殊条件下复选副总统；众议院有权提出财政案与弹劾案，有权在特殊条件下复选总统。

国会两院在各自议长主持下工作，副总统是参议院的当然议长，众议院议长由全院大会选举产生。在两院中还设有各种委员会，还设有由两院议员共同组成的联席委员会。每个委员会根据相应权限，负责一定范围内的立法工作。南北战争结束后，国会长期主导联邦政府事务，如果得不到国会的支持，总统根本没有办法实行自己的任何政策措施。

在第57届国会中，共和党在参众两院都占有绝对优势，在参议院86个席位中占55席，在众议院348个席位中占197席。按照常规，这种情况应该对西奥多非常有利。只要得到党内支持，总统就能够在国会通过各种表决。可由于代表企业界利益的党魁们把持着国会事务，所以情况并不乐观。由于西奥多在州长任期内大力支持改革企业界的《福特法案》，所以共和党

THEODORE ROOSEVELT

保守派对他非常戒备。如果西奥多不能得到这些党魁的支持，那他就无法协调总统与国会间的关系。他将人事任命案延期的原因也跟这个问题有关，尽管厌恶政治交易，但他并不反对将人事任免当成与党魁谈判的砝码。

1901年12月1日，星期日，西奥多结束了休假，回到了白宫。两天后，国会代表团到白宫拜会总统，希望在第57届国会召开期间，能够以各种方式和总统保持交流。

1901年12月4日，第57届国会在国会大厦召开，西奥多发表了任期内的第一次年度咨文。他的态度非常严肃，用一种非常沉重的口气做开场白，先是对前任总统麦金利的成绩给予肯定，又对麦金利的不幸遭遇表示遗憾，然后对卑鄙的暗杀者进行了强烈的谴责。议员们还没有从悼念前总统的情绪中走出来，西奥多就紧接着开始围绕托拉斯问题展开长篇大论。他先是肯定了企业联合对经济发展的贡献，又婉转地提到了其中存在的弊端。他提出，为了确保民众的利益不受损害，在处理大公司时民众应具有知情权；在合理范围内，政府有权力对这些大公司进行监管与控制；除了成立部门来管理企业界外，还应制定新的法律来改善美国工人的生存状态；在不威胁社会权利的情况下，劳工可以像那些大企业一样联合起来维护他们的利益。

对于国内政治，西奥多还谈到了改革移民法、关税与贸易等问题。在这几个方面，西奥多兴趣不大，没有提出什么值得关注的建议。谈完这些后，西奥多提到"文官制度改革"，并且认为推行文官制度改革政策是确保美国民主政治的重要因素之一。

总统的咨文发布已经超过了1个小时，很多议员们都忍不住打起了哈欠。就在这时，大家发现他提到了一个联邦政府从未涉足的新话题——保护自然资源。西奥多将保护自然资源分成几大块，那就是"动植物保护"、"森林资源保护"与"水资源保护"。凭借对自然史的熟悉程度，西奥多向议员们解释了动植物保护对保障人类生活条件不被破坏的重要性。在谈到森林资源时，西奥多指出了目前这种由几个部门分割管理森林的弊端，认为应由森林管理局对这些森林进行管理和保护。关于水资源保护问题，西奥多提到水资源是属于公众的，所以大型的水利设施不应该由追求金钱利益的投资者负责，应该由联邦政府出面承担。

保护自然资源的话题结束后，西奥多又用了1个小时的时间来谈论海军扩建、美国的保守性外交、中美洲开通运河、古巴与菲律宾的现状等问题。尽管他仍是用铿锵有力的语调发布自己的政治主张，但台下有的议员还是失去了耐心。当西奥多结束报告的时候，他们都忍不住给以热烈的掌声，不是被咨文的内容打动，而是因咨文的结束而感到高兴。

共和党党魁们对咨文内容非常满意，因为这是在他们允许的范围内修订的。民主党党魁们也表示非常赞成总统的政治观点。虽然咨文发布的过程拖拉漫长，但还是得到大多数议员的认可。西奥多用婉转的语气，掩饰了自己的真正想法，蒙蔽了保守派的眼睛。他在咨文前后都盛赞了麦金利，让许多人误认为他将执行的是麦金利曾执行过的政策。尽管西奥多在咨文中不经意地流露出改革意图，但总的来说还算是在"保守"的范围之内，并没有出现像共和党党魁担心的那样激进的工作计划，这让党魁们很放心。

报界评论新总统的年度咨文时，认为这是确保麦金利时期的政策继续施行的保障。从客观上来说，这份咨文内容保守，不容易引起争议，容易得到公众的广泛认可。但报界还是将西奥多定位为进步派的代表，认为他已经逐渐成熟起来，能够胜任总统职位。那些曾质疑他年龄和政治资历的媒体，如实地报道了总统咨文在国会的受欢迎程度。《纽约论坛报》上全篇刊载了字数长达2.5万字的总统咨文，认为它是确保经济繁荣的希望。《纽约晚邮报》则猜测咨文是出自资深政客之手，否则不会得到如此广泛的认可。这个猜测显然是错误的，西奥多除了是一名政治家外，还算是一名创作颇丰的作家。如同许多作家都具有的怪癖一样，西奥多喜欢沉浸在独立创作的乐趣中。在吸取各方意见后，他没有如党魁们希望的那样修改咨文，而是运用文字手段将他们不喜欢的部分隐藏起来。

1901年12月7日，参议院递交了一份不怎么重要的海关法案，这是

THEODORE ROOSEVELT

西奥多总统任期内签署的第一份法案。西奥多关注着国会的工作进展,再次认识到了党魁汉纳的政治影响力。在过去的几个月中,西奥多为了不影响1904年的大选,对汉纳的态度非常客气。他希望能够得到汉纳的政治支持,那样的话他就非常有可能在1904年成功连任。除了嚣张地对总统的工作指手划脚外,汉纳还毫不掩饰自己有意角逐1904年大选的意图,这是西奥多无法容忍的。如果没有实力对抗汉纳,西奥多就没有机会获得党内提名,就得不到参加1904年大选的资格。想到这些,西奥多知道,该准备自己的政治力量了。

12月16日,西奥多以对抗汉纳为原则,向国会递交了人事任命案。为了人事任命能够在国会畅通无阻,他同与汉纳意见相左的其他共和党党魁做交易,用他们提供的人选替换掉麦金利的铁杆支持者、"分赃政治"的执行者财政部长盖奇和邮政总长史密斯。新财政部长是刚刚卸任的前艾奥瓦州州长莱斯利,新的邮政总长是来自奥斯康星州的培恩。他们分属于党魁阿利森与斯普纳两个势力集团。

12月18日,就在其他内阁成员为突如其来的人事变动感到不安时,西奥多又借着小事公开批评了陆军司令迈尔斯。西奥多与迈尔斯的矛盾可以追溯到美西战争时期,他认为这个喜欢出风头的老头并没有什么真正的本领。或许他对迈尔斯的厌恶是出于嫉妒心理,因为迈尔斯在军队中具有无人可比的政治影响力。

如果迈尔斯老实本分地担任本职工作,那绝不会引起总统的关注。在一定程度上,西奥多还算是一个比较现实的人,不会因个人的好恶影响自己与阁员的关系。但迈尔斯并不安于现状,他拥有很大的政治抱负,想依靠自己在军中的影响力角逐1904年总统大选。

迈尔斯非常清楚地认识到,现任总统西奥多与共和党主席汉纳两人的存在,基本杜绝了其他共和党人获得总统候选人提名的可能性。他开始倾向于民主党,与民主党党魁关系密切,打算在1904年以民主党候选人的身份竞选总统。迈尔斯若是代表民主党参加大选,不仅能够得到民主党选票，还能凭借军中影响力而获得部分共和党选票，是非常有可能获得胜利的。西奥多考虑到这一点，当然不愿意对手在自己的眼皮底下做大。

民主党没有合适的总统人选，是共和党赢得1904年大选的有利条件之一。既然不能够断绝迈尔斯与民主党的联系，西奥多就只有想办法削减他的军中影响力。他先是指责迈尔斯对退伍兵的处理不当，随后又借迈尔斯与陆军部长卢特之间的纷争对他进行公开批评。

国务卿约翰·海认为西奥多对待迈尔斯的态度太粗暴，用婉转的口气劝诫他。虽然就本人来说，海算是共和党顽固派，可是更多的时候他都像一个慈祥的长者尽可能地协助西奥多完成工作。

在继任总统的最初几个月，西奥多确实给公众制造了一个假象，那就是他在延续麦金利时期的政策，他本人是一个带有保守色彩的进步分子。可只有与他关系密切的海清楚，西奥多的行为只是暂时妥协，他不会甘心躲在麦金利的光环下。西奥多的几份人事任命代表着他正式迈出了政治改革的第一步，即便这一步是西奥多所鄙视的政治交易，可是他却毫不后悔。他知道，只有在国会里拥有自己的势力，才能够通过有利于人民的法案。为了做到这一点，他只好拿人民用税收来供养的那些职位去交换。

西奥多的人事任命引起了国会的关注，议员们有些摸不着头脑。尽管如此，在阿利森与斯普纳的默许下，国会很快就通过了总统的人事任命名单。有的国会议员政治触觉非常敏锐，开始从总统的小动作中猜测出他的真正意图。西奥多本人清楚，在向国会递交咨文的那一刻起，他就选择了战斗。

史学家评论西奥多的政治生涯时，认为1901年12月4日总统咨文的发布是进步主义运动在美国兴起的标志，也是联邦政府改革开端的标志。

2 北方证券公司案
THEODORE ROOSEVELT

1902年1月3日，报纸上刊登了共和党参议员汉纳对巴拿马运河问题

THEODORE ROOSEVELT

现状的说明报告。媒体对这个消息非常感兴趣，人们纷纷猜测为什么不是参议院洋际运河委员会主席、参议员约翰·摩根来发布这个消息。当天中午，国务卿约翰·海接到了地峡委员会主席沃尔科关于收购在巴黎拍卖的宣布破产的法国巴拿马运河公司的权利与所有股份的报告。海收下了这个报告，没有作任何评论。

1月9日，众议院以308票支持、1票反对的压倒性优势通过了关于在尼加拉瓜开凿运河的提案。参议院洋际运河委员会主席约翰·摩根对这个提案非常感兴趣，认为美国终于能够实现几百年来的梦想，修建一条由美国人控制的洋际航道。他希望能够与沃尔科会面，洽谈此事，可是却没能如愿。

1月18日，星期六，西奥多在白宫举行记者招待会，公布了地峡委员会对开凿巴拿马运河与尼加拉瓜运河的成本核算，用详细的数字说明了巴拿马是最理想的运河开凿地。如果选择在巴拿马开凿运河，将比在尼加拉瓜开凿运河节省20％的费用；两条航线路程相比，巴拿马航线只有50英里，而尼加拉瓜航线却是180英里；就目前的交通来说，巴拿马已经有一条铁路横贯整个地区，尼加拉瓜目前却只有公路交通与大湖水运。

1月20日，星期一，关于巴拿马是理想的运河开凿地点的报道成为全国各大报刊的头版头条。议员们还没有明白到底是怎么回事，总统关于巴拿马运河情况的补充报告就送到了国会。人们被伟大的前景震撼了，开凿巴拿马运河成为每个美国人的梦想。在参议院中，各方势力的党魁们都被这份报告说服，将注意力从尼加拉瓜运河计划转移到巴拿马运河计划上。但巴拿马地区归属于哥伦比亚，法国只是曾获得过运河开凿权。如果得不到哥伦比亚当局的同意，一切只是空谈。于是运河计划被无限期拖延下来，关于运河的提案逐渐淡出了公众视线，可是西奥多却从中得到意外的收获。1月28日，国会通过了运河修正案，赋予西奥多总统选择开凿运河线路的特权。

对于运河计划的波折，约翰·摩根非常不满，认为这是那些铁路垄断企业耍的手段，目的是保障他们经营的巴拿马铁路的利益。他认为在整个事件中，总统充当了这些垄断企业的保护者。他还不知道，总统已经把改革的目光落到了这些大企业头上。

在19世纪后半叶，美国资本经济蓬勃发展，造就了以摩根、卡耐基、洛克菲勒等为首的一批亿万富翁，形成了规模庞大的家族型财团，创造了美国式的财富神话。可是，随着托拉斯这一特殊垄断形式的出现，却打破了美国的自由竞争原则。通过大鱼吃小鱼的方式，各大企业疯狂地排挤与吞并独立的中小企业，严重地破坏了资本市场的平衡。已经破产的与面临破产的中小企业主希望得到政府的保护。西奥多继任后，每天都有反托拉斯的信件寄到白宫。

托拉斯，垄断组织的高级形式之一。1879年首先出现在美国，它由生产或经营同类商品的企业或产品有密切关系的数个企业合并组成。公司通过垄断销售市场、争夺原料产地和投资范围来加强竞争力量，用来获取高额垄断利润。那些被合并的企业主成为托拉斯股东，根据股份的多少来分配利润。托拉斯是独立的企业组织，由董事会负责所有企业的经营情况。在法律与经营上，被合并的企业完全失去独立性。托拉斯对美国经济的影响是具有双面性的，积极影响是保障投资者获得丰厚利润，提高投资者兴趣，刺激投资，有利于经济发展；消极影响是破坏公平竞争原则，影响中小企业的生存，阻碍企业技术进步与新兴企业的发展，增加了消费者的负担。

在年度咨文中，西奥多就曾围绕托拉斯问题展开长篇大论。在继任总统5个月后，他做好了经济改革的准备。

1902年2月8日，司法部长诺克斯向西奥多递交了铁路托拉斯北方证券公司的调查报告。诺克斯来自宾夕法尼亚州，在加入麦金利第二任政府前是知名律师。他在华盛顿有自己的办公大楼，曾被报界评为"美国收入最高的律师"。他的客户都是企业巨子与金融寡头，他认为自己最值得骄傲的成就就是帮助卡内基钢铁公司与联合钢铁公司等十几家企业组建了美国最大的跨国钢铁托拉斯——美国钢铁公司。与别人相比，诺克斯更熟悉托拉斯的结构与流程。

早在两个多月前，在北方证券公司成立的消息传出当天，西奥多就与

THEODORE ROOSEVELT

诺克斯讨论了这个新托拉斯对美国社会即将产生的深远影响。为了不打草惊蛇、不给对手准备的时间，西奥多委托诺克斯对北方证券公司进行秘密调查。在做了简单准备后，诺克斯就以休假的名义离开华盛顿，到西北部进行调查取证，试图找到北方证券公司的法律漏洞。

北方证券公司是1901年"股权争夺战"的产物。那场证券风暴的主角是两个铁路大王，即控制美国西北三分之一铁路网的大北方公司的负责人西尔与控制美国西北二分之一铁路网的伯灵顿铁路公司的负责人哈里曼。西尔想吞并美国西北部全部的铁路网络，于是就在股票市场上大肆收购伯灵顿铁路公司的股票。为了缓解收购带来的财务压力，西尔又将手中购得的大部分股票转售给摩根财团控制的北太平洋铁路公司。

哈里曼当然不会放任对手的行为，为了间接控制伯灵顿铁路，他开始在洛克菲勒财团的支持下收购北太平洋铁路公司的股票。随后，摩根与西尔又开始进行反收购行动。几个铁路巨头的竞买现象，引起了股价的剧烈波动。北太平洋铁路公司的股票由年初的每股85美元升到每股160美元，后又不断攀升，股价超过了425美元，是年初价格的5倍。股价的急剧上涨助长了证券市场的投机行为，买空卖空愈演愈烈。人们开始抛售其他股票套现，用来购买北太平洋铁路公司的股票。就在北太平洋公司股价不断地再创新高时，其他公司的股票价格急速下跌。在这场铁路巨头的股权争夺战中，受到牵连破产的企业不是个案，大量的财富在股市动荡中灰飞烟灭。

"股权争夺战"的影响席卷美国股市，证券风暴愈演愈烈，事态的发展已经超出西尔与哈里曼的预想。"华尔街大王"摩根不得不投入1000万美元来稳定股市，结果却收效甚微。为了避免两败俱伤，摩根提出了整合西尔与哈里曼的力量的建议，组建了超级托拉斯——北方证券公司。该公司持有75%的大北方公司股票与97%的北太平洋公司股票，垄断了美国西北部的铁路网络，成为当时世界上最庞大的铁路联合体。

收到诺克斯的调查报告后，西奥多非常激动，望着这个仿佛充满了力量的小个子男人，问道："诺克斯，说实话，以你的经验来看，我们对北方证券公司提起上诉到底有几分把握?"

诺克斯笑了:"总统先生,若是您授权我来提起诉讼,我们就有十分把握。"

1902年2月19日下午,司法部长诺克斯举行新闻发布会,公布了北方证券公司的调查报告:该公司发行的股票中,有30%是空股,这种行为违反了1890年通过的《谢尔曼反托拉斯法》的相关条款。发布完调查报告后,诺克斯声明自己受总统的委托,将在近期内向法院递交关于调查大北方公司与北太平洋公司合并案合法性的诉讼。

2月20日,各大报纸刊登了诺克斯的简短声明,联邦政府即将对北方证券公司起诉的消息引起了纽约股市的再次动荡,大家开始抛售手中的北方证券公司股票。在摩根的干预下,当天下午股票抛售的热潮才得以缓解。

2月21日,以摩根为首的7名北方证券公司代表到达华盛顿,与总统就北方证券公司的问题进行交涉。在7名代表中,包括西奥多的老朋友乔治·珀金斯和他的哈佛同学罗伯特·培根。就摩根本人来说,也始终与西奥多保持着非常良好的关系。因此,他对西奥多的突然发难有些措手不及。

2月22日上午,摩根独自一人来到白宫,与西奥多和诺克斯商议北方证券公司的事情。他非常沮丧,认为政府应该对托拉斯中的不规范行为给予纠正,而不是要求它解散。认识到西奥多对这件事情的强硬态度后,摩根并不愿意与联邦政府公开作对,因为他担心自己其他的经济利益会因此受到打击。虽然会谈没有明确的结果,但双方似乎达成了约定。摩根放弃北方证券公司,联邦政府确保他在其他经济领域的利益不受损害。

事情并不像西奥多想象得那样简单,摩根回到宾馆后就与其他代表商量对策,决定雇佣一流律师,与总统在法庭上一决高下。珀金斯与西奥多的私人关系密切,所以希望尽可能地化解双方的矛盾。他多次拜会西奥多,希望他能够对摩根免于起诉:"特迪,摩根主席已经65岁了。他德高望重,让他出庭不仅是损害了他个人的信誉,还损害了国家的信誉。"

西奥多有些为难,他说:"这样做恐怕并不合适。"

THEODORE ROOSEVELT

珀金斯看出西奥多的犹豫："如果对北方证券公司的上诉不能避免，那就将其他的人列为被告好了，包括我在内，都无所谓。"

为了1904年的大选，西奥多不愿意同这些大企业家撕破脸。他想退后一步，让自己既能够得到民众的支持，又可以卖给企业界一个人情。他找到诺克斯，询问是否有妥协的可能性。不管是对西奥多来说，还是对诺克斯来说，这次针对托拉斯的诉讼案都具有非常重要的意义。即便诉讼失败，民众谴责的对象也只能是这些托拉斯企业；如果诉讼成功，那将是西奥多连任的重要砝码。诺克斯本人更重视诉讼案的过程。作为一个律师，他希望自己能够拿下这个能够引起世界关注的大案子。

"诺克斯，有必要将摩根的名字写在起诉书中吗？他年事已高。"

诺克斯回答道："总统先生，如果您下命令，我会将他的名字划出去，可是那样的话我将拒绝在决议上签字。"

与大多数政客相比，诺克斯更像一名地道的法律工作者。他希望依照法律程序与对手较量，而不是通过政治手段来维护争议双方表面上的和平。正是出于这个原因，他才愿意承担风险，出面上诉托拉斯；也是因为这个原因，他坚持自己的原则，即使面对总统仍毫不妥协。西奥多不再说话了，其实他是非常理解诺克斯的。从某些程度上来说，他与诺克斯是一类人，两人都是非常固执的人，有自己坚守的道德底线。

1902年3月5日，诺克斯以北方证券公司违反《谢尔曼反托拉斯法》为由，将摩根与西尔定为主要被告，哈里曼定为次要被告，向联邦巡回法院正式递交起诉书。摩根集团的法律代表亲自出面为北方证券公司作辩护，当他们知道总统任用司法部长诺克斯作为联邦政府在法庭上的代理人后，都认为总统犯了一个愚蠢的错误，他们相信自己能够获得胜利。在他们眼中，诺克斯只是一个乡下来的小律师，就算有点名气，也不能够证明他有什么真正的辩护才能。

公众对北方证券公司一案非常关注，大家希望西奥多领导的政府能够制止托拉斯经济的膨胀，维护弱者的权益。内阁成员们发现，不知道从什

THEODORE ROOSEVELT

么时候开始诺克斯已经成为总统倚仗的臂膀。对于总统瞒着内阁委托诺克斯调查北方证券公司的事，大家反响各不相同，国务卿约翰·海选择了沉默，陆军部长卢特则对总统的行为表示非常愤慨。以汉纳为首的共和党党魁们抱怨西奥多不应该挑战企业界的权威，因为得罪了他们的话就会影响1904年的全国大选。

虽然北方证券公司案进入漫长的调查期，可是西奥多的反托拉斯政策还是收到了理想的效果。民众开始依赖他们的总统，认为他有能力解决各种问题。因为《谢尔曼反托拉斯法》本身就是政治与经济妥协的产物，存在着很大漏洞，所以司法界人士对审判结果并不乐观。他们预测最后胜利的是北方证券公司，因为总统目前施行反托拉斯政策，其前景并不乐观。

罗斯福始终坚定地给予诺克斯支持与信任，他也不知道自己为什么确信诺克斯一定会胜诉。听到有人质疑诺克斯的能力时，西奥多的脑子里就响起诺克斯的话："若是您授权我来提起诉讼，我们就有十分把握。"诺克斯并没有让总统失望，在15个月后，联邦巡回法院针对该案作出判决：北方证券公司违反《谢尔曼反托拉斯法》，应予解散。北方证券公司不服，上诉到联邦最高法院。为了维护企业界的利益，各大公司的代表纷纷出面为北方证券公司辩护。

巡回法院的判决结果出来后，西奥多开始考虑将反托拉斯政策制度化。他委托司法部成立专门执行反托拉斯法的反托拉斯局，该机构初期定员为5人，作为专任检查官，专门调查国内的托拉斯企业，每年可支配10万美元的联邦财政拨款。该局提出的案件，可越过基层法院，直接送达联邦最高法院审理。该机构的成立，显示了联邦政府反托拉斯的决心，标志着反托拉斯行动走上正规化道路。

1904年3月14日，联邦最高法院对北方证券公司案进行表决，最后以5票对4票裁定北方证券公司违反《谢尔曼反托拉斯法》的事实成立，应按照巡回法院的判决解散。

北方证券公司案的判决结果出来后，在美国引起了广泛的关注，大资

THEODORE ROOSEVELT

本家们认识到他们一手遮天的日子已经不复存在；民众则更信赖他们的政府，认为西奥多是个为大家办实事的总统；西奥多激动万分，认为这是这届政府最伟大的成就之一；诺克斯则实现了自己的心愿，在最高法院的法庭上向法律界同行们展示了自己的实力。

不管是对美国政坛，还是美国司法界，北方证券公司案都具有特殊意义。这个案件的胜诉，证明了联邦政府有能力执行反托拉斯法，证明《谢尔曼反托拉斯法》不再是一纸空文。这个案件的胜诉，还体现了西奥多总统推行反托拉斯政策的决心，为他赢得了更大的政治声誉，成为他1904年成功连任的有利因素之一。这个案件的胜诉，标志着联邦政府开始恢复政治活力，不再像过去那样完全依赖于大企业。

3 古巴与菲律宾问题
THEODORE ROOSEVELT

1902年3月，西奥多的麻烦不断。他的反托拉斯立场使他失去企业界的支持，那些实力雄厚的资本家们已经开始寻觅1904年大选的候选人。他们选中了共和党全国委员会主席汉纳，认为只有他才有能力、有资格担当1904年大选的共和党总统候选人。

根据民意调查报告显示，在基层选民中，汉纳的政治影响力是无人可比的。对满心期待1904年大选的西奥多来说，可不是什么好消息。在大资本家的操纵下，新闻界开始大肆报道汉纳的政治成就，认为他能够赢得下次大选，成为受民众爱戴的平民总统。

1902年3月17日，各大报刊刊登了记者对陆军总司令迈尔斯的采访。在这篇采访中，迈尔斯提到了自己想对菲律宾几年前的叛乱事件进行调查，他认为西奥多总统是因为心虚，所以拒绝让他前往菲律宾。迈尔斯用比较模糊的语言来暗示民众不会知道事件的真相，为了维护总统的荣誉，真相已经被有心人掩盖起来。

THEODORE ROOSEVELT

迈尔斯似乎打定主意与西奥多对着干了。如果因为这件事而断送了西奥多的政治前途，那迈尔斯就有可能获得党内提名。虽然汉纳的政治影响力更大，可是他已经64岁了，身体健康状况不是很好，并不适合进行长期的竞选活动。迈尔斯认为，即便达不到预期效果，自己被免除陆军总司令职位，那也能够以民主党候选人的身份参加下次大选。

菲律宾是东南亚岛国，位于亚洲东南部。北隔巴士海峡与中国台湾省遥遥相对，南隔苏拉威西海、巴拉巴克海峡与印度尼西亚、马来西亚相望，西濒中国南海，东临太平洋。全国共有大小岛屿7107个，其中吕宋岛、棉兰老岛、萨马岛等11个主要岛屿占全国总面积的96%。1521年，麦哲伦率领西班牙远征队到达菲律宾群岛后，菲律宾逐步沦为西班牙的殖民地。1898年6月12日，在美国政府的支持下，菲律宾宣布独立，成立菲律宾共和国。1898年8月13日，美军利用菲律宾起义军迫使马尼拉的西班牙殖民军投降。就在菲律宾人民庆祝国家独立时，美国联邦政府背信弃义，宣布对菲律宾实行军事占领。1898年12月10日，美西战争的双方在巴黎签定和约，和约规定：

1. 西班牙承认古巴独立（实际上是沦为美国的保护国）。

2. 将波多黎各、关岛和菲律宾转让给美国。

3. 作为获得菲律宾的条件，美国需要向西班牙交纳2000万美元作补偿。

根据这个和约，菲律宾正式成为美国的海外殖民地。菲律宾人民刚结束了西班牙300多年的统治，还来不及呼吸自由的空气，就迎来了新的殖民者。受到欺骗的人们非常愤怒，从美军占领菲律宾的第一天起，想要国家独立的民族主义运动就层出不穷。为了稳固自己的殖民统治，美军对起义人民进行了残酷的军事镇压。在美国政府的官方记录中，菲律宾的民族主义起义被诬称为"菲律宾叛乱"。

虽然菲律宾叛乱是前任遗留问题，可是由于美西战争前西奥多担任海军部助理部长，而且派亚洲舰队集结香港、封锁马尼拉都是西奥多的计

THEODORE ROOSEVELT

第四章 改革风云（1901—1908）

划，所以民众自然将菲律宾与西奥多联系起来。

西奥多坐在自己的总统办公室，望着由陆军部长卢特送来的菲律宾报告，久久说不出话来。对于美军枪杀菲律宾平民的事件，西奥多早有耳闻，可是始终没有出面干预。菲律宾人民不是乖巧的小猫，当他们满怀愤怒地攻击驻地美军时，就应该想到会面临什么。西奥多想让菲律宾局势早些稳定下来，对美军的镇压方式也就放任了。他没有想到事情会发展到这一步，这里面当然也有政敌推波助澜的原因。

参议院菲律宾委员会主席洛奇得到消息后，要求陆军部长卢特作出相关解释。卢特否认了美军在菲律宾战争中存在暴行。他将那些虐杀菲律宾平民的事件归罪于个人，认为参与的人已经得到了军事法庭的严厉审判。洛奇知道，卢特的解释并不客观，因为关于军人政权野蛮对待殖民地人民的事情早有先例，并不是由美国人开创先河。

当天下午，当白宫记者采访时，西奥多用非常不客气的语言指责了迈尔斯的行为，将他定位为阴谋家，认为他已经没有资格胜任陆军总司令职位。可是记者们对总统与迈尔斯的私人恩怨没兴趣，他们关注的是菲律宾事件的真实情况。西奥多却总是转移话题，试图误导记者们将目光重点放在迈尔斯玷污联邦政府名誉背后的险恶用心上。记者们离开后，西奥多显得有些疲惫。他知道，要是这件事情处理不好，引起美国民众的愤慨，说不定就会彻底断送他的政治前途。

接下来的几天中，记者们守候在迈尔斯可能出现的每个场所，希望能够遇到他、从他嘴里得到什么内幕消息。迈尔斯得意扬扬，作为陆军司令，他有权力翻阅国防部的机密材料，他已经看到了那份关于美军在菲律宾施行暴行的报告。正是因为有这份证据，他才能够这样有恃无恐地叫阵总统。但是，他也知道如果将整个事件归罪于刚刚继任半年的西奥多总统是不客观的。如果事态发展失去控制，那名誉受到影响的就不仅仅是这届政府，还包括执政多年的共和党。

迈尔斯不畏惧挑战总统，可是却没有信心与所有的共和党人为敌，没有信心与所有的美国军人为敌。要是他那样做了的话，即便得到民主党的支持，也不会有机会赢得1904年大选。迈尔斯明白这点，所以尽量地显示出自己透漏菲律宾事情的初衷是不得已的，这是他与总统私人矛盾恶化的结果。迈尔斯虽然没有向报界公布菲律宾事件的调查报告，却向国会里的民主党党魁们透漏了有这样一份秘密报告。国会里要求公布报告的呼声越来越强烈，共和党党魁们认识到了事情的严重性。西奥多对迈尔斯已经非常厌倦，可是为了即将举行的《陆军提案》听证会，只好暂时忍了下来。

1902年3月28日，参议院军事委员会就是否通过《陆军提案》举行了听证会。提案的主要目的是重新确定美国军事组织的领导关系，将由陆军部长领导、陆军总司令指挥的这种横向形式转为陆军部长领导、陆军总司令执行的垂直形式。西奥多是赞成这个法案的，作为美西战争的参与者，他比一般人更能深刻地认识到美军内部管理混乱对军队战斗力产生的不良影响。军事委员会主席是一个退役多年的陆军少将，因此他更倾向于维护陆军总司令的权力。在他的支持下，多数委员在表决时投了反对票，《陆军提案》被无限期搁置。

1902年4月11日，在民主党议员的压力下，菲律宾委员会向国会发表了菲律宾事件的调查报告，舆论哗然。公众没有想到在民主政治已经实施100多年后的今天，还存在着这种蔑视人权、无视法律的暴行。各种反战组织举行游行示威，要求联邦政府彻查此事。关于菲律宾驻地美军的最高军事长官史密斯将军的负面报道开始出现在报刊上。在代表民主党势力的媒体报道中，史密斯将军的形象被恶意丑化。这位在3年前还因在美西战争中取得功绩而获得荣誉勋章的陆军老将，如今已经被渲染成为一个杀人成性的战争狂魔。

1902年4月15日，西奥多在内阁会议上提出召开菲律宾问题的听证会。他开始明确立场，在权限范围内支持军方工作，可是也不姑息军方任何非法的、不人道的行为。他要求军事法庭对史密斯将军进行审判，表明联邦政府在此之前是不知道真相的。

THEODORE ROOSEVELT

在各种证据面前，史密斯将军承认了下令杀害菲律宾少年的事实。不过，他也解释了这样做的原因：菲律宾局势混乱，那些民族主义者非常仇视美军，就连10来岁的孩子也会向驻地美军开枪。不管有多少理由，史密斯将军的杀人做法还是震惊了美国社会，就连共和党人也不愿意再为他辩护。

舆论开始同情菲律宾人民，公众需要发泄他们对此事件的不满，越来越多的人开始谴责陆军部长卢特，认为他失去良知才会试图掩盖真相。受到围攻的卢特期待能够得到总统的援手，可是西奥多却完全是一副置身事外的样子，这让他非常失望。他扣下了菲律宾总督威廉·霍华德·塔夫脱关于美军遭到当地居民攻击的报告，作为对总统的报复。

威廉·霍华德·塔夫脱，共和党人，出生于俄亥俄州的豪门家庭，毕业于著名的耶鲁大学。1887年任俄亥俄州高级法院法官，1890年到1892年任司法部副部长，1901年任菲律宾总督。他是个非常矛盾的人，一方面同情那些菲律宾人，改进经济制度，建造道路与学校，让他们参与政府管理；一方面，他又防备这些菲律宾人，认为他们中存在着许多厚颜无耻的骗子。塔夫脱的报告虽然不能够帮助联邦政府彻底摆脱菲律宾事件带来的困扰，可是这位受到人民尊敬的政治家的话还是具有一定可信度的。

卢特暂时没有时间来关注菲律宾事件了，他在4月中旬前往古巴，负责进行古巴独立前的最后谈判。

美西战争结束后，美军对古巴实行了军事占领，引起了古巴人民的强烈不满。为了平息古巴人民的反美情绪，美国答应在条件成熟时撤军，允许古巴独立。美国政府虽然表面上妥协，可是实际上并不愿意放弃在古巴的既得利益。1901年2月，美国国会通过了《普拉特修正案》。修正案总共有8条，主要内容是美国有权对古巴实行军事干涉，并要求古巴让出部分领土给美国建立军事基地和开采煤矿等。在美国军事与政治的双重压力下，古巴制宪会议接受了这个修正案，并以附录的形式将它载入古巴宪法。

1902年5月2日，卢特安排好古巴事务后回到华盛顿。西奥多总统在第一时间召见了他，此时国内媒体对卢特的攻击已经进入疯狂状态。不管是从道义上考虑，还是从政府的立场考虑，西奥多都没有想把卢特当成平息菲律宾风波的替罪羊的想法。他委托菲律宾委员会主席洛奇在参议院为卢特辩护。

洛奇在参议院会议上宣读了菲律宾总督塔夫脱的报告，列举菲律宾人对美军的暴行，将美军从施暴者的阴影中拉了出来，将他们定位为无奈的自卫者。在报告结束后，他向大家质问道："难道就让我们的士兵束手就擒吗？"洛奇没有直接提到卢特，可是他却成功地转移了大家的注意力。为了让美国人不再质疑海外殖民地的民主进程，洛奇根据菲律宾的具体情况，提出了《菲律宾文官政府提案》。该提案主要内容是，用文官政府来替代菲律宾此时的军方政府，在菲律宾推行民主制度，扩大公民权利。

塔夫脱报告公布后，舆论又开始倒向政府，可是为了寻求事情真相，他们希望政府不要中断对史密斯将军的调查。如他们所愿，几个月后军事法庭对史密斯将军进行了合理的判决。西奥多为了维护联邦政府的荣誉，作出了罢免史密斯职务的决定。这些都是后话，暂且不提。

1902年5月12日，参议院就是否通过《菲律宾文官政府提案》进行表决。民主党反对派呼吁宣布让菲律宾彻底独立，共和党人却非常支持该议案。在这场小交锋中，共和党凭借席位数量上的优势取得了胜利。菲律宾风波逐渐平息，公众开始关注起古巴独立的事情来。

1902年5月20日，古巴首都哈瓦那，美军代表、古巴总督伍德向古巴总统递交了转移权力的文件，古巴正式宣告独立。驻巴美军结束了长达4年的军事占领，撤回美国本土。

同样是海外殖民地，西奥多对古巴与菲律宾的态度是截然不同的。他愿意让美国扮演援助者，帮助古巴独立；也愿意让美国尝试充当侵略者，殖民占领菲律宾。在继任之前，他就一直关心着古巴的独立进程。想起1898年的那场战争，西奥多是非常自豪的。带领他的骑兵团，与古巴人民一起战斗，那是西奥多人生中最意气风发的日子。为了庆祝古巴独立，西奥多致电莽骑兵团的伙伴们，与他们共同缅怀那段永生难忘的岁月。

THEODORE ROOSEVELT

古巴宣告独立,为美国政府披上了民主的外衣,没有谁再去追究到底是菲律宾人伤害了美军,还是美军伤害了菲律宾人。不过西奥多却没有时间松口气,因为国外问题还没有处理好,紧接着如何解决美国国内的各种矛盾就已经摆到了总统日程上来。

4 劳资矛盾引发的战争
THEODORE ROOSEVELT

19世纪最后20年,美国进入了发展迅猛的工业化时期,在这个过程中经历了社会转型。1886年贝斯姆炼钢法的发明,使美国钢产量首次超过了英国,而两年后马丁炉的出现更巩固了这种优势。从此,美国取代欧洲,成为工业强国。这20年被马克·吐温称之为"镀金时代",此时社会财富大大增加,垄断型大财团开始形成。随着经济的发展,资本主义制度所引发的各种典型矛盾也都开始凸显。贫富悬殊日益加大,资本家过着奢靡的生活,工人们却在恶劣的工作条件下劳碌不堪,还要时刻忍受失业危机。女工与童工的权利得不到保障,很多城市家庭挣扎在生死线上。如雨后春笋般生长出来的城市贫民窟,成为各种罪恶的滋生地。

进入20世纪,虽然各种工会组织相继成立,可是由于资本家态度蛮横,劳资关系丝毫没有得到缓解。历史学家这样描述当时的情况:"在残酷的公司管理中,根本不存在任何人道主义。工人的处境还不如过去种植园里的奴隶。不管是公司,还是个人,只要拥有矿山、工厂,能够为工人们提供房屋和教堂,能够为他们的孩子提供学校,那就能够拥有工人的肉体与灵魂。"

处境艰难的工人们为了争取基本权利,纷纷加入了相应的工会,使得自己有能力反抗资方的压迫。这些工会为了争取工人们的合法权利,组织各种活动对抗资方。资方为了不陷入被动,也成立全国性或地域性组织,共同对抗工会。劳资关系的矛盾,不再是单纯的雇工与雇主的矛盾,而成为带有阶级色彩的组织与组织间的矛盾。宾夕法尼亚煤矿工人大罢工,就

THEODORE ROOSEVELT

是在这个历史背景下发生的。

1902年5月,在美国煤炭工人协会的领导下,宾夕法尼亚东部无烟煤矿区的工人发起一次大规模的罢工。截止到最后,罢工人数达到15万人,另外由于他们的罢工,有将近5万名运输工人失业。当时的煤矿工人生存处境非常艰难,在没有任何安全措施的条件下工作,经常发生伤亡事故。他们每天工作的时间超过10小时,工资却低得可怜。为了改善生存处境,工人们相继加入工会,希望能够与矿主进行交涉,维护自己的合法利益。可是矿主们拒绝承认工会,根本就不屑与工人们沟通。工人们忍无可忍,只好选择罢工,希望能够和矿主谈判。矿主们态度非常蛮横,根本就不考虑罢工者的要求,他们雇佣新的工人继续生产,结果导致流血冲突,伤亡人数超过60人。为了避免冲突升级,宾夕法尼亚州州长威廉·斯通派遣2000名民兵在矿区维持秩序。虽然州政府出面调解,但劳资双方都坚持自己的立场,使得罢工进入胶着状态。

宾夕法尼亚矿区是美国最大的生活用煤产地之一,东部城乡取暖所用的煤炭大部分都来自这里。煤矿工人罢工严重地影响了人们的日常生活。公众不得不关注罢工的进程,希望他们早点解决矛盾,让大家能够顺利地买到无烟煤。

西奥多对于改善工人生存条件、缓和劳资关系始终给予关注。在其任期内发布的第一次总统咨文中,他就提出应对企业行为进行管理与约束、制定新的法律来改善美国工人的生存状况。对于工会运动的发展,西奥多是持肯定态度的,认为在不威胁社会权利的情况下,工人们可以像企业那样联合起来维护他们的利益。但是,他不同意放任工会自由发展,认为应该用法律进行约束。就如同不能够放任托拉斯的膨胀一样,政府应该在适当情况下对工会进行干预。

从煤矿工人大罢工开始,西奥多就关注着事态的发展情况。他认为矿工的要求并不过分,应该给予满足,所以非常乐观地认为罢工会很快结束。没想到矿主们拒绝任何形式的干预与调解,丝毫没有打算接受工人们

THEODORE ROOSEVELT

要求的意思。他们显得非常冷血，只是要求政府用武力镇压罢工者。

1902年7月30日，发生了谢南多阿暴动事件，这表示罢工运动的和平阶段结束。此时，罢工运动虽然已进行了将近3个月，可矿工们仍没有放弃希望，还是等待事情能够有良好发展。矿主们非常傲慢，他们拒绝与工会代表见面，根本就没有任何和谈意向。矿工们的情绪变得焦躁不安，矿区的气氛也紧张起来。矿主们根本就不理会，仍派出工作人员出入各个矿区。为了防止意外，当地的警察局长不得不派人保护他们。

7月30日傍晚，罢工工人与矿主雇佣的工作人员发生冲突。谢南多阿镇上的警察们赶到冲突发生地，由于矿工人数有好几千人，所以根本就没有办法控制局面。在混乱中，有的警察开始向人群射击，引起了双方的激烈枪战。最后，警察们还是因寡不敌众，乘车逃离包围圈。警察局长向州长威廉·斯通发电报求援，州长却没有出兵镇压的意思。

7月31日，西奥多收到了宾夕法尼亚州长威廉·斯通发来的谢南多阿暴动事件调查报告。根据报告上的统计，这次流血冲突造成1人死亡，6人受伤。威廉·斯通认为谢南多阿的情况仍是和平的，州警卫队能够处理好这次事件，不需要联邦军队的干涉。西奥多质疑这份报告的真实性，因为已经有报纸刊登了这次暴力事件的图片。图片内容是两具尸体，分别被子弹贯穿头部的警察和被机车碾压成两半的罢工者。

1902年8月1日，谢南多阿暴动成为全国各大报刊的头版头条。民众对煤炭工人的同情开始减弱，开始谴责劳资双方，认为他们应该冷静下来，尽快解决问题。

西奥多知道，这个时候若是政府出面制约矿工们，那可能会引起大规模暴力冲突。似乎只有一个办法解决问题了，那就是政府出面制约矿主，使双方能够达成和谈。可是又没有任何政府干预劳资纠纷的先例可循，西奥多只好与司法部长诺克斯商讨能否运用反托拉斯法对矿主们提出起诉。在经过认真研究后，诺克斯作出了否定的回答。

进入9月后，随着密西西比河以东各州的煤炭供应量不断减少，煤炭

THEODORE ROOSEVELT

市场出现紧缺，形势变得日益严峻起来。联邦政府开始重视起此事。如果在冬天到来之前仍不能解决煤炭供应问题，那会引起什么样的后果，没有人能够想象得到。此时，不管是政界还是企业界，都希望宾夕法尼亚煤矿工人大罢工尽快结束。共和党全国委员会主席汉纳和金融大王摩根开始插手此事。他们与矿工协会主席约翰·米切尔商谈后，提到了解决罢工的方案。虽然他们希望尽快促成劳资双方和谈，可是矿主们对提案根本就不屑一顾。

9月29日，西奥多召开内阁会议，商量如何解决迫在眉睫的煤荒危机。他知道，已经没有时间再等待罢工双方自动和解了。当天下午，摩根得到消息，总统将在近期出面干预宾夕法尼亚煤矿工人大罢工。

1902年10月1日，西奥多向煤矿工人罢工双方正式发出邀请，希望他们两日后派代表到白宫参加协商会议，通过仲裁的方式来达成协议。

10月3日，西奥多与宾夕法尼亚矿区劳资双方代表进行了三方会谈。会谈开始前，西奥多就表明了自己的态度，虽然他没有权力也没有义务干预此事，可是希望劳资双方发扬爱国精神，不要因个人利益而损害到公众利益。

矿主们不愿意退让，认为只要坚持下去，就能够迫使罢工者自动复工。他们攻击矿工代表，认为这些人是违法者。他们还责难总统对罢工的放任，认为他应该按照联邦政府惯例，应资方或当地政府之请派兵镇压罢工，强制工人复工。他们提到了1894年的普尔曼大罢工，当时克利夫兰总统就是用这种办法平息纠纷的。

米切尔作为矿工代表，表明矿工们有与矿主坐下来协商怎么解决问题的诚意。他看到矿主们没有退步的意思，就建议总统任命专门的调查委员会来调解此事。矿主们却坚持工业专制原则，拒绝政府出面干预。西奥多认为米切尔提出的要求比较合理，可是由于矿主代表们的强硬态度，会谈不欢而散。

宾夕法尼亚矿区劳资双方争执不下，解决罢工的事情随着冬天的到来越发显得紧迫。西奥多虽然希望尽快解决此事，但还是不愿意用派兵镇压的形式处理，他的道德良心不允许他那样做。西奥多想到米切尔的提议，

第四章 改革风云（1901—1908）

认为有必要成立调解委员会。他已经领教过矿主们的固执，只好开始试图说服矿工代表。他想到一个解决办法，即按照米切尔的建议成立调查委员会，并且对委员会的调查结果认真对待，不过前提条件是矿工们同意复工。西奥多派人向以米切尔为首的几个矿工代表转达了这个建议，希望他们能够慎重考虑。3天后，总统得到答复，代表们拒绝了这个提议。这让西奥多非常不满，认为劳资双方都没有考虑到公众利益。

在商谈无效的情况下，西奥多决定对罢工进行有力干预。他先是让劳资双方认识到自己干预此事的决心，一方面联系宾夕法尼亚党魁，希望对方能够劝州长向联邦政府发出请求干预的申请，为总统派兵镇压提供合理借口；一方面通知陆军部待命，做好准备，一旦有暴动产生，就开赴矿区接管生产。同时，西奥多又拜托摩根出面说服矿主们同意接受即将成立的调查委员会的最后仲裁。

面对总统的强势态度，矿主代表们开始退步，声称虽然不愿意与矿工代表谈判，可是却同意接受公正的仲裁。矿工代表们知道，若是他们再坚持的话，那就会失去民众与政府的支持，因此他们也同意接受调查委员会的调解。在调查委员会的组成上，劳资双方又发生了分歧，他们都希望能够任命己方信赖的人来仲裁此事。

1902年10月中旬，在持续了5个多月后，罢工工人开始陆续复工。西奥多终于松了一口气，终于可以不用再担心煤荒问题。虽然委员会名单迟迟未定，矿工代表们并没有正式宣布复工，可是紧张的局面已经得到缓解。

1902年11月4日，美国中期选举结果出来，共和党的表现可圈可点。他们保住了参众两院的多数席位，但优势非常薄弱。西奥多虽然对此次选举兴趣不大，可是听到共和党在纽约州失利的消息还是觉得有些遗憾。他开始计划去密西西比打猎的事，他已经在轮椅上坐了两个多月，非常想去活动一下。两个多月之前，他在各州巡回演说，为共和党助选。其间，他不幸遭遇车祸，还好只是伤了左腿，并没有造成大碍。

11月6日，西奥多离开了华盛顿，开始了为期两周的密西西比狩猎旅行。他在密西西比受到了热烈的欢迎。西奥多兴致勃勃，想着要射杀一头熊。可是，随着近年来人们对土地的开发和利用，这一带已经很少有熊出没。为了满足总统的心愿，猎手们四处寻找熊的踪迹。

11月14日，猎手们在距离狩猎点10英里外逮着一头未成年的黑熊。他们把它绑到树上后，通知总统前去狩猎。西奥多哭笑不得，拒绝向这只可怜的小熊射击，让人把它放归森林。两天后，《华盛顿邮报》的头版刊登了漫画家贝莱曼的漫画：一个白人猎手用绳子勒着一头小黑熊的脖子，而西奥多则背着枪生气地走开。

在纽约经营杂货水果铺的俄裔米德姆老夫妇看到漫画中那只惹人怜爱的小熊后，产生了缝制熊玩具的念头。他们参照漫画，缝制了憨态可掬的毛绒玩具熊。他们制作的熊玩具深受好评，后来便创立了创意玩具公司。纽约的玩具经销商发现商机，向德国史泰福玩具厂下了大批的熊玩具订单。人们用西奥多总统的小名"特迪"为熊玩具命名，从此特迪熊成为世界各国儿童喜欢的玩具之一。

西奥多还不知道自己已经成为"玩具代言人"，回到白宫后，开始确定罢工调查委员会的人选问题。经过折衷协商，西奥多终于敲定了7人委员会名单。在7名委员中，有3人是由矿主指派，3人由矿工选择，最后1人是联邦巡回法院法官。为了防止7人中有人出问题时能够及时顶上，西奥多还选定了替补人员。西奥多告诫委员们要客观地解决问题，要考虑到双方立场。

1902年12月15日，罢工调查委员会举行第一次会议，联邦巡回法院法官乔治·格雷被推选为委员会主席，联邦劳工委员赖特当选为书记员。委员会成员还包括陆军准将约翰·威尔逊、社会主义者克拉克等5人。随着调查委员会的成立，矿工们宣布复工，历时半年的大罢工终于结束了。

人们相信，在总统的干预下，矿工的工作环境会得到改善，薪水也会增加的。事情发展正如他们所预料的那样，经过4个月的调查取证后，调查委员会完成了仲裁报告。按照委员会最后仲裁，矿主将矿工工资提高

THEODORE ROOSEVELT

10%，并且平等地对待非工会工人和工会工人。报告还规定，当矿主与矿工发生争执时，就按此次调查委员会的形式推选7人协调解决。

西奥多对1902年矿工大罢工的调解，对美国以后的劳工政策产生了不可低估的重大影响。联邦政府首次以公共权力机关的角色介入私人契约领域，开创了美国国家机器干预劳资关系的先河。这是历史性的转变，国家机器从为保护资本利益、镇压工人的角色转到第三方——仲裁的角色。在这次调解中，工人的意志首次得到重视，满足了他们的部分要求，而非工会工人与工会工人的平等条约则间接地承认了工会的合法性。

通过对这次罢工的成功调解，西奥多获得了更高的政治声望。除了得到国内媒体盛赞外，还引起外国媒体的关注。英国《时代周刊》发表评论文章，称西奥多是"具有强大实力的总统"，认为他"能够带领美国人民摆脱困境"。通过这次调解，企业界人士不再像过去那样反对西奥多了。他们认为，与西奥多还是可以做交易的。而获益最深的煤炭工业协会也在1904年、1908年两次大选中对西奥多总统给予了真诚的回报。

5 成功连任
THEODORE ROOSEVELT

1903年，是西奥多收获的一年。4月，煤矿工人罢工调查委员会完成了对罢工的调解。5月，联邦政府在对北方证券公司的诉讼中获胜。舆论时刻关注着这位个性鲜明的总统，报纸上每天都会有关于总统的报道。虽然西奥多总是面带微笑，可是却已经在民众中树立起"硬汉子"的形象；而特迪熊在美国引起的热潮，又让民众联想到总统幽默可爱的一面。

随着1904年大选的临近，西奥多不得不把主要精力放在谋求连任上。想到明年的大选，他有些忐忑不安，因为角逐1904年大选是他追求多年的梦想。他虽然由于意外事件在1901年就登上了总统宝座，可是并不认为自己能够轻松地赢得1904年大选。就目前状况来看，如何获得党内提名成为西奥多最需要解决的问题。在继任总统后，西奥多走出前任的影子，取得了不错的成绩。这些为他赢得了荣誉，成为他角逐1904年大选的政治资本。

1903年4月到6月，西奥多乘坐总统专列进行了为期8周的西部之旅，为获得党内总统候选人提名造势。在这次行程超过1.4万英里的旅行中，西奥多穿越了25个州，发表了200多场演说。在旅行途中，西奥多经常一面眺望沿途的秀丽景色，一面回想自己继任总统以来的成就。由于是中途继任，他没有追随者，只能靠自己打开局面，那些日子是非常孤单的。幸好有家人陪伴，让他的心情不致于那么郁闷。在工作上，他最应该感谢的就是国务卿约翰·海。在过去的一年半中，那位德高望重的老人给予西奥多很大帮助。在外界质疑西奥多的能力时，他则始终坚定不移地信任着西奥多。经过一年多的经营，西奥多凭借着自己的个人魅力与政治才能得到了大家的认可，拥有了自己的政治班底。他经常与自己的阁员们在网球场上商谈问题，因此这届内阁又被媒体称为"网球内阁"。

西奥多想到自己与党魁的关系，他不再是那个锋芒毕露的政治新人。他学会了妥协，甚至有刻意逢迎党魁们的嫌疑，这点让他自己深感无奈。可是他没有选择，想要赢得1904年大选，就必须要与这些党魁保持良好关系。不管他在这届任期内取得多少成就，不管他个人多有政治能力，如果这几名共和党党魁联手反对他，他根本就通不过党内总统候选人提名，更不要说参与大选了。这些党魁不仅在共和党党内具有广泛影响力，还操纵着国会。西奥多虽然在处理事情时经常与这些党魁产生意见分歧，但仍是尽可能地与他们和平相处。他总是在这些人面前摆出请教的姿态，用来表示对他们领袖地位的认可。

西奥多对党魁的妥协是有原因的，当时在共和党内部已经开始酝酿总统候选人提名的问题。一些对西奥多反托拉斯政策不满的高层人物开始策划着换掉他，推出新的总统候选人。

1903年5月20日，俄亥俄州共和党大会上，汉纳公开反对西奥多的总统候选人提名。西奥多知道消息后发表了公开演说，提到正在有大企业

THEODORE ROOSEVELT

支持的阴谋集团在针对他。可私下里西奥多仍是对汉纳妥协让步，希望他改变主意，支持自己。

6月5日，西奥多结束了西部之旅，回到华盛顿。他得到了一个好消息：在当时美国的45个州里，已经有16个州的共和党提名西奥多为总统候选人，还有17个州在准备提名西奥多。在共和党全国大会召开前的11个月中，西奥多需要解决的问题还有很多。就如他所担心的那样，部分共和党人想要换掉西奥多，提名汉纳为总统候选人。作为共和党的元老人物，汉纳在党内的影响力无人可比。如果他想要参加总统选举，西奥多就没有获得共和党党内提名的机会。从西奥多继任开始，就不断有人提出支持汉纳参加1904年大选。在西奥多实行反托拉斯政策后，企业界开始将对汉纳提名的支持公开化。

西奥多知道，他通过1904年总统选举的最大阻力就是汉纳。即便汉纳本人无意参与竞选，也有可能推荐别人做候选人。汉纳没有对西奥多的提名表示支持，这让西奥多非常不安。汉纳对他的提名表示反对后，西奥多非常灰心，他知道自己的弱点。没有党魁和大企业家的支持，他根本就没有实力与汉纳竞争。西奥多有些悲观，认为自己说不定真会失去提名的机会。为了避免出现这种情况，西奥多才开始进行自己的西部之旅的。他在途径各州宣扬自己的政治主张，扩大自己的政治影响力。回到华盛顿后，西奥多开始韬光养晦，缓和与企业界的关系。

1904年2月，汉纳因病去世，西奥多的政治伙伴商务与劳工部长乔治·科特柳成为共和党全国委员会主席。科特柳与西奥多认识多年，非常支持与认可他的施政政策。他成为共和党主席，对西奥多的总统候选人提名非常有利。汉纳去世后，西奥多的反对者转向支持党魁奎伊，结果奎伊又在两个月后患病去世。后人总结西奥多的政治经历时，认为他确实可以称得上是上帝的宠儿。因为当他在政治前途上陷入迷茫的时候，总能够有意外的转机。1898年的美西战争，为他赢得了全国性影响力，顺利地当选为纽约州州长；1900年副总统在任期去世，让西奥多在半推半就中当上副总统；

THEODORE ROOSEVELT

第四章 改革风云（1901—1908）

西奥多乘坐专车巡视

1901年麦金利被暗杀，使西奥多不用经过竞选就登上总统宝座；1904年，汉纳、奎伊的先后去世，使西奥多谋求连任的竞选之路变得畅通无阻起来。

1904年6月21日，共和党全国大会在芝加哥召开，大会的主题是提名总统与副总统候选人，制定共和党竞选纲领。会议进行的前两天，会场的气氛都非常沉闷，为了表示对汉纳、奎伊的悼念之意，大会会场布置得非常庄严肃穆。

6月23日，会议进行到第三天，纽约州前州长布莱克作为提名人，提名西奥多为本年度大选的总统候选人。他在提名演说中盛赞西奥多，认为西奥多不仅是个"战士"，还是"作家与学者"，能够带领美国开创新的辉煌。在接下来的投票表决中，西奥多毫无悬念地通过了提名，而且是以994票全票通过。查尔斯·费尔班克斯通过副总统提名，成为西奥多的竞选搭档。

当天中午，西奥多在白宫收到了通过提名的电报。在接受妻子与女儿的道贺后，西奥多回到总统办公室，会见在白宫等候消息的记者们，与他

THEODORE ROOSEVELT

们分享自己的喜悦之情。

6月24日开始,祝贺西奥多通过提名的贺电涌入白宫,道贺的人包括西奥多的同学、朋友、莽骑兵团的战士等。令西奥多意外的是,其中还包括很多企业界人士。尽管对西奥多个人心存不满,但企业界在民主党与共和党之间还是选择了共和党。西奥多的当选,似乎已经是势不可挡了。

1904年7月初,民主党在圣路易斯召开全国代表大会,推出了他们的总统候选人、纽约上诉法院主审法官奥尔顿·帕克。他的竞选伙伴是一个80岁的亿万富翁。曾在前两次民主党全国大会上出尽风头的威廉·布赖恩已经风光不再。外界对民主党竞选形势并不看好,就连民主党内部也是一片混乱。直到提名表决前夕,他们还就帕克是否支持金本位的问题展开争论。他们要求帕克按照他们的意愿进行选举活动,否则宁愿支持西奥多。这类幼稚的威胁使帕克非常郁闷,而他的搭档因年老体衰,除了金钱外不能够给予帕克什么有利的支持。

1904年8月,共和党与民主党开始展开了轰轰烈烈的竞选运动。共和党的竞选大纲更像是对西奥多任期内成绩的表彰书,将共和党定位为美国经济繁荣的保卫者,将西奥多定位为带领美国走向强大的指引者。民主党竞选提纲则成了批判书,谴责西奥多任期内有违宪行为,认为他影响了美国民主的发展,有成为独裁者的嫌疑。他们指责西奥多对外推行武力外交、对内挑起种族主义者纠纷的行为是非常不理智的。

民主党对西奥多的指责得不到回应,企业界也没有像人们猜测的那样抛弃西奥多。与保守的民主党相比,共和党更容易引起大资本家的兴趣。虽然西奥多在竞选初期就表示自己不对任何大公司与个人作政治承诺,可是企业界还是为他捐助了大笔的竞选经费,就连在北方证券公司案中败诉的摩根与哈里曼也不例外:摩根捐助了15万美元,哈里曼捐助了5万美元。根据后来的调查统计,在共和党1904年的竞选经费中,大公司与大资本家的捐款占四分之三。美孚石油公司这样的托拉斯企业,也捐助了10万美元。虽然经费充盈解决了共和党的竞选活动资金问题,可是西奥多怕产生不良影响，希望共和党主席科特柳退还部分捐款。科特柳认为西奥多太小心了，没有照办。

1904年10月，得知企业界捐款的事情后，帕克开始攻击西奥多在进行政治交易。帕克只是根据大公司的捐助记录进行推论，并不能够证明西奥多确实与这些捐助者有什么政治分赃协议。因此，在短暂的争议后，捐款风波逐渐平息。此时西奥多担心的不是帕克找自己什么麻烦，而是担心纽约州的竞选情况。那里的州长竞选形势不容乐观，不过值得一提的是，纽约民众对总统的支持并不因共和党的失利而减少。

1904年11月8日，选举结果揭晓，西奥多以336张选举人票的绝对优势获得胜利，而他的对手帕克仅得140张票。西奥多打破了以往总统候选人的得票纪录，使共和党获得了前所未有的重大胜利。在美国当时的45个州中，西奥多赢得了33个州，其中还包括南部的密苏里州。人们喜欢他们的总统，他用他的人格魅力征服了大家。

1904年11月9日，《纽约世界报》上发表了西奥多的声明。在声明中，西奥多表示愿意遵循两届的总统任期限制的惯例，在任何时候都不会再接受提名。西奥多的声明主要是为了回应民主党对他独断专权的指责，向公众表明自己并没有独裁的野心。他原本想要通过这个声明来展示自己的政治风度，可是结果却自食其果，失去了再次当选的机会。

1905年3月4日，天气晴朗少云，西奥多终于等来了自己的宣誓就职仪式。虽然已经是第二次站在这里，可是上次是配角，这次是主角，西奥多的感觉是完全不同的。他不仅通知了所有的亲戚朋友来参加就职典礼，还邀请了莽骑兵团的伙伴们。

守候在宾夕法尼亚大道两侧的民众看到非常壮观的队伍往国会大厦方向缓缓行来，这是西奥多总统的临时卫队、30名全副武装的莽骑兵团的战士们骑着马在队伍前面领路，然后是总统的马车，车后是由陆军、海军、警察组成的警卫队，警卫队后面的是各种各样的民间组织，包括矿工代表团、牛仔代表团、印第安人代表团等。

THEODORE ROOSEVELT

在大家的热烈期待中，西奥多出现在国会大厦的东门，沿着铺了红地毯的斜坡走向高处的讲坛。最高法院首席大法官约翰·黑泽尔主持了庄严的宣誓仪式。西奥多神情肃穆地把手放在《圣经》上，用洪亮的音调跟着大法官约翰·黑泽尔宣读誓词：

　　我谨郑重宣誓，必竭尽全力恪守、维护和捍卫联邦宪法，忠实执行联邦总统职务。

西奥多宣誓完毕，转身走向空旷的讲台。数十万等候在广场的民众停止了喧哗，陷入了寂静。西奥多坚定而热情的声音清晰地传遍广场，并且通过无线电广播网传到了全国各地千百万守坐在收音机旁的民众耳中。

　　在地球上，没有人比我们更应该学会感激……我们继承了这片古老的大陆，但我们却不用像那些古老的国家一样接受朝代变更所带来的惩罚。我们从未因生存而与一个敌对种族作战，我们所努力的就是让我们的生活变得更美好……在这种条件下，如果我们还不能够成功，那就是我们自己的过失。我们能够相信，在不久的将来，我们能够达成我们的愿望。在一个崇尚自由的政府的带领下，人们能够强大起来，不管是身体，还是灵魂……现代生活既紧张又复杂，最近半个世纪工业的超凡发展带来种种巨大的变化，我们能够在社会与政治实体的各个角落都能感受得到这些变化。用民主共和的形式来管理一个大陆的事务，这是前所未有的极为重大而充满危险的实验。……如果我们失败了，将动摇全世界的自由自治政府的基础。我们不仅应对自己负责，对当今世界负责，而且也应该对子孙后代负责。我们的责任是非常沉重的。在未来的生活中，没有什么问题是值得我们恐惧的，但是我们有理由正视这些问题，不回避问题，勇敢地解决问题……

在就职演说中，西奥多阐述了美国历史的独特性与美国对世界所负有的使命。这让许多美国人开始具有国家荣誉感，越来越多的人相信他们的

THEODORE ROOSEVELT

国家是强大的、充满正义感的。在场的听众却没有想那么多,很多人都留意到总统的手上戴着一只非常显眼的戒指。这是西奥多从国务卿约翰·海那儿收到的礼物,戒面里装着林肯的头发。林肯是西奥多的政治偶像,所以这份礼物对他具有特殊的意义。西奥多不会想到,在很多年后史学家评论美国总统时,他也同林肯一样,被评为美国最伟大的总统之一。

6 铁路立法案
THEODORE ROOSEVELT

  白宫记者们发现,在赢得1904年大选后西奥多的政治风格开始发生了变化,他不再像过去那样谨小慎微,他已经没有后顾之忧,终于能够按照自己的意愿推行改革政策。对待舆论所关心的改革问题,总统不再像过去那样含糊其辞,而是夸夸其谈,毫不掩饰自己的改革意图。

  1904年12月4日,西奥多向国会递交了第四次年度咨文。这份咨文就是一份非常具体的改革方案,他主张政府对社会发展进行更有效的管理;主张各个社会集团都承担社会责任,以达到社会和谐的目的;主张在铁路管理、资源保护、政府节约、劳工立法等方面进行改革。

  当时,进步主义运动已经在全国范围内展开。在联邦政府,西奥多成为当仁不让的进步派领袖,汉纳与奎伊的相继去世削弱了国会的保守派势力,大批思想开放的年轻人进入国会,增强了改革派的阵营。在中西部各州,改革派州长逐步实施改革政策,与联邦政府的改革措施相呼应。民间成立了各种改革团体,宣扬改革主张,改革已经成为社会潮流。不管是官员,还是社会名流,大家都愿意提起改革这个话题,来说明自己并不是一个老顽固。不管是企业主,还是工会领袖,大家都想标榜自己是个进步派。在各种条件都逐渐成熟的情况下,西奥多决定实施自己的改革主张。

  1905年1月30日,在费城的联邦同盟俱乐部上,西奥多发表了关于联邦政府管理企业的主张。他认为只有加强政府对企业的监督,才能够保

第四章 改革风云(1901—1908)

THEODORE ROOSEVELT

证工业迅速发展，才能够确保这些企业在经营中不损害公众的利益。在演说最后，西奥多提到了关于加强对铁路管理的主张。

联邦政府对铁路问题的关注是由来已久的。在美国工业化进程中，铁路建设蓬勃发展，在国计民生中占有越来越大的比例。全国各地形成了四通八达的铁路运输网络，铁路企业主成为影响经济与社会稳定的重要人物。广大企业需要依靠铁路进行生产原料与产品的运输，民众更依赖这种便捷的交通方式。

在蓬勃发展的同时，铁路运输也存在着严重的弊端。因为一味追求利益，很少有经营者重视安全问题。在铁路沿线，交通事故频繁发生，铁路工人、乘客和沿线居民的生命、财产得不到保障。由于铁路垄断网的形成，经营者在没有竞争的条件下任意地提高运输费用，加大了有运输需求的中小企业主与农场主的负担，引起他们的强烈不满；民众的力量薄弱，只好接受火车票不断涨价的事实。虽然铁路企业主在经营中收获巨额利益，可是铁路工人的处境仍非常艰难，劳资关系紧张，各地的铁路工人罢工事件层出不穷，这些在极大程度地影响着铁路运输的顺畅。公众要求政府管理铁路的呼声日益强烈，国会与地方州政府先后制定了一批关于铁路管理的法令，其中国会1887年通过的《州际商务法》的影响力最大。该法总共有24条，对铁路运营中出现的各种问题做了相应规定，禁止在铁路运输中向大公司支付"回扣"，并成立了美国第一个政府独立管制机构：州际商务委员会。该委员会拥有5名委员和一些办事人员，是一个专门管理铁路的机构，主要职责是监督铁路安全生产、管理运价与仲裁劳资关系。《州际商务法》标志着政府在现代工业社会对经济生活的直接介入。政府利用制定规章、行政许可、行政检查、行政处罚、行政强制执行、行政裁决等手段，对铁路的市场准入、定价、互联互通、垄断行为、服务质量以及服务义务等方面进行监督管制。其中，政府通过市场准入管制与价格管制，对铁路运输进行有效的宏观管理。

《州际商务法》实施后，受到了铁路企业主的强烈反对。他们认为该

THEODORE ROOSEVELT

第四章　改革风云（1901—1908）

法已经侵犯了企业主的自由经营与自由获得收入的权利。加利福尼亚的铁路大王、国会参议员利兰·斯坦福提到商务法时深恶痛绝，认为它施行的主要目的就是打击铁路企业主的财产所有权与经营自由。《州际商务法》的各种限定影响了铁路企业主的收入，他们将责任归罪于商务委员会，并对商务委员会的管理权限提出诉讼，最终剥夺了委员会管理运输价格的权力。《州际商务法》逐渐失去了它的监管力度，各种因铁路问题引发的社会纠纷不断，人们期待着政府能够采取有力措施解决这个问题。

西奥多在第一任期时对铁路管理的兴趣不大。他虽然领导联邦政府对当时美国最大的铁路托拉斯北方证券公司进行诉讼，但主要目的只是限制托拉斯的发展，而不是想要介入铁路运输的管理。西奥多认为私人经营比国有化要好。他对《州际商务法》并不十分认可，认为它虽然目标明确，但有的条款并不明智，容易危害到铁路业的发展。在垄断风气的影响下，铁路公司失去了合理的竞争环境，他们任意变动运输价格，回扣之风盛行。那些与铁路运输关系密切的企业经济损失严重，要求制定新的法令来管理铁路的呼声越来越强烈。为了扩大影响，他们成立了呼吁铁路立法的非政府组织，并积极在参众两院寻找代言人。

越来越多的人开始关注商务委员会的立法问题，这其中包括总统西奥多。在1904年的年度咨文中，西奥多针对铁路管理提到了一个建议，引起了外界的关注。他认为，即便州际商务委员会没有制定固定运价的权力，也应该有对运价进行管理和监督的权力，比如：委员会有权接受铁路运输客户的申诉，对申诉中提到的不合理运价进行调查；如果价格确实不合理，委员会有权制定合理的运价；铁路企业主如果有疑义，可以向法院申诉，法院对委员会的决议有复决权。

1905年2月，西奥多针对铁路管理进行了第一次立法尝试。在他的促进下，众议院以绝对多数票数的优势通过了《埃施—汤森法案》。该法案把西奥多年度咨文中的设想具体化，授予州际商务委员会拥有确定运价的权力。就在舆论大肆报道此事、认为西奥多取得重大胜利的时候，参议院给了

THEODORE ROOSEVELT

总统一个下马威。他们根本就不理会西奥多的示意，使得《埃施—汤森法案》连表决都没有表决就被丢到了一边，这让满怀期待的西奥多非常恼火。

公众舆论开始倾向总统，参议院被讽刺为"铁路企业主的代言人"。西奥多的支持者开始在报纸上连续发表评论文章，对铁路公司的各种弊端给予报道，同时借此向参议院施加压力。铁路企业主们开始商议对策，用来反对政府管理运价的计划。

在很长一段时间里，支持铁路立法与反对铁路立法的人通过报纸、游行、成立组织等方式进行对抗。由于财务实力悬殊过大，支持者的呼声逐渐被反对者的呼声掩盖。为了打击铁路方面的嚣张气焰，西奥多指示司法部对一些经营中有违法现象的铁路公司提起诉讼。在公众与政府的双重压力下，铁路企业主们开始接受现状，愿意与总统妥协，接受一些合理范围内的新立法。《赫伯恩法》就是在这个背景下，成为国会两院的关注焦点的。

1906年1月，众议院以346票对7票通过了《赫伯恩法》。该法案是由来自艾奥瓦州的国会众议员彼得·赫伯恩提出的，主要内容有如下几点：

1. 州际商务委员会的成员由5人增至7人，任期为10年。
2. 授予州际商务委员会以制订运价的权力。
3. 成立商务法院，对商务委员会的决议进行复议。
4. 商务委员会的决议在法院认可后，在30天内生效。

该法案的立法主张与西奥多年度咨文中的建议完全一致，因此从提出的那一天起就得到西奥多的全力支持。可是，如《埃施—汤森法案》的遭遇一样，问题又出现在参议院。参议院不再公开反对铁路立法问题，而是换个方式来维护铁路企业主的利益。

《赫伯恩法》被众议院通过后，参议院针对该法案制定了相应的对策。为了转移民众视线，不让"铁路企业主代言人"这些绰号再出现在报刊上，参议院开始摆出公正、公平的姿态。他们发现该法案中对赋予州际商务

THEODORE ROOSEVELT

委员会以准立法、准司法的权力与联邦宪法所规定的分权原则相违背后，决定运用司法复议的形式来限制委员会的权力。他们不再直接反对该法案，而是要求加入一条赋予法院以废止或推迟商务委员会决议的权力的补充条款。

从《埃施—汤森法案》被参议院搁置时，西奥多就认识到参议院那几位保守派党魁的态度决定着参议院对铁路立法权的看法。如果不能够让这些保守派让步，铁路立法就只是一句空话。就如同参议院选择迂回态度一样，西奥多开始用另一种手段向党魁们施加压力。他开始大谈关税改革，用来迫使保守派妥协。关税保护政策是共和党获得企业界支持的重要原因，是共和党保守派极力维护的，保守派当然不允许任何人在任何情况下改变这点。

1906年2月17日，西奥多在白宫东厅主持了长女小艾丽斯的结婚仪式。22岁的小艾丽斯美丽张扬，是华盛顿社交界的宠儿。她独立又热情，喜欢不断寻求新鲜事物。她的结婚对象，是36岁的来自俄亥俄州的国会众议员尼古拉斯·朗沃斯。与神态自若的新娘相比，朗沃斯稍微显得有些不安。在白宫的广场上，挤满了成千上万的媒体记者，这使得这次婚礼更像是一场大型的新闻发布会。

小艾丽斯不愿当父亲的陪衬，拒绝举行传统的白宫婚礼。她身穿蓝色袍子，用一把长剑戏剧性地劈开了结婚蛋糕。小艾丽斯了解她的父亲，知道他喜欢当主角。她是这样说的："我的父亲不管在哪里都想成为焦点，即使参加洗礼、婚礼和葬礼时，也毫不例外。"她从堂妹埃莉诺的婚礼上吸取教训，不允许父亲在婚礼上抢自己的风头。多年后，埃莉诺的丈夫富兰克林·罗斯福成为罗斯福家族的第二位总统。此时，他只不过是个正在哥伦比亚大学法学院求学的年轻人而已。

1906年2月28日，《赫伯恩法》被递交到参议院。作为铁路立法的支持者和反对者，西奥多与保守派们围绕着法案中提到的州际商务委员会的权限、法院的作用与权限、委员会决定的生效时间等问题展开了激烈的讨论。在委员会的权力规定方面，反对派用司法复议的策略来限制委员会的

THEODORE ROOSEVELT

实际权力,西奥多则坚持用有限复议权来保障委员会的权力;在法院的权限上,反对派坚持赋予法院废止或取消委员会命令的权力,西奥多则反对法院拥有如此绝对的权力;在决议生效时间上,反对派和西奥多都对30天内生效的规定不太满意,不同的是反对派希望时间延长,而西奥多主张立即生效。

在参议院中,西奥多找不到盟友,不仅那些保守派反对他,那些进步派也不太赞同《赫伯恩法》。保守派们提出了各种修正案,想间接地制止铁路立法的进程;改革派的想法则非常激进,认为应赋予州际商务委员会更大的权限。改革派的想法得到了民主党人的支持,他们也提出了各种修正案。

西奥多陷入被动中,他开始积极思考,寻找更合适的解决办法。他并不直接与保守派交涉,而是利用改革派向保守派施加压力。为了瓦解保守派力量,他又派代理人与他们中的某些人洽谈联络。西奥多知道,眼前最主要的问题是使《赫伯恩法》尽早成为法令。为了这个目标,西奥多愿意在一定范围内与保守派妥协。为了得到保守派与改革派的认可,西奥多重新起草了一项修正案。该修正案综合两派观点,对司法权限作了比较模棱两可的规定。西奥多的文字游戏让改革派与保守派都非常满意,他们都认为自己获得了胜利。围绕着铁路立法展开的长达两个多月的辩论,终于进入了尾声。

1906年5月18日,参议院对《赫伯恩法》进行表决,最终以71票支持、3票反对通过了该法。西奥多认为自己取得了重大胜利,认为这是联邦政府取得的辉煌成就。实际上,最后通过的《赫伯恩法》是政治妥协的产物。当改革派们认清这点时候,他们开始谴责西奥多没有原则。他们认为应该与保守派们对抗到底,争取铁路立法的真正胜利。面对他们的责难,西奥多并不过多辩解,因为通过法案总比通不过要好。他认为在当时的情况下,铁路立法能够进行到这一步已经是非常不错的成绩了。

《赫伯恩法》生效后,州际商务委员会开始对铁路进行有效的监督和

THEODORE ROOSEVELT

第四章　改革风云（1901—1908）

参加女儿艾丽斯婚礼的西奥多（右一）

THEODORE ROOSEVELT

管理。他们认真地受理货主投诉案,对铁路方面的提价企图给予制止。他们成为政府管理企业的典范,在很短的时间内就取得了不错的成绩。在实际工作中他们也会遇到困难,与法院发生过多次纠纷,但这些都不能影响委员会对铁路的监管力度。西奥多对州际商务委员会的工作给予了很大的支持。当铁路方面想要提高运价时,西奥多出面周旋,向铁路部门施加压力,以维护委员会的工作成果。当委员会遭遇财政危机时,西奥多主动伸出援手,解决他们的拨款问题。

7 自然资源保护运动
THEODORE ROOSEVELT

在继任总统后的第一次年度咨文中,西奥多就提出了"保护自然资源"的话题。他将保护自然资源分成几大块,那就是"动植物保护"、"森林资源保护"与"水资源保护"。凭借对自然史的熟悉程度,西奥多在咨文中解释了动植物保护对保障人类生活条件不被破坏的重要性。在谈到森林资源时,他指出了过去这种由几个部门分割管理森林的弊端,认为应由森林管理局对这些森林进行管理与保护。关于水资源保护问题,西奥多提到水资源是属于公众的,因此大型的水利设施不应由追求金钱利益的投资者负责,应该由联邦政府出面承担。

美国幅员辽阔、地貌多样,具有得天独厚的自然条件。随着工业化的快速发展,人们对资源的破坏性开采成为非常突出的问题。在大多数美国人心中,都认为这个国家的物产丰富到取之不尽的地步,他们没有任何节约与保护资源的概念。这样的观点导致了可怕的后果,在工业化生产的破坏下,水土流失现象严重,森林面积锐减,江河水道泛滥,土地开始荒芜。许多具有进步思想的理想主义者认识到这一点,提出了保护自然资源的主张。南北战争结束后,美国民间开始兴起零星的保护自然资源的运动,可是并没有大范围的影响。

THEODORE ROOSEVELT

第四章 改革风云（1901—1908）

为了达到保护自然资源这个目的，西奥多邀请他的好朋友、森林专家吉福德·平肖来帮助自己。两人的交情可以追溯到1898年，当时西奥多任纽约州州长，平肖为联邦森林管理局局长。西奥多邀请平肖到纽约，为纽约州的森林管理制定工作计划，两人相处得非常愉快。在处理完政事后，两个摔跤爱好者还进行了两场友好的摔跤比赛。两人各胜一场，不分胜负。这就是他们友谊的开始。

热爱大自然、酷爱骑马运动的西奥多

吉福德·平肖是一个理想主义者，是美国第一位森林专家。他主张实行选择性伐木，禁止牛群进入森林，以确保林业的可持续发展。西奥多的第一次年度咨文中森林部分的内容是在平肖的帮助下撰写的。在咨文中，他提出森林保护对工业发展的必要性，提出保护森林只是一种手段，目的是维持自然资源与依靠这些资源的产业，维护人类的生活环境。

THEODORE ROOSEVELT

西奥多对自然资源保护的认识并不是只停留在书面上,他对大自然怀有非常特殊的感情。他阅读的第一本书籍就是关于自然界的。他从小就对大自然特别有兴趣,喜欢收集动物标本,在笔记中记录各种动植物的研究心得。在大学期间,他选修的也都是与自然、自然史相关的学科,还出版了自然史著作,人生规划也是打算成为一名研究自然史的学者。由于他追求的女孩艾丽斯不喜欢动物实验室的味道,西奥多对自然史研究的热情才逐渐消减。等如愿娶到艾丽斯后,他就放弃了成为自然史专家的理想,开始选择成为一名政客。尽管如此,西奥多依然对大自然十分热爱。他经常到各地进行狩猎、探险旅行,每次都能够理解自然与人类之间千丝万缕的联系。认识到这点后,西奥多开始将保护自然资源与美国未来的发展联系起来。在纽约州长任内,他就非常重视自然资源保护,对森林保护、水资源保护实行过非常有力的措施。

在推行任何政策时,西奥多都喜欢对其意义作一番阐述,在自然资源保护方面也不例外。他认为保护自然资源关系到美国未来的繁荣,关系到子孙后代的幸福。他将是否重视自然资源保护当成是鉴别公民道德的重要标准。他认为保护自然资源是一项长期工程,每个爱国的美国人都应该意识到这点。他鄙视那些只顾私人利益、任意挥霍与破坏自然资源的企业主和投资商,对他们的行为给予谴责。同时,西奥多提出的自然资源保护并不是禁止开发和利用资源,而是应在合理范围内,避免浪费与毁坏,加强再生性资源的培植。

1902年6月,西奥多签署了《纽兰兹法案》,开启了联邦政府保护自然资源的先河。《纽兰兹法案》由来自内华达州的参议员弗朗西斯·纽兰兹起草,内容是联邦政府用出售西部公有土地所得的部分收入来修建各种水利设施,为西部发展创造条件。

当时,在美国西部存在着非常严峻的土地问题,土地投资与土地废弃现象屡禁不绝。人们在那些条件好的土地上任意挥霍自然资源,对那些贫瘠的土地熟视无睹,西部开发陷入一种不平衡发展的怪圈。为了解决这个问题，1901年夏，西部17个州的参议员在怀俄明召开会议，提出了《纽兰兹法案》。西奥多继任总统后，非常重视西部开发中的资源破坏问题。因此，在第一次年度咨文中针对保护自然资源的必要性而作了详细的阐述。当《纽兰兹法案》在众议院遇到麻烦时，西奥多还亲自写信给众议院议长坎农，希望能够尽快通过该法案。

《纽兰兹法案》通过后，西奥多开始试图解决土地投机活动，对公共土地政策的执行颇为重视。为了将土地开放给那些真正的定居者耕作，1903年底他任命了一个公共土地委员会去调查联邦土地法的实施情况，详细了解土地的出售与利用状况。根据委员会的调查报告，西奥多制定了相应的处理条款，目的是堵塞土地法执行中的漏洞，完善土地政策。

在自然资源保护方面，西奥多最重视的是森林资源的保护。当时在所有资源中，森林资源受到的毁坏与威胁最大。由于滥砍乱伐、不重视防火、忽视再植等原因，森林面积锐减，导致了水土流失严重、动植物物种灭绝、环境破坏等各种恶果。西奥多认识到森林保护是自然资源保护的关键后，认为首先应解决的就是森林资源的管理问题。

从19世纪末开始，联邦政府接受森林专家平肖的建议，将一定面积的森林辟为国有森林保留地，禁止私人任意砍伐。这些国有森林的管理权分散在两个部门，即农业部下属的森林管理局与内政部下属的土地总署。麦金利时期，虽然由平肖就任森林管理局局长，可是主要管理权限都在土地总署，因此各种保护森林资源的措施都无法施行。为了对国有森林进行有效管理，平肖提出统一管理权问题，希望森林管理权能够完全转移到农业部。麦金利在口头上答应，但并无实际行动。西奥多继任后，全力支持平肖的提案，要求国会批准森林管理权归属农业部。在他的推动下，国会最终通过了平肖的森林统一管理权提案。

平肖领导的森林管理局，是一个由林业专家组成的联邦管理机构。在权力集中化后，他们在西奥多的大力支持下依照平肖的观点对国有森林进行科学管理，例如：加强森林消防力度，重视改良品种与再植，禁止过度

THEODORE ROOSEVELT

采伐等。为了让公众认识到保护森林的重要意义，他们还出版发行宣传书籍，让大家真正了解森林对人类生存环境的重要性。在这些专家的热情呼吁下，森林管理局不仅成为成就显著的管理机构，还成为保护自然资源的信息中心。

除了对既有国有森林进行有效管理外，西奥多还努力开辟新的国有森林保留地。虽然国会中代表反自然资源保护集团利益的议员们极力阻挠此事，但他还是在第一任期内下令建立了15个新的森林保留地。在第二任期内，西奥多仍计划着开辟新的森林保留地。他不仅致力于保护森林，还呼吁社会各界重视此事。国会中的保守派们为了阻挠西奥多的计划，提出了《富尔顿修正案》。他们想用限制农业部财政拨款的方式来迫使西奥多妥协。他们在该提案中提到，以后除非经国会批准，否则在俄勒冈、华盛顿、爱达荷、蒙大拿、科罗拉多、怀俄明等州境内不得再建立森林保留地。在各方压力下，西奥多似乎只能签署这个提案，放弃建立新的森林保留地计划了。议员们都在等待着他们的总统低头，然而西奥多却在大家都没有留意的情况下，迅速地下达将西部各州部分林地划归国有的指令，使国有森林的面积增加了一倍。随后，西奥多如他们所愿签署了《富尔顿修正案》。如此一来，保守派们不仅没有像他们计划的那样阻挠总统的森林保护计划，还间接地推动了森林保护进程。他们虽然对此表示强烈抗议，但事情已成定局，只能无可奈何了。

除了重视森林资源的管理与保护外，西奥多还非常关注水资源的合理利用问题。他重视水力资源的调查与利用，主张由政府承担大型水利工程的建设，多次否决私人修建水利设施的法案。除了将水利设施收归国有外，西奥多还重视内陆水运航运资源的利用。1907年，西奥多提出综合开发美国水资源的设想。他认为美国的河流综合开发应将发电、灌溉、航运等综合起来，形成巨大的水力资源利用体系，促进美国的电力化进程。

除了保护森林资源与水资源外，西奥多在野生动物、风景名胜、矿产资源的保护方面也卓有成绩。他下令建立了多个野生生物保护区，禁止猎杀

THEODORE ROOSEVELT

保护区的任何动物；他还下令修建了 18 处国家历史纪念地，改善国家公园的管理；他还顶住各方面压力，下令将 6500 万英亩矿产资源划归国有，禁止私人开采。在推行这些保护措施的同时，西奥多知道保护自然资源不是短期事业，应该长久地开展下去。他认为保护自然资源不仅是美国人的事，还是全世界人民都应该关注的问题。这是人类的共同事业，为了使它能够长久地开展下去，西奥多认为必须要唤起全体美国人民与世界各国人民的关注。

第四章　改革风云（1901—1908）

西奥多与麋鹿的"亲密接触"

1908 年 5 月 13 日，西奥多倡议召开了美国第一次自然资源保护会议。会议为期三天，召开地点在白宫，出席会议的有各州州长、各州施行资源保护政策的负责人、呼吁自然保护的社会团体代表、相关的专家学者和关注资源保护问题的社会知名人士等。西奥多在会议上再次阐释了保护自然资源的意义，呼吁大家关注这个持久性议题，号召全体公民关心与支持保

THEODORE ROOSEVELT

护自然资源的事业。在这次大会的影响下，社会各界对保护自然资源运动非常关注，州一级保护自然资源协会相继成立。

1908年6月，41个州的自然资源保护协会代表召开会议，成立了全国性的自然资源保护委员会。同年12月，西奥多又一次召开了自然资源保护会议，继续呼吁社会各界关注这个话题。越来越多的人开始关注自然资源与环境保护的关系，认识到保护自然资源对社会发展与人类生存的重要性。

1909年2月18日，西奥多在白宫召开了北美保护自然资源大会，与来自加拿大、墨西哥、纽芬兰的代表一起讨论保护自然资源的重要性。会议结束后，美国向世界各国发出了公开信，倡议召开保护自然资源的国际会议。虽然由于种种原因，这次提议最后不了了之，但让许多国家开始关注自然资源的保护问题，西奥多的心血总算没有白费。

保护自然资源的措施虽然有利于社会发展，可是却触犯了许多企业主的利益，导致了他们的强烈反对，因此反自然资源保护的舆论不断。经营灌溉工程的商人反对《纽兰兹法案》，牧场主、林场主反对森林国有保留制度，矿业主抗议矿产收归国有。他们纷纷在国会寻求代言人，阻挠西奥多的相关工作计划。他们还成立团体组织，从舆论上向联邦政府施加压力，力图改变这些自然资源保护政策。

在两次总统任期内，西奥多和他支持的自然资源保护机构始终与国会的反对派相抗衡。在重重阻力下，西奥多能够坚定不移地推行保护自然资源的政策，并且取得一定成绩，这是非常难得的。他保护自然资源的出发点，不仅仅是为了保障经济发展，而且还是为了美国的未来，为了整个人类社会的发展。

后来的学者研究第26任总统西奥多的时候，都认为他任期内最伟大的功绩就是大力倡导与推进自然资源保护运动，而自然资源保护是他总统任期内最具有长远意义的政策。不管是美国，还是整个世界，都应该记住西奥多的这一历史成就。正因为这点，在历史学家评论美国总统时，西奥多的排名总是在前几名。

THEODORE ROOSEVELT

8 令人瞩目的改革家
THEODORE ROOSEVELT

第四章 改革风云（1901—1908）

与第一任期时相比，西奥多第二任期内的工作是非常愉快的。在放弃竞选第三任总统的声明发布后，他已经没有后顾之忧，不需要再与党魁们周旋。国会中改革派人数比例的加大，也成为他能够顺利推行各种改革政策的有力保障。西奥多成为改革运动的领袖，逐步地将人们所提出的各项改革主张付诸实践。许多进步人士对他们的总统寄予厚望，认为他能够领导人们解决社会发展所需要面临的各种问题。

1906年，是西奥多第二任期的第二个年头。除了督促国会通过《赫伯恩法》，推进铁路政策改革外，西奥多还取得了很多影响深远的改革成果，其中包括敦促国会通过《肉制品检查法》和《净化食品与药品法》。

美国畜牧业发达，是肉类生产大国，其生产的猪、牛及肉类制品出口欧洲。由于检疫与管理方面制度不健全、存在很大漏洞，美国出口的生猪及肉类制品被发现带有病毒。欧洲各国逐渐拒绝进口美国肉类产品，这使美国的肉类出口贸易受到严重打击，肉类生产者损失严重。为了解决这个问题，国会1891年通过了《肉类检疫法》，规定每个猪肉生产单位必须有一名农业部检查员，对出口生猪进行检疫，违者将被判以监禁或缴纳罚款。该法在执行初期，由于执行严格，取得了非常明显的效果，欧洲各国先后取消了对美国的猪肉禁令。但随着肉类产业的迅速发展，联邦政府的检查覆盖面有限，《肉类检疫法》逐渐成为一纸空文。肉类加工企业存在的各种问题，逐渐引起人们的关注。

1906年1月，激进分子厄普顿·辛克莱发表了长篇小说《屠场》，成为推动肉类检查立法的导火线。辛克莱27岁，是一个思想激进的年轻作家，对社会主义运动非常有兴趣，同情在资本制度压迫下的工人处境。他创作《屠场》的目的是让人们了解肉类加工厂工人的不幸处境和工会的发展情况。为了更好地创作这本反映工人问题的小说，他亲自到芝加哥肉类

THEODORE ROOSEVELT

加工厂生活了一段时间，真正地了解了工人们的生产生活情况。他把自己看到的场景在小说中真实再现，披露了加工厂的不卫生生产，提到了肮脏的生产环境、以次充好的经营手段等诸多问题。其中有一个细节记录着一名女工的不幸遭遇：为了生活，她不得不带着幼小的孩子在肉类加工厂上班；孩子掉进了加工香肠的机器中，悲伤的母亲没有时间哭泣，还要继续做香肠包装的工作。西奥多是在早餐时间时随手翻起这本引起社会广泛关注的小说的。当看到香肠与孩子这段描写时，他突然站了起来，把盘子中吃到一半的香肠扔到窗外。

西奥多早就关注过肉类检查的立法问题，曾多次在咨文中提出，可是没有引起国会重视，都不了了之。《屠场》的畅销，激起了公众对肉类加工检查的关注。西奥多知道这是推进相关立法进程的契机，他将这件事交给农业部长詹姆斯·威尔逊，让他派人去芝加哥调查取证。

威尔逊将工作交代给动物产业局去完成。由于第一次调查事先走漏风声，芝加哥肉类加工厂做好了应付的准备，调查工作毫无进展。在西奥多的建议下，威尔逊派出工作人员进行秘密调查。他们与辛克莱联络，接受他的建议寻找相关的证人证词，然后在整个行业内展开秘密调查。这次调查的负责人是联邦劳工委员查尔斯·尼尔和詹姆斯·雷诺兹。经过3个月的调查取证，他们发现辛克莱小说中所描绘的现象确实存在。

1906年6月4日，西奥多向国会递交了《肉制品检查法》提案。他在该案中提到了芝加哥肉类加工企业的调查结果，同时要求国会制订法令，授权联邦检查员对肉类食品生产的全程进行检查与监督。当国会党魁们反对他的提案时，西奥多向他们透漏了尼尔和雷诺兹的调查报告内容。根据辛克莱小说中提到的生产卫生问题，调查报告还提供了一些令人触目惊心的具体细节。西奥多和国会做交易，要求他们通过肉制品调查提案，否则就对外公布肉类生产调查报告，到时候就会影响到美国的肉类出口贸易，那即是国会的责任。在压力下，参议院与众议院选择了妥协。6月8日和6月30日，参议院与众议院分别表决通过了该提案。

THEODORE ROOSEVELT

与1891年通过的《肉类检疫法》相比,西奥多提出的《肉制品检查法》规定得更为严格。根据该法案规定,联邦政府每年拨款300万美元,用于对进入州际贸易与对外贸易的肉类产品的生产过程及制成品的检查。经费的增加是进行肉制品检查的关键因素,在这之前《肉类检疫法》施行的15年中,政府拨款最高的年份也不到100万美元。

1906年6月30日,与《肉制品检查法》同一天在国会表决通过的,还有《纯净食品与药物法》。在1905年的年度咨文中,西奥多提出为了保障消费者权利,应制定相关法律来管理食品与药品生产中存在的掺假、造假问题。从这以后,制定一项管理食品与药品安全生产的法令成为西奥多的心愿。在推行《肉类检查法》的过程中,西奥多搭了顺风车,向国会提出了《纯净食品与药物法》。

《纯净食品与药物法》的主要内容是禁止在州际商务中生产与销售掺假、造假的食品与药物。该法对掺假、造假作了严格的界定,并规定对初犯者处以经济罚款,对再犯者加大罚款数额或判监禁一年。但该法存在着处罚力度过轻、宣传力度不到位等重大缺陷,因此违法现象依然非常突出。可是作为首部涉及到消费者权益保护的法案,《纯净食品与药物法》的实施仍具有重要的历史意义,开创了消费者权益领域的立法先河。

1906年下半年,在西奥多的促进下,国会通过了《雇主责任法》,规定从事州际商务的雇主必须为因工伤亡的雇员及其家属提供经济补偿。

西奥多虽然不是劳工赔偿立法运动的先驱,却能够从社会整体利益的角度来认识其重要性。劳工赔偿立法运动的最终目标是建立工业事故的强制赔偿制度。随着工业化生产的发展,资方为了追求利润,忽视对生产安全的重视。工人生产安全得不到保障,工业事故频繁发生。雇主根据传统原则,对工业事故不承担强制性责任。他们按照自愿赔偿原则,对事故中受伤或死亡的工人以及工人家属支付赔偿金。在实际经营中,他们真正施行自愿赔偿的人不多,即使很勉强地支付赔偿金,数目也非常微薄。工人们对这种状况非常不满,在工会的带领下进行各种抗议活动,要求建立强

THEODORE ROOSEVELT

制赔偿制度。各种社会团体同情工人处境，也相继支持这一运动。

西奥多对强制赔偿制度是持肯定态度的，认为只有重视与改善工人的生活处境，淡化他们的反抗精神，才能够真正保障维护资本社会的稳定发展；认为只有让他们分享经济繁荣的成果，避免因贫富差距加大所带来的阶级矛盾，才能够使得全体社会成员共同发展。

早在1902年第一次年度咨文中，西奥多就提出应制定相应法律来改善工人生活处境的建议。在处理完宾夕法尼亚矿业工人大罢工后，西奥多一直对改善工人待遇、缓解劳资矛盾等问题给予了很大的关注。在第5次总统年度咨文中，西奥多提出各个阶层社会成员的相互依存对社会发展的重要性，认为不管是资产阶级，还是工人阶级，都是一个整体。各地不断爆发的罢工案例都能够证明，如果不能很好地处理工人问题，就不能够保障资本社会的正常运行和发展。西奥多认识到，联邦政府不能再像过去那样片面地维护资方利益，那样只会加大阶级矛盾，引发更大的社会动荡。

在西奥多的支持下，国会通过了《雇主责任法》，但建立劳工赔偿制度的过程仍是阻碍重重。法官们信奉旧式法理制度，坚持个人财产不容侵犯的原则，认为政府无权干涉雇主如何处理工伤事故。他们认为那属于财产权与契约权范围，属于企业内部事务。

1908年1月4日，联邦最高法院宣布以违宪为由废除《雇主责任法》，认为该法过分扩大了国会管理州际商务的权力。1月31日，西奥多向国会递交了要求制定新的雇主责任法的特别咨文。不久后，国会通过了新的雇主赔偿法，可仍是被联邦最高法院废除。

在社会立法方面，西奥多的关注重点还包括童工权利问题，但因各方阻力问题，并没有留下什么立法成就。

童工制度是工业化发展带来的产物，是现代工厂制度中的儿童奴隶制，它不仅是地区性问题，还是全国性的问题。美国各个地区普遍使用童工，其中南部纺织业的童工问题最为严重。童工制度不仅广泛引起社会关注，还因不合理的工作时间、恶劣的工作条件和低廉的工资报酬而引起人们的谴责。根据相关调查结果显示，每年都有大量的童工因身心受到摧残而死亡。随着美国工业化、城市化进程的发展，越来越多的人开始关注童工雇佣问题。各界进步改革人士和关注儿童生存状况的慈善机构四处奔走，要求废除童工雇佣制。他们认为废除童工制，有利于社会和谐以及有序发展。在社会改革者与工会的努力下，各州制定了相关的童工法令，逐步改善了童工的生活状况。

西奥多继任总统后，始终关注着童工问题，希望制定全国性的童工法令。当时童工问题最为突出的是纺织业，而美国南部与北部的纺织业又因不同的经济历史和经济现实，对童工问题态度不一。南部各州纺织业的企业主反对禁止使用童工运动，认为在高度竞争的市场环境中应对那些有利于其经济发展的制度给予保留，童工奴隶制应继续有效行使；北部各州的企业主对童工问题的认识比较进步，主张制定统一的童工法，消除南方因大量使用童工所带来的竞争优势，以规范各州的经济发展秩序。

由于美国实行的是联邦体制，联邦与各州实行权力制衡。根据宪法，联邦政府没有权力干涉各州的具体行政工作。虽然日益发展的州际竞争消除了各州的地理界限，可是联邦制度下的各州分权制却成为企业主反对制定统一童工法的工具。就社会发展现状而言，随着人们贫富收入的加大，主动送孩子去工作已成为贫困家庭维持生活的重要手段，这就为寻求廉价劳动力的企业主提供了一个童工市场。因为以上种种，童工问题成为联邦政府无法攻克的难题。

西奥多是一个具有同情心的人，特别喜欢孩子。由于自己也是几个孩子的父亲，所以对美国儿童的生活状况非常关注。他同情童工的不幸处境，认为那种压榨与摧残儿童的行为是文明国家的污点，希望能够用联邦立法的形式解决这个问题。可在各方各界的阻挠下，制定统一童工法令成为空想，这成为西奥多在改革中的失败案例，让他感到非常遗憾。

西奥多的政敌们都知道他有一个非常明显的短处，那就是不懂经济学。由于对具体的经济问题没有什么兴趣，西奥多对经济学领域的各种问

THEODORE ROOSEVELT

题比较头疼。在当时的美国，货币问题具有非常特殊的政治意义，西奥多经历过的几次大选都是以货币问题为竞选主题的。西奥多没有办法回避这个话题，只好泛泛地提出用增加货币投入量的方式来对社会经济进行调控。

除了金融问题，关税问题也是西奥多无法涉及的领域。关税保护政策是共和党政治理论的重要组成部分，是能够让它获得大企业支持的主要原因。在美国工业发展初期，实行保护关税，有利于美国工业不受欧洲产品的冲击，有利于国内工业的迅速发展。不过对欧洲产品的抵制，却使得那些非工业利益集团的利益受到损失，因此是否修订关税政策成为社会各界争议的焦点。随着工业化的发展，保护关税成为托拉斯赚取高额利润的工具。在进行反托拉斯运动时，很多人都认为只有改变保护关税制度才能够真正地消除垄断。

西奥多是个非常现实的政治家，知道保护关税是联系共和党与企业界的纽带，因此在第一任期时对关税问题的态度十分慎重。他反对将关税与反托拉斯联系起来，不愿意过多涉及这个话题与国会作对。他知道自己若是轻举妄动的话，不仅会给自己带来麻烦，还会影响共和党的执政地位。在西奥多对关税问题小心翼翼的时候，共和党内部就关税问题展开了激烈讨论。他们的观点总结起来分三类，那就是在现在基础上降低、维持、提高税率。由于大家争执不下，最后只好成立两院联席委员会来调查关注此事。在他们争议的过程中，西奥多始终保持沉默，避免因这个问题导致共和党的党内分裂。

在第二任期时，西奥多开始大谈关税改革政策。他的根本目的不是修订关税，而是为了以此为手段迫使国会同意他的其他改革计划。在外界对税收改革争议不断时，西奥多也发表过一些观点，表示他对关税改革是持赞同意见的。由于西奥多一直没有真正地为改革关税出力，所以在该领域并没有什么建树。

THEODORE ROOSEVELT
第五章
大棒在手（1901—1908）

  1906年，西奥多因成功调解日俄战争而获得诺贝尔和平奖，成为美国首个诺贝尔奖得主。他没有把这件事当成是个人荣誉，而是看成是国家的光荣，他只留下了获奖证书，将4万美元奖金全部捐给国内一个处理工业关系的基金会。虽然从客观上来说，日俄战争确实因西奥多的调停而结束，但是回想一下日俄战争爆发的原因，他的和平奖的获得就显得有些可笑了。西奥多崇尚武力，积极怂恿日本发动战争，然后又牺牲日本的国家主权与利益为美国换取好处。

THEODORE ROOSEVELT

1 委内瑞拉风波
THEODORE ROOSEVELT

为了保障民主制度的长久发展,美国建国后在外交上坚持孤立主义原则。1823 年,美国第 5 任总统詹姆斯·门罗向国会提出咨文,这项咨文就是通常所说的"门罗宣言",其中包含的外交原则就是通常所说的"门罗主义"。门罗主义的要点有以下三条:

1. 欧洲国家不得再在美洲夺取殖民地。
2. 欧洲国家不得干预美洲独立国家的内政。
3. 美国不干涉欧洲事务,包括欧洲现有的在美洲的殖民地事务。

在当时的历史条件下,门罗宣言的提出具有一定的进步性。宣言的主要精神是维护美洲国家政治不受西方强国的武装干涉,其反干涉性和防守性带有浓重的民主色彩。因此,门罗宣言受到广大受西方强国殖民威胁的美洲国家的热烈欢迎。门罗宣言的提出,使得美国外交上的孤立主义制度化。从此以后,门罗主义成为美国外交政策的基本原则,这一点在美国与拉美各国的外交来往中尤为明显。

进入 19 世纪后,美国的外交政策主要是发展在美洲的利益,确立在美洲的主宰地位。美国推行地域政治,将美洲事务与欧洲事务隔绝起来,避免卷入国际纠纷。随着经济的发展,美国成为工业化强国。美国的对外政策开始改变,向海外扩张的呼声日益强烈,美洲已不能满足其不断增长的利益需求。

已经取得大国经济地位的美国迫切需要寻求相应的国际政治地位,而工业化生产的扩大化也需要有更大的市场进行消化。于是海外扩张在美国国内达成共识,可是具体以什么方式进行扩张,却是争议不断。争议双方就应进行经济贸易扩张,还是应进行海外领土扩张争执不下。大多数人主张进行经济贸易扩张,认为这种方式才是实现美国在海外利益的最佳途

THEODORE ROOSEVELT

径。随着经济危机的不断爆发，大家都认识到寻找销售剩余产品市场的重要性。麦金利总统赞成经济贸易扩张，他将为美国赢得世界市场的优势地位当成是最大的外交目标。

受传统殖民主义影响，主张领土扩张的人认为美国应在海外建立自己的殖民体系。在这种观点的驱动下，美国吞并了夏威夷，发动了美西战争，从西班牙手中抢夺古巴、菲律宾和波多黎各的控制权。这种殖民行为与美国宣扬的自由民主精神相违背，因此这些领土扩张主义者给它披上华美的外衣。他们摆出友好的态度，宣称自己没有殖民的意图，占领这些地区也是为了帮助他们独立，帮助他们实行民主制度。

西奥多继任总统前就是个狂热的扩张主义分子，认为经济贸易不应该是美国外交政策的核心。他主张树立美国的世界强国形象，扩大美国在国际事务中的政治影响。他谈到外交问题时曾引用过一句非洲谚语"大棒在手，温言在口"，意思是在武力威胁下进行谈判式外交，这就是有名的"大棒外交"。

西奥多还是个强烈的民族主义者，认为美国人是世界上最优秀的种族，美国的民主制度是最先进的国家管理手段。他为自己是美国人而自豪，为能在一个崇尚自由的国度出生与成长感到骄傲。在这种美国文化优越论的影响下，西奥多认为美国有义务帮助那些生存状态恶劣的国家和民族，美国有义务带给他们民主与自由。他用这种理论将美国的海外殖民扩张行为合理化，认为这些扩张代表着法律与正义的胜利。西奥多的扩张主义言论极富煽动性和感染力，提升了美国人的国家荣誉感，使得更多的人接受了美国海外领土扩张的方式。

继任总统后，西奥多以大棒政策为外交准则，加强海军军备，提高美国军队的防御力与战斗力，大力推行海外扩张政策。除了武力占领殖民地外，西奥多还重视文化扩张。他强调美国文化的优越性，证明美国有能力与西方强国共同承担世界事务。他认为美国只有在世界事务中取得主导地位，才能够成为真正意义上的强国。

THEODORE ROOSEVELT

在进行海外扩张的同时,西奥多还不忘加强美国与拉丁美洲各国的联系,将它们变成自己的保护国。

1902年11月,在处理完菲律宾与古巴问题的半年之后,西奥多陷入一次外交危机。拉丁美洲国家委内瑞拉因内战与腐败问题,无法偿还以英国、德国为首的欧洲财团的贷款。这些国家以追缴欠款为由,打算出动联合舰队对委内瑞拉实行封锁。虽然这些国家宣称并没有在西半球建立据点的意图,可委内瑞拉并没有偿还贷款的有效办法。委内瑞拉能够选择的,就是抵押土地或者抵押国家税收来还贷款,那就意味着它将由一个主权国家变成殖民地或傀儡国。英国人态度比较友好,表示他们并没有在西半球发动战争的意图。德国人的态度却非常强硬,他们的海军已经集结在指定海域,如果委内瑞拉抵制封锁的话,他们就要武力占领那里。

西奥多在总统办公室里办公

对于德国对委内瑞拉的武装威胁,西奥多开始的时候是持观望态度的。

THEODORE ROOSEVELT

在他心中，日耳曼民族是一个值得尊敬的民族。作为新兴的军事强国，德国大力推行武力扩张运动，与那些势力逐渐衰弱的国家抢夺海外殖民地。他们的某些政治主张，是与西奥多的想法相吻合的。对于德国对委内瑞拉的封锁，西奥多感到非常遗憾，可是他又不能够否认德国对委内瑞拉的保护权。

看到美国政府的观望态度后，德国政府正式提出了向西半球增兵的计划，委内瑞拉危机加剧。西奥多开始作防御准备，同时下令北大西洋海军舰队进行大规模的军事演习，对德国进行武装震慑。根据当时的各国海军力量的调查报告显示，美国军舰的数目位列世界第四，排在英国、法国和俄罗斯之后，领先于德国。可是，美国海军基地比较分散，在大西洋地区的舰只数量有限，战斗力不如德国。

西奥多是个实用主义者，不允许德国影响美国对拉美地区的控制，更不允许德国在拉美建立军事基地，从而威胁美国的领土安全。他开始利用门罗主义为武器，反对欧洲列强对拉美事务的干涉。他命令北大西洋舰队在委内瑞拉海域进行为期6个月的军事演习，演习的目的是防止战争爆发，演习的方式用官方的话来说是"比较低调"的。

1902年11月25日，美国国务院接到了英国、德国准备封锁委内瑞拉的正式通告。美国国务卿约翰·海对这种情况表示遗憾，希望能够通过仲裁的方式解决这种国际纠纷。同日，美国的欧洲舰队与南大西洋舰队接到指令，向委内瑞拉附近的公海驶进。12月4日，海军部长穆迪下令在委内瑞拉领域的战舰集结起来，组成拥有81艘战舰的联合舰队。12月7日，德国与英国对委内瑞拉的态度没有丝毫软化，他们决定关闭领馆，付诸武力。12月8日，西奥多在白宫会见了德国驻美大使德·霍勒本，表明美国政府在拉美问题上的立场：若是德军对委内瑞拉或加勒比海沿岸国家采取任何入侵行动的话，那美国政府有责任武力介入。他希望大使将自己的立场转告德皇威廉二世，并且希望他们在10日内就委内瑞拉的处理问题给予答复。虽然大使一再表示德国是本着"和平"的原则处理委内瑞拉问题的，可是在次日的封锁过程中德军与委内瑞拉舰队交火，重创了委内瑞拉舰队。

THEODORE ROOSEVELT

随着德军对委内瑞拉的封锁行动的展开，委内瑞拉问题开始逐渐引起各国舆论的重视。在美国的各大报纸上，都是对德国武力威胁拉美地区安全的报道，民众对德国的敌对情绪骤然上升。在英国伦敦，人们谈到委内瑞拉局势时，都认为英国政府与外国结盟是愚蠢的行为，各种反对冒险主义政策的呼声变得强烈起来。

在国际舆论的压力下，德军的嚣张气焰暂时得以压制，他们决定与英国同进同出，不再主动采取单方面的武力行动。就在此时，一艘英国巡洋舰与一艘德国巡洋舰联合起来，对委内瑞拉沿岸进行轰炸。但这并不是英国政府的意思，他们不愿意破坏与美国的良好外交关系。

1902年12月14日，星期日，西奥多在白宫再次会见德国驻美大使德·霍勒本，希望从他这里得到答复。霍勒本却总是转移话题，这让西奥多非常不满，他将要求德国表态的时间期限提前一天。总统的认真态度让霍勒本很不安，他迅速将这个消息传递给威廉二世，并且向国王说明美国海军有能力与德军抗衡。

12月16日，英国联邦议会通过委内瑞拉问题解决提案，认为应该用仲裁的方式解决纠纷。英国国王爱德华七世终于松了口气，在任何有关门罗主义的冲突中，英国都愿意保持中立。同一天，西奥多举行内阁秘密会议。会议后，美军大型舰队开始向委内瑞拉港口驶进，美国报纸开始大量刊登美军军事演习的进展情况。

12月17日，是西奥多对德国提出的最后期限，德国议会举行秘密投票，决定接受仲裁。两天后，德国与英国正式邀请西奥多就他们对委内瑞拉的诉讼进行仲裁。拉美局势开始缓和，门罗主义取得了胜利。

1903年2月，委内瑞拉政府委托美国公使鲍恩为代表，在华盛顿与德国和英国代表进行仲裁会议。在西奥多的干预下，德国与英国接受了美国提出的《华盛顿议定书》，同意取消武装封锁，归还被扣压的委内瑞拉舰船。议定书规定，对那些经过审议认为理应归还的债务，委内瑞拉用拉瓜伊拉与卡贝洛30％的关税收入来支付。在各大强国的压力下，委内瑞拉被

THEODORE ROOSEVELT

迫同意偿付部分债款。后来此案交付海牙国际法庭裁决，1904年海牙国际法庭作出有利于债权国的裁决，并且要求美国负责监督此项裁决的执行情况。《华盛顿议定书》和海牙国际法庭的裁决，成为欧美强国以武力向小国逼债的强权行径的法律根据，加强了美国在拉丁美洲的影响。

处理委内瑞拉危机，是西奥多继任总统后首次向外界实行"大棒政策"。其实那句"大棒在手，温言在口"的非洲谚语的本意是指，一个人应该学会刚柔并济，才能够取得成功。在内政改革方面，西奥多也引用过这句谚语。

在委内瑞拉风波平息后，政治漫画中开始出现西奥多挥舞大棒、张牙舞爪的样子。实际上，西奥多对不同的地区采取的外交方式是不一样的。尽管侧重点不同，但关于谋取大国地位、维护美国海外经济利益的中心思想却永远不变。

在拉美地区，门罗主义成为西奥多外交的有利武器，除了反对欧洲强国对拉美事务的干涉外，它还成为美国直接干涉拉美各国事务的根据。西奥多开始自诩为美洲文明国家的领袖，将对拉美国家的干涉合法化，认为美国有能力、有义务保护那些弱小之邦。不过，美国的"能力"与"义务"是以维护美国利益为出发点的，为了获得巴拿马运河开凿权，西奥多策动巴拿马反叛；为了加强对古巴的控制权，西奥多派兵镇压古巴国内的反美运动。美国不再是拉美国家所依靠的保护伞，而是成了这些国家的噩梦。

在远东地区，西奥多实行"门户开放"政策，为了保证美国在中国的利益，挑起日本对俄国的敌意，进而牵制俄国在中国东北的势力。

在欧洲事务上，西奥多多次扮演仲裁角色，主动干预各大强国之间的利益争夺。总之，美国开始走出孤立主义，在国际政治争端中发挥重要作用。

20世纪初期，国际关系格局正悄悄地发生变化。英国逐渐没落，德国的国力却大大增强，欧洲势力组合发生了历史性变动。英国想要维护既得权益，德国却积极扩张国家势力，英德矛盾成为欧洲的主要矛盾。1898年，美国在美西战争中的胜利，让欧洲各国政府认识到美国已经不只是个遥远的偏邦小国，它已经有能力参与国际事务了。而英国对美国的主动结

THEODORE ROOSEVELT

交，让越来越多的人开始真正地关注起年轻的美国来。西奥多就是趁着这个机遇，将美国推向全世界的。

西奥多是个现实主义者，不会沉溺于空想，他能够把各种计划付诸于行动，在外交方面也是如此。他认识到，一个国家只有军事力量强大才能够获得政治强国的地位，才能够保障国家经济在世界市场获得一席之地。军事力量又建立在经济力量上，经济发展则军队的实力才能够增强。因此，只有军事、政治和经济协调发展，美国才能够有美好的未来。

西奥多很关注海权问题，知道海军水平对国家军事实力的重要性。继任总统后，西奥多扩充了海军，使得美国有能力在国际纠纷中与各大强国进行抗衡。海军实力的增强成为西奥多施行海外扩张政策的有力保障，也是他大棒外交的有力保障。

西奥多良好的综合素养，使得他在外交方面表现得非常出色。对国际形势的理解能力，让西奥多能够发现掩盖在表象下的真相，进而对国际事务的发展作出正确的分析与判断。西奥多精通各种外交技巧，使得他能够灵活自如地在各个国家之间进行斡旋调解。利用各种途径获得信息后，他就能够作出切合实际的决策。不可否认，西奥多在外交方面是具有一定的天赋的。曾经有媒体推论，如果西奥多成为外交官，那他一定能够成为美国历史上最出色的外交官之一。

作为一个扩张主义者，西奥多在外交方面取得了不错的成绩，这点从美国在国际事务中的影响日益扩大上得以体现。西奥多完成了美国外交战略上的重大转变，使得美国由被动外交转为主动外交，美国开始带着和善的面具充当起世界警察的角色。

2 拿下巴拿马
THEODORE ROOSEVELT

1903年8月12日，西奥多收到了一封重要的电报，哥伦比亚议会对

THEODORE ROOSEVELT

第五章 大棒在手（1901—1908）

西奥多在视察海军基地

美国在巴拿马修建运河的计划提出了相关修正案，其结果与美国政府期待的相差巨大，巴拿马运河计划被迫搁置。在击败英国、法国的竞争后，美国与哥伦比亚政府签订了修建与租借巴拿马运河的条约，没想到如今却受到哥伦比亚议会的阻挠。

修建一条洋际运河来打开贯通太平洋与大西洋的水上通道，是美国人几百年的梦想。美国东西边境距离大，境内根本就没有合适的修建地点。于是美国将目光放到了中美洲的狭窄地区，想寻找到合适的地点修建运河，可是因外交与经济条件的限制，一直没有机会把这个想法付诸行动。

根据著名海军战略专家马汉的设想，美国只有在大西洋与太平洋同时拥有适当的海军力量，才能够真正地在世界上获得大国地位。打通阻隔两大洋的陆地障碍成为同时拥有两大洋海军作战力量的关键，西奥多十分重视海军发展，当然知道开凿洋际运河的重要性。在继任总统前，他就提出希望共和党人重视运河修建问题。美西战争爆发后，美舰绕行南美大陆到

THEODORE ROOSEVELT

达古巴的事情给当时的美国人留下了深刻印象，大家意识到开凿一条洋际运河的重要性不仅是促进经济发展，更主要的是增强海军战斗力，确保国家安全。

1901年11月18日，在西奥多的敦促下，美国与英国签署了新的《梅—庞斯福特条约》，美国获得了修建、管理与保卫未来运河的独占权，同时作出向一切以和平为目的的外国船只开放运河的承诺。这项条约取代了1850年的对未来运河实行英美共管的《克莱顿—布尔沃条约》，为美国独立开凿与管理运河提供了外交保障。

1902年1月28日，国会通过了运河修正案，赋予西奥多选择开凿运河线路的特权，使得运河修建计划正式成为美国联邦政府关注的议题。此时的美国经济发展迅速，国家经济实力雄厚，已经有能力承担规模庞大的运河修建工程。经过调查分析后，西奥多选择了在巴拿马修建运河。巴拿马地区属于哥伦比亚，必须征得该国政府的同意，美国才能够在这里修建运河。当时哥伦比亚国内内战连年、政局混乱，美国政府认为这是取得运河开采权的有利时期，打算运用各种手段迫使哥伦比亚政府同意运河修建的事。

哥伦比亚新任驻美公使文森特·孔查收到哥伦比亚政府指示：只要美国付给法国的4000万美元中有一半属于哥伦比亚，就可以与美国进行谈判。哥伦比亚政府提供的方案是：将宽度为6英里的运河区划归美国，租借期为99年，期满后运河由哥伦比亚收回，不得续租。运河治安由哥伦比亚军警负责，租金也比较高。这个方案遭到美国的坚决反对，美国提出支付哥伦比亚政府1000万美元的开凿费，以后每年支付60万美元作为运河租借费用。由于双方条件悬殊过大，谈判陷入僵持阶段。

1902年6月28日，西奥多签署了《斯普纳法》，巴拿马路线得以最后确定。这时，美国已经以4000万美元的价格从法国运河公司购得巴拿马运河开凿权，另外还与哥伦比亚政府就购买巴拿马地峡的事情进行谈判。国会在通过《斯普纳法》的时候加入了一条修正案，强调：如果与哥伦比亚政府交涉失败，就用尼加拉瓜路线替代巴拿马线路。法案通过后，那些反对在尼加拉瓜开凿运河的人开始策动巴拿马独立事件，希望用这个手段迫使哥伦比亚接受同意美国开凿运河的事情。

不久后，在美国的支持下，巴拿马人开始了声势浩大的独立运动。哥伦比亚政府内外交困，希望能够得到美国的帮助，从而平定叛乱。为了借助美国的力量，他们命令文森特·孔查接受美国的苛刻条件，尽快签署同意美国开凿运河的合同。哥伦比亚舆论一片哗然，孔查拒绝执行这个不合理的命令。再次接到政府的催促后，孔查以辞职的形式向哥伦比亚政府进行抗议。

1903年1月22日，代替孔查成为哥伦比亚驻美公使的托马斯·埃尔兰作为哥伦比亚政府代表，与美国签订了《海—埃尔兰条约》。埃尔兰是一个亲美分子，不仅不顾及哥伦比亚的国家利益，甚至主动将运河年租金由60万美元降至25万美元。哥伦比亚人民对这个条约反响强烈，认为这是丧权辱国的不平等条约，于是展开了各种反对活动。

1903年3月17日，在哥伦比亚人民的强烈反对声中，美国国会通过了《海—埃尔兰条约》。哥伦比亚政府因国内反对此条约的呼声很高，又觉得美国政府支付的金额太少，因此迟迟不批准该条约。西奥多认为这是在故意拖延时间，于是很快就失去耐心，便指示国务卿约翰·海对哥伦比亚政府态度强硬些。虽然美国政府不断向哥伦比亚政府施压，但哥伦比亚议会还是于8月12日否决了《海—埃尔兰条约》。现在，美国已经不能通过外交途径解决巴拿马运河的租借问题。他们开始同巴拿马地区的反叛分子合作，以达到避开哥伦比亚国会，夺取运河开采权的目的。

巴拿马地区的独立倾向是由来已久的，在1821年最终脱离西班牙殖民统治后，巴拿马被迫与委内瑞拉、厄瓜多尔一起成为哥伦比亚联邦共和国的一员。巴拿马人对这个联邦国家缺乏认同感，各种独立运动层出不穷。哥伦比亚中央政府不得不多次用武力镇压巴拿马独立运动，结果引起巴拿马人民更强烈的仇恨。

在哥伦比亚政府与美国就巴拿马地区的运河开凿问题进行交涉时，巴

THEODORE ROOSEVELT

拿马人一方面抱怨哥伦比亚在与美国的条约中出卖自己的利益，另一方面又对运河开凿的计划充满了期待与幻想。在美国与法国、哥伦比亚为运河租让权的问题闹得不可开交时，巴拿马人意识到哥伦比亚国内激愤的爱国情绪会使运河成功开凿的前景变得暗淡。法国运河公司破产后，巴拿马人感受到自身利益受到巨大威胁。为了将公司以合理的价格出售给美国，法国运河公司负责人菲利普·比诺·瓦里亚主动充当美国政府与巴拿马独立组织的中间人，希望能够越过哥伦比亚政府取得运河开凿权。美国著名律师威廉·纳尔逊·克伦威尔也赞同这个观点，接受瓦里亚的游说，支持巴拿马独立运动。

1903年3月，在西奥多的指示下，美国陆军部长派出情报人员到巴拿马地区协助亲美分子进行独立运动。他们支持大庄园主阿兰戈父子等人成立了"巴拿马爱国者小组"，运筹巴拿马独立的事情。5月，曾任科隆省省长并长期在美国巴拿马铁路公司任职的曼纽埃尔·阿马多·格雷罗加入"爱国者小组"，成为小组首领。6月14日，美国《纽约世界报》发表文章，为巴拿马独立运动造势，认为如果哥伦比亚政府一意孤行为美国收购法国运河公司的租让权设置障碍，那巴拿马人民为了捍卫自身利益，应该脱离哥伦比亚独立。8月，阿马多到纽约会见了克伦威尔与瓦里亚，得到了美国政府将会支持巴拿马独立起义的消息。瓦里亚转达了总统西奥多和国务卿约翰·海的明确承诺，美国政府将承认巴拿马独立并保护其革命者。

哥伦比亚议会否决了《海—埃尔兰条约》后，美国政府开始加大对巴拿马独立运动的支持力度。9月1日，美国国务院将巴拿马起义需要的文件等物品交给了瓦里亚，其中包括军事计划、秘密电码、独立宣言文稿、巴拿马宪法、国旗等等。瓦里亚自己预支了50万法郎给阿马多，作为巴拿马起义的经费。

1903年10月20日，阿马多返回巴拿马，得知哥伦比亚驻军司令埃斯特万·乌埃尔塔斯决定加入"爱国者小组"，这令他欣喜若狂。不久后，又陆续有好几名哥伦比亚军官投向"爱国者小组"。哥伦比亚政府察觉出巴拿马政局的异常,立即派出 2 名军官率领 40 名士兵乘一艘炮艇前往科隆,防止发生非常事变。随之,美国巡洋舰"纳什维尔"号开进科隆港,阻止哥伦比亚军队进入巴拿马。

1903 年 11 月 3 日,埃斯特万·乌埃尔塔斯逮捕了进入巴拿马城的两名哥伦比亚军官。

阿马多随后通知美国领事馆,巴拿马与哥伦比亚正式脱离关系。阿兰戈父子在巴拿马城的大教堂广场当众宣布成立巴拿马临时执政委员会,委员会成员包括巴拿马精英分子与美国铁路公司的高级职员。当晚,巴拿马市议会举行特别会议,承认了这个新政权。

1903 年 11 月 4 日,巴拿马举行盛大的群众集会,宣布巴拿马共和国成立,推选阿马多为共和国首任总统。阿马多在大会上致辞时高呼"巴拿马共和国万岁"、"罗斯福万岁"、"美国万岁"等口号,成为世界外交史上的趣闻。11 月 6 日,美国政府宣布承认巴拿马新政权后,立即催促新政府签订运河条约。作为巴拿马独立的大功臣,瓦里亚被巴拿马政府任命为驻美国公使,授予签订运河条约的全权。哥伦比亚政府派出的部队被停靠在巴拿马海岸的美国战舰阻挠,使哥伦比亚政府以武力恢复巴拿马控制权的计划化为泡影。

1903 年 11 月 18 日,美国与巴拿马共和国签订了《美国与巴拿马共和国关于修建一条连接大西洋和太平洋的通航运河的条约》,简称《美马条约》或《海—瓦里亚条约》。根据该条约规定,美国保证巴拿马的独立,巴拿马将法国运河公司和铁路公司的全部财产和权利均须转让给美国,并且把宽 10 英里、面积 1432 平方公里的运河区交给美国永久占领使用,巴拿马湾中的一些岛屿也交给美国使用,美国一次性支付给巴拿马政府 1000 万美元,自 1913 年起每年支付 25 万美元的租金费用。该条约还规定巴拿马共和国不得在运河区执行国家主权,美国拥有对巴拿马运河与铁路公司的全部财产的永久垄断权;规定如果发生特殊情况,美国有权对巴拿马城

THEODORE ROOSEVELT

和科隆城进行干涉，以维护公共秩序；无论今后巴拿马共和国的政治形势发生什么变动，都将不得影响本条约所规定的给予美国的权力。

在与巴拿马新政府签定《美马条约》后，美国立即开始进行修凿运河的工程。在整个工程期间，西奥多都非常重视其每一步的进展，还曾在1906年亲自视察运河工地。由于美国政府的介入，巴拿马运河工程预算得到了控制，工期大大提前。1914年8月，完成了试航；1920年5月，巴拿马运河正式对国际开放。巴拿马运河通航意味着人类征服自然的努力取得了一项重大成果。在几十年的运河开凿史上，有大批工人因伤病致死，人们应该永远记住他们。

《美马条约》损害了巴拿马的主权，使巴拿马成为美国的保护国，而运河区也因此成为"国中国"。巴拿马人被排挤在运河管理机构之外，他们确实有权抱怨美国人窃取了他们所期待的运河利益。

西奥多对美国采取不正当手段夺取巴拿马一事曾极力加以辩解，认为这不过是按1846年的《彼得拉克—马利亚里诺条约》行事。在辩解的同时，西奥多毫不掩饰自己对取得巴拿马地区的成就感，认为自己在巴拿马独立中起到至关重要的作用。他并不认为夺取巴拿马是可耻的事情，认为美国对哥伦比亚政府的态度不存在不当之处。西奥多忽视夺取巴拿马所带来的美国与拉美国家关系的变化，认为这是自己任期内最值得骄傲的成就之一。1913年，威尔逊总统为缓和与拉美国家之间的关系，同意追加付给哥伦比亚政府2500万美元作为巴拿马地区的补偿费时，西奥多十分愤怒，指责威尔逊的行为有辱美国的名声，是对哥伦比亚政府的无理敲诈的屈服。在西奥多的影响下，参议院最终否决了这项补偿提案。

在关注巴拿马运河修建的同时，西奥多还不遗余力地扩建美国海军。在1898年之前，美国并没有一支真正具有战斗力的海军部队。作为一个大陆国家，当时美国海军的主要作用就是维护其海岸安全。1898年美西战争爆发，这使得美国人认识到海外领土扩张已经成为不可阻挡的趋势，此时他们才开始意识到海军的重要性。

THEODORE ROOSEVELT

西奥多继任总统前，美国海军非常弱小，海军士兵素质不高，舰船数目太少，也没有理想的海外军事基地。西奥多继任总统后，开始实行大规模的海军扩建计划。在他的支持下，海军经费不断增加。截至到1905年，美国海军建造了10艘战舰和其他许多小型舰艇，军事力量与欧洲大国的差距逐步缩小。1905年，美国海军军事力量排在世界第五位；1909年，美国海军的排名仅次于英国海军，成为世界第二。

西奥多对美国海军的苦心经营，除了重视武器装备的扩展外，还强调海军的素质建设，重视对军官的训练。在西奥多的7年总统任期内，美国海军人数翻了一番，海上作战人员的战斗力明显比过去好得多。西奥多还加强了美国对古巴和菲律宾的控制，完善了那里的海军基地建设。

如果说马汉是美国现代海军的理论奠基人，那西奥多就是它的真正缔造者。西奥多对美国现代海军的贡献是无人可比的，由于他对海军建设的推动，才极大程度地增强了美国海军的作战力量，建成了庞大的海外补给增援系统。这些成为美国实现世界政治强国之梦的有力保障。

3 诺贝尔和平奖
THEODORE ROOSEVELT

1904年2月8日，日本因不能继续容忍俄国对中国东北与朝鲜半岛的扩张计划，发动日俄战争。在12个小时的海战中，日军击沉了旅顺港俄国舰队中最大的两艘战舰，又使俄军4艘巡洋舰失去战斗力。这场海战使世界各国发现，日本已经在悄无声息中成为具有一流海军战斗力的军事强国。日本不仅占领了俄国阿瑟岛，还出兵占领了中国东北。2月10日，日本驻美大使高平小五郎向美国国务卿约翰·海递交了日本正式向俄国开战的宣战书。2月11日，西奥多宣布美国在日俄战争中保持中立。

西奥多关注着日俄战争的进展情况，每周都要浏览海军情报部门送来的简报。在远东问题上，西奥多原本是支持日本的。俄国在远东的扩张姿

THEODORE ROOSEVELT

态引起美国政府的反感,他们希望日本能够制止俄国的嚣张姿态。日本突然暴露出来的军事力量不仅让世界各国震惊,也引起了西奥多的警觉。美国期待的是战争陷入胶着状态,这样就能够平衡各国在太平洋地区的势力。日军受到海战胜利的鼓舞,士气非常旺盛;俄国也准备全力反击,一雪前耻。欧洲各国比较看好俄国,认为没有哪个国家能够抵挡住庞大俄国的军事攻击。西奥多则认为日本有可能获胜,可是那样的话,远东地区的势力均衡局面就会遭到破坏。如果日本联合中国与朝鲜共同壮大,那将导致世界权力格局发生巨变,说不定会威胁到英语国家的主流地位。

扩大美国在远东地区的影响,确保对中国的"门户开放"政策的执行,是西奥多外交政策中的重点之一。"门户开放"一词,来源于1899年美国国务卿约翰·海向英、俄等6国政府提出的外交照会。在照会中,美国在承认列强在华的"势力范围"和已经获得的特权前提之下,要求"门户开放、利益均沾"。"门户开放"的主要政策有以下几点:

1. 美国对任何条约、口岸或任何既得利益不加干涉。
2. 各国货物一律按中国政府现行税率征收关税。
3. 各国在各自的"势力范围"内,对他国船只、货物运费等

不得征收高于本国的费用。

19世纪末,当西方列强与日本掀起瓜分中国的狂潮的时候,美国正忙着进行与西班牙争夺菲律宾的美西战争。美西战争结束后,欧洲列强在中国的势力范围划分已经完成。当时的美国还没有与这些强国抗衡的军事力量,但美国不甘心放弃无限广阔的中国市场,于是向这些国家提出了"门户开放"政策,以确保美国在中国能够获得经济利益。

"门户开放"政策的提出是美国对中国的侵略进入新阶段的标志,美国在侵华政策上不再追随西方列强,而有了独立的政策,并且加紧与扩大了侵华的步骤。美国"门户开放"政策的推行,没有直接影响到列强的利益,因此没有遭到列强的公然反对,反而使列强国家在一定程度上形成了同盟。

美国的海外政策是受美国领土扩张的历史影响的,墨西哥战争后美国

THEODORE ROOSEVELT

完成了大陆扩张，成为贯通两大洋的国家。美国海外发展的重点，也由大西洋转向太平洋。大西洋是欧洲列强的势力范围，不管是从军事上，还是经济市场上，美国都无法与这些强国对抗。而在太平洋上，美国却看到了很好的扩张前景。欧洲虽然在这里相互激烈争夺，但力量抵消严重，没有哪个国家有能够形成独霸亚洲的局面。在远东地区的国家中，中国是列强任意宰割的对象；朝鲜已经成为日本的殖民地；日本虽然因明治维新而实力大增，但因领土面积小、人口有限，只能够算是地区性强国。而且亚洲工业化的落后，使得美国不仅能够寻觅到理想的产品销售市场，还能为美国的工业生产提供丰富的原料与廉价的劳动力。

在西奥多执政前，美国已经有人提出过太平洋战略的构想。随着美国工业化生产的迅速发展，如何让美国在世界贸易中占有一席之地成为美国人需要思考的问题。在19世纪70年代，威廉·西沃德就提出了建立太平洋帝国的构想。他认为，应该控制太平洋，把太平洋地区作为美国日益发达的经济市场，以达到美国控制世界贸易的最终目的。吞并夏威夷与夺取菲律宾后，美国的太平洋扩张战略不再是空洞的设想。他们希望菲律宾成为美国控制整个东方世界的基地，希望能够让美国的产品大规模地占领亚州市场。

西奥多执政后，除了重视太平洋的经济发展意义外，还重视它的军事战略意义。他不仅希望美国能够在亚太地区获得巨额的经济利益，还希望美国能够在该地区争取到政治地位。在吞并夏威夷和夺取菲律宾后，西奥多的国家荣誉感得到极大的满足。他认为美国已经成为太平洋地区的一流强国，有权力和义务去关注该地区所发生的任何事情。

中日甲午战争之后，日本作为战胜国，不仅占领了朝鲜半岛，还与中国签订了《马关条约》（又称《春帆楼条约》）。该条约主要内容有以下几点：

1. 中国承认朝鲜的独立自主，废除中朝宗藩关系。
2. 中国割让辽东半岛、台湾及澎湖列岛给日本。
3. 赔偿日本军费白银二亿两。

THEODORE ROOSEVELT

4. 开放重庆、沙市、苏州和杭州为商埠。

5. 允许日本在中国通商口岸开设工厂。

日本军国主义的侵略野心逐渐增大，开始疯狂地推行其侵略中国、吞并朝鲜的"大陆政策"。这样就同沙皇俄国推行的侵略中国、吞并朝鲜、独占亚洲、称霸太平洋的"远东政策"发生了尖锐矛盾。《马关条约》中"割让辽东半岛给日本的条款"引起了沙俄的强烈不满。为了获得不冻港旅顺，控制中国东北地区，沙皇俄国联合法、德对日施压，使得日本同意以白银3000万两的费用让中国赎回辽东半岛，史称"三国干涉还辽"。中国赎回辽东半岛不久，沙皇俄国便以"还辽有功"为借口攫取了在中国东北修建中东铁路及其支线等特权，后来又强行向中国政府租借旅顺和大连。

俄国为了独占中国东北，与清政府商谈订立协议，赋予其在东北的经济、政治垄断权。这使美国的门户开放政策受到影响，西奥多急忙利用英、日与沙俄的矛盾，与英、日政府一起对沙俄施加压力。俄国终于领教了日本曾经受过的一切，被迫同意从东北撤兵，以保证各国在东北利益均沾。但他们的撤兵只是缓兵之计，不久后就重新推行独占中国东北的计划，不仅驻扎重兵在那里，还公然禁止其他外国人进入东北；同时，俄国试图以中国东北为基地，进而染指朝鲜半岛。美国的"门户开放"格局再次遭到破坏，对华贸易体系受到重创。美国政府对俄国的行为非常愤慨，可是又没有什么合适的解决办法。没想到，经过10年的备战后，日本竟然向俄国发出了有力挑战。对此，西奥多非常欣喜，想到用日本制约俄国的方式来平衡太平洋地区的势力布局。

1904年1月，西奥多派陆军部长塔夫脱访问日本，明确地表达了美国对日本的支持立场。这时，日本已经同英国缔结了同盟条约。日本原来担心对俄开战后，德、法等国会出面干涉，这下有了英国做同盟，又得到美国的支持就感到无所顾忌了。西奥多挑唆日本发动日俄战争的目的，是打算借日本的力量打击俄国，维护美国的"门户开放"政策在中国东北的顺利推行。

1904年2月8日，如西奥多所愿，日俄战争爆发，俄国的海军舰队受到重创。俄国暂时失利后就避港不战，固守旅顺要塞。在俄国强大的海岸炮火的支援下，日本联合舰队难以重创俄国太平洋舰队，战争陷入僵持。日本舰队队长东乡平八郎为了掌握制海权，决定效仿美国在美西战争中的做法，将船沉在旅顺港出口处来封锁俄国舰队，并且不断炮击俄舰。日军虽然在一个月内进行了几次沉船封港行动，可由于俄军的激烈反攻，都没有取得成功。

3月7日，俄国新任太平洋舰队司令马卡罗夫到旅顺就职后，立即采取了一系列有效的防范措施，例如：为了防止日军侧面登陆，在辽东半岛沿海地区布设水雷；加紧抢修受损舰船；加强海陆协作作战训练等。同时，他还要求俄军主动出击，南下日本海，用积极骚扰日军海上交通线的方式牵制日本联合舰队的行动。俄军逐渐取得海上作战的主动权，这极大鼓舞了俄军的士气，改善了俄军开战后的被动处境。

1904年4月13日，马卡罗夫乘坐的"彼得罗·巴甫洛夫斯克"号战舰出海返航时触雷爆炸，舰只上的全体军官丧生大海。至于鱼雷到底是日本设置的，还是俄国设置的，成为历史之谜。新任舰队司令威特盖夫特认为凭借旅顺要塞就可以保障舰队的安全，遂放弃主动出击，退守旅顺港。

日本再次获得海上作战主动权，可是却因俄军的退守而迟迟不能歼灭俄国太平洋舰队，于是决定采取陆地进攻的方式。

4月中旬，日本在朝鲜仁川登陆，进至鸭绿江边。俄国大感意外，仓促应战，结果大败。日军占领了凤凰城与九连城，对俄军的军事据点辽阳造成威逼之势。进入5月后，日本第二军、第三军、第四军又分别从庄河、大连湾、大孤山成功登陆。日军在陆上进攻接连得手，使得俄军处于被动应付的地步。

1904年8月19日至24日，日本第三军在陆地上对俄军的旅顺要塞发起强攻，结果久攻不下，伤亡惨重。日军原本计划在攻克旅顺港后，统一四个军与俄军进行辽阳会战。在第三军不能北上的情况下，日本满州军总司令大山岩作出决断，集合三个军的兵力，准备一举歼灭辽阳俄军。

THEODORE ROOSEVELT

8月24日凌晨，辽阳会战打响。日本第一军首先向俄军左翼迂回，第二、四军则继而向俄军右翼发起主攻。虽然俄军在兵力上占有绝对优势，但由于指挥官在前线仓促应战，俄军损失惨重。辽阳会战持续了整整15天，俄军主动放弃了辽阳。日军在损失2.4万人的代价下占领辽阳。俄军撤出辽阳后，又与日本在沙河地区展开激战。日军由攻击战转为防御战，开始在旅顺方向集结后备力量。

1904年9月至11月底，日军对旅顺港口进行了3次强攻。12月5日，日军攻克了可以控制旅顺全城和港湾的203高地，这成为旅顺争夺战的转折点。从此，日军将俄国太平洋舰队封锁在港口里，在高地以大口径榴弹炮轰击俄军阵地与港内俄舰。俄军没有办法突围出港湾，大部分主力战舰都被日军的炮火炸毁。

1905年1月1日，被困在旅顺港的俄军将领无心再战，向日军投降，旅顺遂落入日军之手。旅顺陷落成为日俄战争的转折点，日军乘胜追击，与俄军在奉天会战。

1905年3月，取得旅顺争夺战胜利的日军与俄军在奉天地区展开会战，这是日俄战争中规模最大的一次大决战。俄军集中兵力约30万人，日军约27万人。虽然双方实力相当，但由于俄军主帅库罗帕特金作战判断失误，分散使用兵力，导致俄军大败，只好弃城败逃。在这次会战中，双方损失人数将近20万人，是参战总人数的三分之一。

沙皇政府不甘心失败，继续向中国东北增兵，同时希望从欧洲东调的舰队能有所作为。5月25日，当这支舰队经过对马海峡准备驶向海参崴基地时，遭到了东乡平八郎率领的日本联合舰队的突然攻击。双方在对马海峡与日本海展开了大规模海战。经过两天激战后，俄国舰队除3艘舰只逃往海参崴之外，其余全部覆灭。对马海战的惨败，熄灭了俄国扭转战局的最后希望，宣告了俄国在历时20个月的日俄战争中的彻底失败。

1905年5月31日，日本驻美大使高平小五郎向美国政府转交了日本政府的一份电报。在电报中，日本宣称俄国已经没有获胜的希望，日本希望就此停战，并且希望能够由美国作为中立国，出面为交战双方进行调解。在电报中，日本政府还直接提出希望西奥多担当调解人。在此之前，法国大使也向日本提出了调停建议，这是调停日俄战争的最早动议，由法国外长瑟奥菲尔·德尔加西提出。德尔加西认为，只要日本放弃关于战争赔款的索赔，日俄双方就能够实现停战调解。日本也发出停火议和的信号，欢迎能够有诚心为交战双方谈判付出努力的人出面为他们进行调解。

西奥多开始与日方代表接触，希望日本不要坚持索赔的要求，因为那样做只会延长战事，到时候继续战争的损耗说不定会超出可能得到的赔偿数额。由于法国是俄国的盟国，英国是日本的盟国，他们都没有调停的立场，剩下的德国与英国、法国、日本的关系都不算很好，于是这个时候调停的责任就当仁不让地落到在战争初期就宣告中立的美国身上。

1905年6月4日，德皇威廉二世会见美国驻德大使，告诉他已敦促沙皇议和一事。6日，美国驻俄大使会晤沙皇，得到俄国同意由西奥多出面调停的回复。西奥多见日本人没有放弃赔偿的意思，担心双方会在谈判开始后陷入僵局。西奥多通过美国驻俄大使向沙俄政府递信，希望俄国必须接受战败国的事实，准备面对日本的索赔要求。同时，西奥多还向俄国人保证，他将尽力使日本放低要求，不会将俄国从太平洋地区挤出去。

1905年8月5日，日俄双方在美国的朴次茅斯举行谈判。出席会议的日方代表是小村寿太郎和高平小五郎，俄方代表是罗森与维特，西奥多作为调停者主持会议。双方在战场上的敌意延续到谈判桌上，使得谈判经常陷入僵局。俄国无法接受日本坚持索赔的要求，双方争执不下。美国国内舆论开始同情俄国，日本在国际舆论中的形象大大受损。在对俄战争中，日本几乎动员了全国的军力与财力来支持战争，国内财政比较紧张，因此坚持赔偿也是他们的无奈之举。在经过长时间的争议后，双方分歧的重点除了赔偿问题外，还有库页岛的归属问题。日本坚持索要赔款，俄国坚持库页岛的归属权不变。就在双方谈判几近破裂的时候，西奥多提出折中方案，将库页岛的一半归于日本，日本作为回报，放弃赔偿要求。双方接受了这个方案，谈判终于告一段落。

1905年9月5日，日俄双方代表签定《朴次茅斯和约》，和约主要内容为：俄国将过去所占中国库页岛的南半部（北纬50度以南）及其附近一切岛屿割让给日本，将旅顺、大连及附近领土领海的租借权让给日本；俄国还承认朝鲜为日本的"保护国"。3个月后，在日本的压力下，清朝政府与日本签订了《中日会议东三省事宜条约》，除了接受日、俄《朴次茅斯和约》中的所有规定外，还额外给日本某些权益。

在整个调停过程中，西奥多始终以维护美国利益为原则，根本就没有考虑到中国与朝鲜的立场，不理会《朴次茅斯和约》对中、朝两国是否公正公平。为了维护美国的"门户开放"政策，提高美国在太平洋地区的国际地位，西奥多挥起他的大棒，将弱国的主权与利益当成是大国间政治交易的筹码。

1906年，西奥多因成功调解日俄战争而获得诺贝尔和平奖，成为美国首个诺贝尔奖得主。他没有把这件事当成是个人荣誉，而是看成是国家的光荣，他只留下获奖证书，将4万美元奖金全部捐给国内一个处理工业关系的基金会。虽然从客观上来说，日俄战争确实因西奥多的调停而结束，但是回想一下日俄战争爆发的原因，他的和平奖获得的就显得有些可笑了。西奥多崇尚武力，积极怂恿日本发动战争，然后又牺牲弱小国家的主权与利益为美国换取好处。不管是战，还是和，他都是以美国利益来作出评判的。在整个日俄战争中，真正获得利益的其实就是打着和平旗号出面干涉的美国。总之，西奥多带给大家的是表面的和平与无限的隐患，这样他竟然获得诺贝尔和平奖，真是让人不知道该说什么好。

4　美日关系的恶化
THEODORE ROOSEVELT

在日本扩大对中国东北侵略的同时，美国也加紧了和日本争夺中国东

THEODORE ROOSEVELT

北的侵略活动。日俄战争前，美国的选择是支持日本与俄国争夺中国东北，其目的是利用日本为美国门户开放政策的实行扫清障碍。日俄战争中，美国对日本的明显偏袒，就是为了假日本之手打破俄国对中国东北的独占企图，为美国资本的侵入创造条件。在日本战胜俄国后，美国便指望与日本合作，在中国东北继续实行门户开放政策。

在日俄和谈会议召开期间，美国铁路大王哈里曼到日本进行活动。在日俄战争期间，哈里曼曾通过与他有关的昆洛公司收买日本债券，在财政上给予日本政府很大的帮助。他的野心是要建立一个环球运输系统，连接中国东北、西伯利亚与欧洲的铁路，东与太平洋航线、西与大西洋航线相衔接。为了实现这个计划，他打算控制或与日本合资经营中国东北铁路，从俄国手里收买中东铁路，并取得通过西伯利亚直达波罗的海的铁路使用权。哈里曼在日本活动的效果显著，日本允许哈里曼按照日本法律组织一个银行团，出资收买东北铁路及其附属设备，铁路的经营权日美各半。哈里曼兴高采烈地回到美国，没想到上岸后即接到日本领事转来的公函一件。日本政府认为共同经营铁路的事还需要慎重考虑，之前的约定重新考虑。

1906年1月15日，日本兴业银行总裁添田寿一以双方中间人的身份电报通知哈里曼，声明前约作废。日本政府之所以反悔，是因为外相小村寿太郎自朴次茅斯议和回来后，坚决反对将日本的胜利成果拱手让人。日本在和谈中作为战胜国并没有得到应有的赔偿，所以日本国内对负责调解的西奥多非常不满。从此，日本开始在中国东北实行经济封锁，用来抵制美国的门户开放政策。

在日本的推动下，在中国东北经商的美国人受到了各种限制和歧视，不得不由美国政府出面提请日本政府注意这个问题。当时，日本正需要从美国订购大量铁路器材来修建中国铁路，因此在美国不断的抗议下，只好选择暂时让步，同意中国东北的"门户开放"。

西奥多觉得有些头疼，原本他是希望由日本牵制俄国来确保美国在中

THEODORE ROOSEVELT

国东北的利益的。可是，在日俄战争调停后，日本和俄国为了各自的利益迅速达成谅解，彼此承认与保证两国在中国的特殊利益。已经在中国东北立住脚的日本开始嚣张起来，他们拒绝外国资本进入中国东北，全然不顾此前对美国作出的保证。美国在东北的贸易额下降，严重影响到美国对华贸易。日本政府反复无常的态度引起美国舆论的不满，民众反日情绪高涨，美日矛盾开始升级。

美国反日情绪的主要表现为排斥日本侨民，由此引发的各种社会问题不断，使得如何控制民众的反日情绪成为西奥多需要解决的问题之一。当时日本移民集中在夏威夷与太平洋沿岸地区，因此这里的反日活动最为激烈。美国民众反日情绪的出现主要有几个原因：美国种族歧视现象严重，他们信奉白种人优等论，认为黑人、黄种人等有色人种是愚蠢、低贱的种族；由于经济的发展，社会生存竞争日益激烈，美国人不愿意侨民抢夺他们的就业机会，反移民的运动在民间日益高涨；日本在中国东北拒绝实行门户开放政策后，美国对华贸易受到影响，国内经济也受到影响。民众开始拿朴次茅斯调解时日本政府迟迟不愿意放弃赔偿作文章，嘲讽那是个贪婪、无耻的下等种族。他们开始提出"黄祸"论，认为日本是个危险的民族，日本那个卑鄙地窥视他国领土的军阀政府是没有道理可讲的。

1906年，旧金山市教育局作出了排斥、隔离旧金山日裔学生的规定，只允许日本学生进入专为中国人、朝鲜人等东方人设立的东方学校，拒绝他们进入普通学校。不久，美国反日活动达到高潮，经常发生袭击日本商铺的事件。

就在美国的反日情绪高涨时，日本国内的反美风潮也骤然兴起。在日俄战争中，日本倾尽财力进行战争，终于战胜了俄国。可是战争带来的影响，却没有随战争的结束而消失。战争耗费了大量资金，使得日本财政出现困难，日本人开始期待着用战争赔款来缓解这个窘迫局面。《朴次茅斯和约》的签订打破了日本的索赔梦想，使得日本人开始质疑起曾对他们表示友善的美国政府来。日本各大城市都发生了反美游行，日本人将索赔未果的原因归咎于美国，认为他们阻挠了日本获取战争赔偿。在东京还发生了暴力事件，愤怒的民众围殴美国传教士，焚毁美国教堂。那些参战军人家属的反美情绪最为严重，无数在战争中失去亲人的家庭还在等这些赔款来作抚恤金。他们开始厌恶起美国的多管闲事来，认为美国政府用日本的利益讨欧洲人的喜欢。

1906年7月，在阿拉斯加沉迷于"淘金梦"的美国人与日本海员发生冲突，导致5名日本人丧命。消息传到日本，更加刺激了日本人的反美情绪。在民众的影响下，日本政府也就旧金山市教育局的规定向美国政府提出抗议，认为那种做法违反了1894年签订的《日美条约》。

就在阿拉斯加事件尚未平息的时候，夏威夷的局势变得紧张起来。作为一个长期受到殖民统治的群岛地区，夏威夷的移民人口远远地超过了其土著居民，其中人数最多的就是日本移民。美国人出兵吞并夏威夷后，经常与当地的日本人发生矛盾冲突，使得夏威夷成为反日、反美的焦点地区。各种关于夏威夷的消息接连不断，美国的报纸大肆渲染日本即将攻击夏威夷的消息。美国政府也接到消息，日本正在积极备战。欧洲各国的报纸也猜测日本对美国开战只是时间问题了。

日本在日俄战争中展示出的海军力量让世界震惊，老牌海军强国俄国在它的面前不堪一击，更不要说才开始进行海军建设没几年的美国了。各国媒体根据日本与美国在太平洋的驻军状况与日本舰队的服役情况，得出一个结论，那就是如果美日爆发战争，那日本将在海上击败美国。

不管是从军事上来说，还是从经济发展来说，美国与日本在太平洋地区的矛盾已经因两国的利益之争走上台面。日本政界要人纷纷发表反美言论，他们被日俄战争的胜利冲昏了头脑，开始变得不谦虚起来。他们认为美国应对他们表示亏欠，是因为美国人在调解中的不公正才导致日本蒙受了巨大的损失。此时的日本，已经稳固了在朝鲜半岛与中国东北的殖民统治，开始将目光放到南太平洋地区。

美日关系的紧张，让西奥多最担心的就是美国的太平洋地区的军事基

THEODORE ROOSEVELT

地夏威夷与菲律宾,担心它们受到日本的觊觎与夺取。就海军海面作战力量来说,美国确实没有把握能够战胜日本。如果日本发动海上战争,那美国将会陷入进退两难的处境。另外需要考虑的就是美国在太平洋地区的门户开放政策了。虽然美国与日本没有正式结盟,可是在近10年来双方一直以同盟的形式往来。如果美日关系恶化,日本寻找新的同盟,那太平洋地区的势力均衡就会被破坏,影响到美国的利益均沾。

从维护美国的长远利益考虑,西奥多认为与日本友好相处才是解决美日矛盾的最好办法。毕竟日本的殖民势力扩张范围在东亚,除了影响美国的门户开放政策外,并没有直接与美国发生冲突。而且日俄战争后,日本成为仅次于英国的海权国家,它已经有实力攻击美国在太洋地区的属地。只有与日本维持同盟关系,才适合美国的太平洋战略。因此,西奥多仍是摆出对日友好的姿态,设法平息国内的反日情绪,另外加强美日外交接触,缓和日本的反美倾向。

1906月12月,西奥多在向国会递交了总统任期内的第六次年度咨文中,其中特别强调了美国与日本的关系。他谴责旧金山教育局的做法,认为政府性质的反日态度是非常愚蠢的。他向加利福尼亚州政府发出正式警告,要求其改变对日籍移民的政策,缓和公众的反日情绪。他批评那种隔离学生的禁令是违反联邦宪法,不应该出现在崇尚自由与民主的美国。联邦政府有义务维护国民的正当权利,不管他是否是日裔,都应该如此。

1907年2月9日,西奥多在白宫会见了旧金山市市长史密茨领导的代表团,商讨关于日裔学生的隔离问题。西奥多知道矛盾的根本是日本劳工的输入对美国人就业造成了威胁,他提出将要求国会制定限制日本劳工通过加拿大、夏威夷和巴拿马地区进入美国。旧金山市则配合西奥多的对日政策,自动撤销隔离禁令。

1907年初,国务卿卢特与日本公使高平小五郎就日本劳工输出问题交换照会。经过双方协商,美日制定了劳工输出协定,除技术熟练与受过教育的日本人外,限制一般日本劳工的输出。可协定收到的效果并不理想,

THEODORE ROOSEVELT

美日关系中的紧张气氛并未消除。卢特是西奥多第一任期时的陆军部长，后来竞选参议员，进入国会，1905年7月约翰·海去世后接任国务卿。

在内阁成员中，西奥多与约翰·海的关系最为密切。两人除了是总统与国务卿的关系外，还是晚辈与长辈的世交关系。在西奥多继任总统初期，海给予他很大的信任与鼓励。虽然约翰·海在思想上也算是一个保守派，可是他从来没有反对过西奥多提出的任何政策。西奥多也一直非常尊重这位父亲的好友。海不仅是成功的外交家、政治家，还是著名的作家与新闻记者。他曾经担任过林肯的私人秘书，1897年起担任国务卿。在对华外交上，他反对列强划分势力范围，提出了著名的"门户开放、利益均沾"政策。

美国与日本的矛盾，除了劳工输出问题，主要的还是日本对中国东北的霸占影响了美国的"门户开放"政策。在门户开放政策实行的几年中，中国成为美国巨大的销售市场。美国在中国建立起系统的贸易体系，赚取了非常丰厚的商业利润。在贸易体系中，中国东北的贸易额占总贸易额的很大比例。美国干涉日俄纠纷，挑起日本对俄国发动战争的主要目的也是维护美国的对华贸易。可是，日本打败俄国后，不愿意将东北的利益分一杯羹给美国。可以说，经济领域的争夺，是美国与日本产生矛盾的根本原因。作为新兴的工业化国家，日本明白垄断经营的利润前景是多么地丰厚，因此在中国东北实行经济封锁。

虽然西奥多不否认日本海军力量的强大，但是他不愿意美国在美日关系中处于被动局面。他认为适当的军事备战很重要，当日本政府对美态度越来越强硬时，西奥多希望能够让他们了解一下美国并不是软弱的中国或朝鲜，也不是鲁莽的俄国。他致电菲律宾总督伍德，要他关注日本动态，作好随时应战的准备。此时，原菲律宾总督塔夫脱已经就任西奥多内阁的陆军部长。西奥多计划派一支海军舰队周游世界并访问日本，让那些小瞧美国的人见识一下美国海军的实力。

1907年11月，西奥多派陆军部长塔夫脱访问日本，打探日本在战争

THEODORE ROOSEVELT

问题上的动向。此时，日本国内正发生严重的经济危机，政府被经济问题困扰，无力对美开战。日本政府对美国国务卿的态度又友好起来，希望能够避免战争。

西奥多不知道这是否是日本人的缓兵之计，因此仍在推进海军舰队环球巡航的计划。西奥多认为，虽然可以让日本人知道美国的友好，但也要让他们明白美国绝对不会畏惧日本。关于西奥多的舰队环球巡航，国会是持坚决反对态度的。参议院海军事务委员会不同意这个有可能引起战争的炫耀美国海军实力的行为，拒绝给舰队远航拨款。

西奥多不理会国会的反对态度，利用海军现有的财政款项，为远航舰队作准备。他的意见是远航舰队尽快起航，能够航行多远就航行多远。在西奥多的坚持下，国会只好同意了提供舰队远航资金。

1907年12月16日，由16艘战舰组成的美国远航舰队启程，开始他们的环球远航之路。西奥多的远航计划是非常冒险的，因为日本有可能乘机袭击这支舰队。为了应付各种可能出现的紧急情况，西奥多要求指挥官们作好随时作战准备。就在世界各国纷纷猜测日本会以什么方式拿下这支舰队时，美国政府收到日本的邀请函，他们欢迎远航舰队访问日本沿海城市。西奥多远航计划的目的已经达到，当然乐于接受日本的邀请。

1908年10月18日，远航舰队抵达日本，对日本进行友好访问。日本与美国媒体都对这次访问作了非常详尽的报道，和平再次成为日本与美国关系的主题，两国国内的反美、反日运动也逐渐平息。

1908年11月30日，美国与日本缔结了《卢特—高平协定》。美国挥舞着大棒，通过牺牲中国利益，达到了协调美日关系的目的。根据协定：日本保证不侵犯菲律宾，保证不干涉美国在中国实行"门户开放"；美国承认在保持中国领土完整的情况下，允许日本在中国东北建立自己的势力范围。

美日之间选择了暂时妥协，但是随着两国在太平洋地区的势力扩张，战争的隐患仍旧存在。西奥多认识到这点，始终对日本非常戒备，因此他加大了海军建设步伐，希望让美国获得军事上的主动。他的努力有了很好的回报，1909年，美国海军的实力已超过日本，仅次于英国，排名世界第二。与西奥多的始终戒备不同，日本人非常尊敬这位美国总统，认为他是个诚实可信的人。西奥多的海外扩张理论，更是受到日本军国分子的追捧，这使得他成为日本人最喜欢的美国总统之一。

5 西奥多的对华政策
THEODORE ROOSEVELT

西奥多是个种族主义者，在他眼中只有白种人才是值得尊敬的人种。另外，他还是个民族优越论者，认为美国人是最值得尊重的民族。虽然他同情处于美国社会底层的黑人、黄种人等，但是也仅仅是同情，而不是尊重。

对于中国这个历史悠久、幅员辽阔的亚洲国家，西奥多是非常蔑视的。落后的封建制度使得西奥多认为中国是个缺乏文明的国家，中国人是个未经教化的民族。西奥多是个性格比较好强的人，因此也比较尊敬强者。对于亚洲国家，西奥多认为值得看重的就是日本，因为日本人具有常人无法想象的战斗精神，他们知道如何进行自我保护。如果在短时间内由被侵犯的国家转为实行扩张主义的军事强国，中国却做不到这一点，虽然这个古老的国家在国土面积与国民人数上都具有优势，但是腐朽的政治制度使得它缺乏战斗力，国民也缺乏民族荣誉感。

19世纪中期，西方人用鸦片打开了实行闭关锁国政策的中国的门户，中国逐渐沦为列强势力割据的半封建半殖民地国家。当时，欧洲强国与美国的经济正由自然经济转为工业化经济，劳动力紧缺成为一个普遍问题。于是懦弱的中国成为一个劳动力输出国，数以几百万的中国工人被输送到世界各国。

美国公众对中国的最初印象就是通过这些华工认识的。这些人工资低

THEODORE ROOSEVELT

廉，受到总是追求最大利润的资本家的普遍欢迎，这引起美国工人阶层的强烈不满。另外，由于教育程度低，吸食鸦片现象严重，使得在美华工成为影响社会治安的隐患。甚至有的美国人担心，这些来自落后地区的黄种人有可能破坏美国的民主制度。经济学家则从市场方面考虑，认为这些劳工赚钱后寄回中国，不利于美国的商业流通。同期，白人种族主义兴起，作为最早到美国的亚洲民族之一，华人在肤色、语言与文化上都与白人存在着巨大的差异，这使得华人成为白人种族主义者的攻击对象。

1870年前后，美国经济出现过好几次经济危机，白人工会主席谴责华工使他们的工资降低，减少了就业机会，引起了美国人的排华情绪。美国一些政客为了获得选票，顺应这股排华潮流，制定各种对华人不利的法案，其中包括：1870年，旧金山参议会通过市政条例，禁止行人在人行道上用扁担搬运货物（当时只有华人才有这种习惯）；1873年，旧金山参议会通过条例，向不用马车搬运衣服的洗衣馆每季征收15美元（当时华人经营的洗衣馆一般都不用马车搬运衣服），向用马车搬运衣服的洗衣馆每年征收1美元。

1882年，美国国会通过有史以来第一个明文排斥某一移民种族的歧视性法案《排华法案》，该法案禁止华工入境，只有外交人员、教师、学生、商人与游客才有资格进入美国，同时还拒绝外籍华人取得美国国籍。1888年，国会通过法令禁止暂离美国、回中国探亲的华工重进美国，除非他们有家庭或具备价值1000美元的财产。

1892年，国会将《排华法案》中规定的期限延长10年，并规定在美国的华工必须注册才能获得居留权。另外在美国国务院的"领事馆工作规则"中还明确规定美国有关入籍归化的法律，只允许白人、非洲土著、非洲人后裔以及印第安保留地的民众加入美国国籍，不允许华人入籍。

西奥多认为，中国人的最大问题是缺少民族凝聚力，不能像日本那样具有强烈的战斗精神。他认为中国的人口数量不能决定其国民性格上的是否有优势，中国军队也没有任何与西方强国对抗的资本。西奥多认为，任何一支经过训练的军队，都能够随时攻占北京。西奥多经常把中国当成负面例子，向公众宣扬自己的扩张主义。他提出，如果美国不能获得国际地位，那就可能成为美洲的"中国"，成为西方强国的盘中餐。

1900年，随着中国境内义和团运动在直隶和京津地区的迅猛发展，外国列强多次胁迫清政府予以镇压。义和团运动是发生在中国北方的一次以农民为主体的大规模反帝爱国运动。当时，各帝国主义疯狂侵略中国边疆和邻近国家，中国边疆地区出现了新的危机。甲午战争后，帝国主义在经济上向中国大量输出资本，在政治上则强占"租借地"和划分"势力范围"，掀起了瓜分中国的热潮。在文化上他们通过教会深入中国城市和乡村进行侵略活动，使民族危机愈加严重，终于爆发了义和团反帝爱国运动。

义和团刚在北京近郊发展起来，俄国公使就提出镇压，美、英、法、德各国公使也奉本国政府密令，联合照会清政府"剿除义和团"，并将舰队聚集在大沽口，以进行军事威胁。

1900年5月间，义和团在京津一带迅速发展，越来越多的清军士兵参加义和团，以端王载漪为首的排外势力在清政府内占据上风。各国公使眼看清政府已无法控制形势，总理衙门也"无力说服朝廷采取严厉的镇压措施"，便策划直接出兵干涉。5月28日，英、法、德、奥、意、日、俄、美等八国在各国驻华公使会议上正式决定联合出兵镇压义和团，以"保护使馆"的名义，调兵入北京。5月30日至6月2日，八国的海军陆战队400多人，陆续由天津乘火车开到北京，进驻东交民巷。随后，各国继续向中国增兵，各国军舰24艘集结在大沽口外，而聚集在天津租界的侵略军达到2000余人。6月6日前后，八国联合侵华政策相继得到各自政府的批准，侵略中国的战争爆发。

1900年6月10日，在德国人西摩尔率领下，八国联军由天津向北京进攻，沿途遭到义和团民众的抵抗。11日，义和团与八国联军在落垡车站附近展开白刃战。18日，义和团将进犯廊坊车站的八国联军包围起来，发动攻击，打死打伤八国联军数十人。22日，再次战败的西摩尔狼狈退到天

THEODORE ROOSEVELT

津西沽。6月17日,另一支八国联军在大沽登陆,进犯天津。6月23日占据天津车站,并和在塘沽的侵略军会合,到达天津租界,向天津城发动进攻。7月14日,八国联军胜利,天津失陷。

1900年7月14日,天津失陷后,清政府开始向八国联军妥协。8月7日,清政府任命李鸿章为全权大臣,正式向外国列强乞和。列强本想武力瓜分中国,但在中国人民的反抗下,没能得逞。同时各国各有打算,互不相让,矛盾重重,使得它们需要继续利用清政府间接统治中国。而清政府也抓住各国的矛盾,希望通过妥协达到"以夷治夷"的目的。

1900年12月,列强(除了出兵的八国外,又加上比利时、荷兰、西班牙三国)向清政府提出《议和大纲》,后又订立详细条款,于1901年9月7日在北京正式签字生效。

《辛丑条约》的主要内容有:惩办"得罪"列强的官员;派亲王、大臣到德国、日本赔罪;清政府明令禁止中国人建立和参加抵抗侵略军的各种组织;赔款各国4亿5000万两白银,分39年付清,本息9亿8000万两白银;在北京东交民巷一带设使馆区,各国可在使馆区驻兵,中国人不准在区内居住;自毁大沽炮台以及北京至天津海口的炮台;各国可以在北京至山海关铁路沿线驻兵。《辛丑条约》签订后,中国完全沦为半殖民地,引起中国人对帝国主义国家的强烈厌恶。

在美国人眼中,八国联军侵华事件只是各国为了维护使馆安全进行的自卫战争,并没有可谴责的地方。西奥多在官方立场上,为美国的侵略行为辩护,私下却对中国民众的反帝爱国运动持肯定态度,认为这是古老民族正在复兴的标志。西奥多是个具有理想主义色彩的人,虽然他反对美国与中国结盟,不过他又十分奇怪地希望中国变得强大。如果中国能够稍微强大些,就可使之免于为某一外国所独占或为列强所瓜分,从而有利于美国在中国的利益。美国在华的经济利益日趋重要,能否扩大中国市场关系到美国资本的切身利害。同时中国已成为列强争夺势力范围的竞技场,能否在争夺中处于有利位置体现着美国在国际事务中的地位。总之,不管是出于经济原因,还是政治原因,西奥多都认为美国应该重视中国,这是决定美国在太平洋地区地位的重要因素之一。

西奥多继任总统后,延续前任的对华政策,以维持在中国的"门户开放"和"利益均沾"为政策核心。他要求在维持中国领土完整的情况下,中国港口对外国人开放,同时废除所有妨碍与中国内陆进行贸易的限制。为了扩大美国在中国的贸易范围,除发展与中国沿海的关系外,西奥多认为还须打通中国内陆的贸易之路,借助水路而深入内地。

不过如何消除俄国对"门户开放"政策的威胁,成为西奥多对华政策的要点之一。进入20世纪后,俄国加大扩张步伐,利用地理上的优势,企图独霸东北,对美国的门户开放政策构成挑战。在美国对华贸易网中,东北地区具有非常重要的地位与意义。东北地区是美国棉纺织品的主要市场,从美国出口的棉纺织品有90%都销往东北市场。俄国在东北的强势态度让西奥多不安起来,为了维护美国的利益,他决定采取行动阻止俄国破坏东北的门户开放。可是,由于美国与中国之间隔着浩瀚的太平洋,使得美国无法直接干预中国东北的政治局势,只好寄希望予外交手段。

1903年,在西奥多的授意下,美国国务卿约翰·海向俄国发表正式声明,指责俄国在中国东北推行对美国不友好的政策,破坏了中国东北的门户开放,影响了美国的对华贸易。在外交压力下,俄国暂作让步,同意东北地区除哈尔滨外的一切港口均对列强开放。

西奥多知道,俄国的让步只是权宜之计。当时美国民众还认识不到东北市场在美国海外贸易中的重要性,西奥多也不能以强硬的态度对待俄国,只能选择观望。随着俄国对中国东北的控制加强,美国与俄国在东北的贸易摩擦也愈演愈烈。与此同时,日本开始染指中国东北。为了保障门户开放,西奥多决定借日本之手来打击俄国在东北的势力。虽然没有直接与日本结盟,但西奥多始终对日本对俄作战的计划表示支持。

日俄战争中,日本显示出的军事实力让西奥多震惊。日俄战争后,东北局势没有向西奥多预计的那样形成势力均衡,而是日本与俄国在达成谅

THEODORE ROOSEVELT

解后共同占领东北。在这之后的几年中，美国在中国的门户开放始终面临严峻考验。

在日俄战争期间，西奥多还比较关注粤汉铁路的处理权问题。当时美国企业界成立华美联合公司，在美国政府的支持下，在中国进行掠夺性贸易。1898年，该公司从清政府手中获得粤汉（汉口至广州）铁路的修筑权与经营权。根据双方协议规定，华美联合公司提供2000万美元的贷款修筑粤汉铁路，铁路修成后由公司经营140年，并且可以分得20%的年纯利润。但是协定也规定，华美联合公司只能将筑路权转让给美国人，不能转让给他国或他国人。由于华美联合公司内部管理混乱，工作效率极低，铁路修筑进程非常缓慢。1901年，中国铁路总监盛宣怀发现公司将其股份卖给了比利时国王，觉得这严重违反了中美协定，中国政府开始有了收回铁路权的想法。由于华美联合公司内部问题，铁路修筑进程非常缓慢，用了三四年的时间才修通了10.5英里的铁路，这更加引起中国地方官员的强烈不满。

1904年12月，国务卿约翰·海收到中国驻美大使馆关于取消中美粤汉铁路原订协议的正式照会。为了维护美国的在华利益，海劝说比利时国王将股份卖给摩根，同时要求中国放弃收回铁路权的主张。中国政府没有理会海的要求，与华美联合公司积极交涉，希望通过赎回的方式来收回铁路权。华美联合公司的老板摩根觉得有利可图，打算接受中国提出的条件。

比利时国王出于个人目的，写信给西奥多，希望他出面维护美国公民在国外的权益。西奥多在国王的挑唆下，决定帮助华美联合公司恢复筑路权利。西奥多致信给摩根，表明了政府支持他保有粤汉铁路权的立场。不久后，西奥多还邀请摩根到私邸做客，商谈铁路权问题。

经过协商讨论后，中国政府不再反对美国人继续保有铁路权，但是要求对租让条件加以修改，达到对中方有利的目的。西奥多知道这个消息后，非常恼火，但是也只好同意妥协。可是，此时英国、法国和德国几个国家开始出面支持中国收回铁路权，局面变得复杂起来。西奥多则还在坚持,一方面利用外交向中国施加压力,一方面劝摩根不要让步。在金钱利益的诱使下,摩根与公司其他股东最后还是接受了中国的条件,放弃了粤汉铁路权。

粤汉铁路权的风波尚未平息,中国就发起了大规模的抵制美货运动。这次由美国的排华政策引起的反美浪潮,对美国对华贸易构成了严重的威胁。1904年是大选年,西奥多为了赢得西部选民的支持,支持国会制定了新的排华法案,引起海外华人的强烈不满。为了向美国对华人施行的歧视性法案抗议,中国国内的爱国人士与商人开始策划抵制美货运动,即不购买美国生产的商品、不与美国进行贸易往来、不乘坐美国船只、不让孩子读美国人开办的学校等。美国工商界得到消息,知道问题的严重性,呼吁政府重视排华问题。

1905年5月,在经过周密计划后,一场大规模的、有组织的抵制美货运动在中国展开。美国国内那些与中国有直接经济关系的大企业家开始向联邦政府施加压力,希望能够改变排华政策,平息华人的反美情绪。在排华问题上,西奥多选择了暂时妥协,一方面继续推行排华法案,一方面要求美国官员对有资格入境的华人以礼相待。西奥多知道暂时妥协并不能真正地解决问题,于是向中国政府施加压力,要求阻止反美运动的发展。

1905年7月,中国的抵制美货运动掀起高潮,严重地打击了美国纺织、石油和农产品的对华出口,引起美国商界的恐慌。他们向政府进一步施加压力,强烈要求与中国订立新的有关移民的条约。那些与华工利害相关的集团也向西奥多提出主张,反对自由移民政策。

1905年8月,美国与中国政府经过交涉后达成默契,美国同意修改排华法案,中国政府则平息民间的抵制美货运动。西奥多一方面试图说服美国公众,让他们相信导致抵制美货运动的根本原因是在美华人受到了不公正待遇;一方面决定向中国施行武力震慑,令美国海军在中国沿海示威,没想到这引起中国人更强烈的反感,增强了中国人的仇美情绪。

1906年2月,西奥多向中国政府提出一系列要求,采用软硬兼施的手

THEODORE ROOSEVELT

段迫使他们同意严厉查处一切排外活动、保护在华美国人的生命财产安全、宣布抵制美货运动为非法行为等。

在政府的干预下，中国没有发生大规模的反美起义，西奥多认为是他的大棒政策起了作用。可是，美国国内舆论却对此毁誉参半。商界谴责西奥多的武力震慑挑起了中国的仇美情绪，损害了美国的对华贸易。

1907年，西奥多向国会提出特别咨文，要求国会同意向中国退还部分庚子赔款，在中国设立鼓励中国人留学美国的基金。西奥多这样做的目的是改善中国人对美国的不良印象，保障美国在中国的长远利益。这也标志着西奥多的对华政策从单一的经济扩张，扩展到文化扩张。

6 世界强国之梦
THEODORE ROOSEVELT

在7年的总统任期内，西奥多始终为争取美国的政治强国地位而努力。他一方面在美洲严格执行门罗主义，保障美国在西半球的独裁地位；一方面背弃传统的不干涉欧洲事务的政治训诫，主动插手欧洲政治纠纷。西奥多通过对摩洛哥危机的干预，将美国推上了世界舞台，这是美国外交史上的最大转折。

摩洛哥危机，即20世纪初期法、德两国为争夺摩洛哥所引起的战争危机。摩洛哥北临地中海，西接大西洋。该国重要港口丹吉尔扼守着由大西洋进入地中海的门户——直布罗陀海峡，具有十分重要的战略地位，于是成为欧洲列强争夺的要地。进入20世纪以来，法国迅速向摩洛哥扩张势力，大肆进行经济渗透，控制摩洛哥财政，并同西班牙划分在摩洛哥的势力范围。在扩张过程中，法国与德国发生利益冲突，成为导致摩洛哥危机的根本原因。

1904年4月，英法签订协定，法国承诺不干涉英国在埃及的行动；英国则承认摩洛哥是法国的势力范围。这侵犯了德国在摩洛哥的殖民利益，引起了德国政府的不满。

1905年2月，法国要求摩洛哥苏丹在法国监督下进行"改革"，企图控制摩洛哥的地区政治。德国政府向法国提出抗议，法国不予理会，虽然当时法国势力已经衰弱，但它背后还有强大的俄国作盟友。德国却没有畏惧的意思，因为此时俄国主要精力被日本牵制在远东地区。

1905年3月31日，德皇威廉二世访问摩洛哥城市丹吉尔，宣称德国要维护摩洛哥的独立，各国在摩洛哥的地位要绝对平等。不久后，德国宰相比洛向参加1880年《马德里条约》的所有国家建议，将摩洛哥问题提交国际会议讨论。《马德里条约》规定，在摩洛哥境内，所有外国及其公民享有的通商权利和其他权利均应一律平等。德国的做法否定了法国在摩洛哥的特殊地位，引起法国政府的不满。此时，德国已经做好军事准备，以应对随时有可能出现的紧急情况。对于德国的武力威胁，法国外长德尔卡塞采取强硬态度，坚持法国在摩洛哥的殖民地位。此时法国比较被动，军事实力不如德国，盟友俄国也无暇分身顾及。为了维护法国在摩洛哥的特殊地位，法国开始寻求英国的支持。英国担心德国在非洲的下一个目标是埃及，就站出来支持法国。于是，围绕着摩洛哥问题，以老牌殖民国家英、法为一方，新兴的德国为一方发生了严重的危机，欧洲局势变得紧张起来。

委内瑞拉风波之前，西奥多就分析过德国的经济与政治发展情况，认为它将崛起于欧洲，成为英语国家的敌人。委内瑞拉风波后，虽然美国的出面破坏了德国在西半球建立海军基地的计划，但西奥多担心德国会夺取美国在太平洋地区的辖地，因此对德国一直非常戒备。

在委内瑞拉危机爆发之初，西奥多正忙于调停日俄战争，无暇顾及其他，毕竟摩洛哥与美国没有直接的利害关系。但是随着危机的加剧，战争一触即发，欧洲局势已经非常严峻。西奥多开始担心欧洲爆发战争会打破旧有的政治格局，影响美国的海外扩张进程，因此开始关注起欧洲局势的变化。

西奥多知道，美国要成为世界政治强国的惟一途径就是走出美洲、走

THEODORE ROOSEVELT

进欧洲。当时，欧洲是世界政治权力中心，欧洲各大强国在国际事务中享有主动权与主导权。如果美国想成为具有国际地位的政治强国，就必须要注意欧洲各大强国的动向。如果蜷缩在西半球，不与欧洲各国周旋，那么美国追求政治强国地位之路就只是一场春梦。

在欧洲各大强国眼中，美国已经不再是偏安一隅的弱小邦国。在经过半个世纪的工业化发展后，美国的经济已经在世界贸易中占有一席之地。而美国对美洲地区的控制、在太平洋地区的扩张都显示了美国具有一定的军事实力。美国成为欧洲各国争取的对象，英国以同根同源的姿态，成为美国的盟友，更是加深了欧洲人对美国的印象。

摩洛哥危机后，德国想将美国拉入同盟者的行列。作为欧洲新崛起的殖民国家，德国在欧洲比较孤立，很难在欧洲找到盟友，因此才会开始拉拢美国。他们宣称，在摩洛哥实行平等竞争的要求符合美国的"门户开放"政策。德国提出通过国际会议来解决摩洛哥问题后，希望能够得到美国的支持。西奥多对德国没有好感，也不愿意直接出面与英法对立，所以没有给出明确答复。

作为1880年参与签订《马德里协定》的国家之一，美国有权在该国享有最惠国待遇，这说明美国在非洲有一定的利益关系。非洲在欧洲的眼皮底下，但距离美洲太遥远了，这使得非洲早已被欧洲列强瓜分干净，根本就没有美国在此发展的余地。因此，西奥多才会把美国的海外扩张重心放在亚太地区。西奥多对日俄战争的关注，也是从远东地区的势力均衡考虑的。为了保持中国的门户开放，维护美国的海外贸易利益，西奥多先是支持日本发动日俄战争，又在日本胜利后出面调停，目的就是维持亚太地区的势力均衡局面。

德国注意到这点，将摩洛哥危机与远东地区势力均衡联系到一起。他们提醒西奥多，如果英法在摩洛哥危机中胜出，那就会将视线转移到远东地区，与日本联合起来瓜分中国。破坏该地区的势力均衡局面，影响美国的门户开放政策。西奥多担心的正是这点，为了避免出现那种局面，他决定干预摩洛哥事务。但是，美国没有像德国期待的那样以盟友的姿态出现，而是以仲裁者的身份进行干预。在西奥多看来，德国是个野心勃勃的国家，是始终值得警惕的国家。

西奥多对英国具有特殊的感情，认为全世界的英语国家都应该团结起来，一致对外。因此，当西奥多决心卷入摩洛哥危机时，始终与英国站在同一立场，扶持法国、抑制德国。为了不改变现有的欧洲政治格局，西奥多希望能够防止德、法之间发生战争。

在面对德国大使的殷勤时，西奥多流露出对英国支持法国的行为的不满情绪，同时希望能够改善英德关系。德国大使很兴奋地转告德皇，美国政府的结盟态度非常明显。实际上，西奥多只是希望避免战争，并不在意欧洲各国在非洲的势力分配。他通过外交途径告诉法国，认清现实，不要过于寄托予英国，应该采取措施避免战争。西奥多所说的现实，是指法国与德国如果开战，将以陆地战为主，英国的海上优势根本就没有施展的舞台。在那种情况下，法国根本就没有军事实力与德国抗衡。西奥多还向法国表明了美国的立场，如果法国选择妥协，保全德皇的脸面，那美国将采取十分强硬的手段反对德国对摩洛哥事务的武力干涉。

1905年6月6日，法国国会就摩洛哥问题展开激烈讨论，主战派代表、外交部长德尔卡塞被迫辞职，总理鲁维埃兼任外长，同德国进行谈判。

1905年7月8日，德、法达成协议，同意召开《马德里条约》参加国的国际会议，以讨论摩洛哥问题。德皇对法国的妥协颇为得意，认为这是德国外交上的真正胜利。他特地将此事转告西奥多，西奥多则非常滑稽地对德皇的外交能力表示恭维。

1906年1月16日，在西班牙的阿尔吉西拉斯，《马德里条约》的13个参加国召开了国际会议，商议摩洛哥问题的解决办法。此时，西奥多已成功地调停了日俄战争，大大提高了他本人和美国在国际事务中的地位。德国曾试图与俄国建立联盟未果，使其在阿尔吉西拉斯会议上更加显得孤立，只能更加倚重美国的作用。

THEODORE ROOSEVELT

西奥多虽然表面上与德国周旋，但支持法国的立场非常坚定。美国参加阿尔吉西拉斯会议的代表是亨利·怀特与塞缪尔·古默，他们得到西奥多的秘密指令，在与参加会议的各国保持良好关系的同时，支持英法联盟，维护法国利益。英国新任外交大臣爱德华·格雷也主张支持法国，宣称：如果法国与德国之间发生战争，英国不会置身事外。除了美国和英国外，俄国也表示支持法国，会议的形式对法国非常有利。

阿尔吉西拉斯会议的中心议题是摩洛哥警察权的归属问题，德国反对由法国控制摩洛哥，法国则坚决要求与西班牙分享摩洛哥的警察权。德国担心那样会影响德国在摩洛哥的利益，提出由不同国家控制摩洛哥的各个港口。西奥多不支持德国的提议，认为那样的做法等于是瓜分了摩洛哥。考虑到德国与法国双方要求后，西奥多提出了折中方案，摩洛哥警察可由当地人组成，但军官须由法国人与西班牙人担任。

法国起初不同意这个方案，经过西奥多的再三劝说后才勉强接受。德国也不愿意接受这个方案，想借奥地利之手提出新的方案，即将与德国有直接利害关系的卡萨布兰卡港交到荷兰人或瑞士人手中，其他的港口由法国与西班牙控制。英国认为德国已经作了很大让步，愿意接受这个新方案。西奥多却认为这个新方案对法国不公平，横加干涉，要求德国让步。为了不激怒德国，西奥多一方面向德国人民表示美国政府的友好态度，一方面态度强硬地要求德皇再作让步。西奥多的真正目的并不是维护法国的利益，而是为了遏制德国势力的扩张。

1906年4月7日，参加阿尔吉西拉斯会议的各国代表签订了摩洛哥问题的议定书。议定书主要内容是：

1. 摩洛哥保持独立和完整，未经列强同意下不得变更其海关制度、税收制度及边境制度。
2. 摩洛哥对进口的外国商品征收同等关税。
3. 摩洛哥银行改组为国际银行，其中法国占有十四分之二的股份，其余国家各占十四分之一股份。

THEODORE ROOSEVELT

4. 摩洛哥沿海各港口设立由法国人和西班牙人掌管的警察部队。

阿尔吉西拉斯会议议定书最大限度地保障了法国的权益，同时提到了在此确定摩洛哥的门户开放政策，基本上实现了西奥多的设想，避免了法国与德国之间的战争。西奥多对欧洲事务与对远东事务的干涉有个共同点，那就是牺牲弱小国家的主权或利益，以达成大国之间的势力均衡。

虽然美国在会议中完全是站在法国的立场上，但德国却非常感激美国在会议上所作的努力。因为西奥多一直记得保全德皇的脸面，在国际交往中对德皇也表示了崇高敬意。同时，由于美国的出面，还缓和了德国与英国的外交关系，使得德国在欧洲的处境不再像过去那样尴尬。西奥多本人对会议的结果表示满意，认为自己完全掌握了会议的进程。在此之前，一直是欧洲国家干预美洲事务，现在终于轮到美国来干涉欧洲事务，这代表着美国逐渐走出孤立主义的外交政策，开始走向欧洲，开始走向世界政治舞台。西奥多的大棒政策再次取得了成功，只是这次他将大棒挥向了欧洲，这对美国是个极大的挑战。

西奥多的世界强国之梦，看来基本上变成了事实，但是一场突如其来的灾难，却引起美国民众的恐慌。

1906年4月18日清晨5点12分左右，美国发生里氏规模为7.8级的大地震，震中位于接近旧金山的圣安第列斯断层上。自奥勒冈州到加州洛杉矶，甚至是位于内陆的内华达州都能感受到地震的威力。这场地震及随之而来的大火，对旧金山造成了严重的破坏，可以说是美国历史上主要城市所遭受到的最严重的自然灾害之一。

当时，政府官员担心若是公布真正的死亡人数会造成地价下跌，并影响到重建这个城市所需的一切，因此捏造死亡人数只有478人。后来，根据保守估计死亡人数在3000人以上，更有人估计高达6000人。大部分的伤亡集中在旧金山，而旧金山湾区则约有200人死亡。圣塔罗撒、圣荷西以及史丹福大学也都遭受到严重的损害。

THEODORE ROOSEVELT

地震后，旧金山的 40 万人当中，约有 22.5 万人到 30 万人流离失所，其中约有一半的难民前往奥克兰，住在海滩上临时搭建的帐棚里。

1906 年 4 月 18 日，旧金山发生大地震

西奥多非常关注灾民的安置情况，下令由联邦政府拨款，美国陆军修建了 5610 套红木和冷杉木的救济房，提供给这些无家可归的人们。救济房被分为 11 个区，然后以 2 美元的月租出租给人们，直到他们的家园重建结束。这些救济房都是草绿色，为了和周边环境协调。这些救济房最多时候接纳的人数高达 16448 人。到 1907 年，大多数人都已经搬出了救济房。之后这些救济房被重新利用，成为了车库、仓库或者商店。

7 认真生活的人
THEODORE ROOSEVELT

西奥多不仅兴趣广泛、才智出众，还具有非常丰富的人生阅历。他小

THEODORE ROOSEVELT

时候体弱多病，一直与病魔斗争，根本就没有办法像健康的孩子那样享受童年的乐趣。他只能呆在房间里，与书籍、画册作伴，这可能是他以后热衷户外运动与探险旅行的原因。13岁的时候，他接受父亲的建议，开始进行身体锻炼。经过5年的不懈努力，西奥多终于摆脱了疾病的困扰，拥有了健康强壮的身体。而这5年的锻炼对西奥多的人生发展具有非常重要的意义，他变得自信起来，形成了乐观进取的人生态度。在重视身体与智力发展的同时，西奥多还非常重视人格修养，牢记父亲的教诲，从道德上约束自己。

进入哈佛大学后，西奥多的文学才能逐渐显现出来，他开始出版自己的作品。在热爱自然科学、学习自然史的时候，西奥多开始形成自己的研究理论。他阅读了大量的书籍，充实自己的知识，想在自然科学研究上取得成就。他做得有板有眼，以至于所有的同学和老师都认为他会成为一名学者。

邂逅艾丽斯后，西奥多迅速陷入爱河，淡化了对自然科学的热爱之情。因艾丽斯不喜欢实验室的味道，他放弃了将研究自然科学作为终身职业的打算。在离开哈佛前，西奥多开始制定新的人生规划，只有一个原则，那就是保障他和艾丽斯的生活舒适而幸福。他选择了先学习法律，然后再成为职业政客。

22岁时，西奥多如愿以偿地迎娶了艾丽斯，开始了他生命中最甜蜜的一段婚姻生活。23岁时，西奥多当选为纽约州议员，成为一个意气风发的年轻政客。25岁时，西奥多成为父亲，但也永远地失去了爱人。生活上的不如意，伴着事业上的波折，使得西奥多选择了自我放逐。他离开了纽约，到美国西部购买了农场，过起了牛仔生活。由于经营不善，西奥多的这段农场经历使他损失了大部分财产，但上帝是关爱西奥多的，他收获了无法用金钱来衡量的政治声望。

28岁时，西奥多回到纽约，成为纽约市市长候选人，不久后他与童年好友伊迪丝·卡罗结婚，开始新生活。30岁时，他当选为国家文官委员会

THEODORE ROOSEVELT

委员。此后，他先后担任文官委员、纽约市警察局局长、海军部助理部长。当他在政治道路上感觉到迷茫时，美西战争爆发。作为一个强烈的扩张主义者，作为一个激进的爱国主义者，西奥多对战争有着浓厚的兴趣。他毅然辞职，参加组建了莽骑兵团。在骑兵团成立到解散的半年中，西奥多亲赴古巴战场，成为了具有全国知名度的战斗英雄。从战场凯旋归来后，西奥多趁热打铁，参加纽约州州长选举。

41岁时，西奥多成为纽约州州长。他以改革家的姿态出现，对抗党魁政治，在纽约州实行文官制度改革，取得了不错的成效。他的作为让纽约州的党魁们又恨又怕，为了将他赶出纽约州，他们抑制住对西奥多的反感，使用各种手段将他推上副总统候选人的位置。42岁时，西奥多以共和党副总统候选人的身份参加大选，并且获得了胜利。

43岁时，西奥多开始了自己的副总统生涯，6个月后因总统遇刺身亡继任为美国第26任总统。47岁时，西奥多赢得总统选举胜利，获得连任。对内，他实行改革，反对托拉斯经济，主张国家干预经济；他还提出了保护自然资源的提议，认为那是保障美国长远发展的大事；他主张改善劳工生活水平，用共同富裕的方式来化解贫富差距引起的矛盾纠纷。对外，西奥多走出传统的孤立主义外交，主张进行海外扩张。西奥多知道军事实力是政治地位的保障，他积极进行海军建设，使得美国在外交上占据有利地位。他的外交政策的核心思想是"大棒在手，温言在口"，用武力威胁为后盾开展有利于美国利益的外交谈判。在美洲，西奥多按照门罗主义的原则，干涉美洲国家内政，稳固美国在美洲的独裁地位；在亚洲，西奥多坚持中国的门户开放，以经济扩张的形式为美国争取最大的利益；在欧洲与非洲，西奥多主动干涉摩洛哥危机，使得美国逐渐在世界政治中获得一席之地。

与传统的政治家形象不同，西奥多是一个兴趣广泛、极富生活情调的人。他爱好文学艺术，除了是个政治家外，还是个成功的作家，代表作品有《1812年海战史》、《在西部的胜利》、《总统教子书》等。另外，西奥多

THEODORE ROOSEVELT

第五章 大棒在手（1901—1908）

对狩猎、骑马、摔跤、拳击和自然探险等也抱有极大的兴趣。继任总统前，西奥多就曾多次到美国西部进行狩猎旅行。继任总统后，他仍是每年抽出时间到各地狩猎。曾经他因拒绝射杀被捕获的小黑熊，而得到美国公众的大力赞扬。从此，熊成为西奥多的代名词，与小熊相关的政治漫画又引发了美国的熊玩具热潮。西奥多的小名特迪成为这种熊玩具的名字，很多年后特迪熊成为美国以至世界儿童最喜欢的玩具之一。

西奥多虽然在国家政策上以改革派的姿态出现，但是对待家庭与婚姻却是个非常保守的人，他认为婚姻生活是最高尚与最理想的生活模式，认为婚姻生活能够慰藉人的心灵。在西奥多的一生中，从来没有与妻子之外的女人发生过感情纠葛。不管是早逝的艾丽斯，还是长寿的伊迪丝，都对西奥多爱深情重。西奥多是个合格的丈夫，从未对别的女人发生兴趣，每次谈到妻子都流露出幸福如意之情。

在年轻的时候，西奥多曾与第一任妻子艾丽斯经历过一段轰轰烈烈的爱情。为了得到艾丽斯的欢心，西奥多甚至放弃了自己最感兴趣的自然史研究，放弃了已经制定好的人生规划。哈佛毕业后，西奥多如愿以偿地娶到艾丽斯，开始温馨甜蜜的婚姻生活。夫妻俩的幸福生活只有3年，艾丽斯在生下女儿后去世，同天去世的还有西奥多的母亲。西奥多失去了生命中最爱的两个女人，差点精神崩溃。

艾丽斯去世两年后，西奥多无意之中遇到了童年伙伴伊迪丝·卡罗。伊迪丝对西奥多早就心存好感，西奥多对几年未见的好友很热情。两人好像一下子就亲密起来，就和小时候一样。或许西奥多觉得自己太累了，需要有人来陪伴。伊迪丝也不再像过去那样把爱意埋在心底，于是两人非常自然地开始交往。一年后，两人在纽约举行婚礼。

不知道在西奥多的心中，两段婚姻生活中哪段才是最高尚与最理想的生活模式？哪段才能够慰藉他的心灵？这个答案无从知晓，不过在第二段婚姻开始后，有关艾丽斯的一切话题都成为西奥多生活中的禁忌。他从来没有用任何形式比较过自己对两任妻子的感情。在第二段婚姻生活中，西

THEODORE ROOSEVELT

奥多扮演的不是爱人的角色，而是一个好丈夫、好父亲的角色。他是成功的，对妻子温柔体贴，对孩子们宠爱有加。

西奥多认为婚姻是神圣的，离婚却是引发各种社会问题的根源。当时，美国社会处于新旧变更中，家庭模式由大家庭过渡为小家庭。婚姻的稳定性降低，离婚率不断上升。西奥多对此非常不安，认为应该严格控制离婚，否则就会影响国家的稳定发展。

除了婚姻外，西奥多还非常重视生育问题。他认为生育是生命延续的途径，通过生育，生命之火才能生生不息。西奥多的家庭生活非常美满，妻子温柔善良，孩子们活泼可爱。他非常重视对6个儿女的教育，经常和孩子们进行思想交流。他给孩子们写了大量的书信，有的提到他们的学习，还有的与他们分享外出旅行的各种快乐。有的时候，西奥多对孩子们管束过严，引起孩子们的反抗，使得大家都觉得很苦恼，但他会适当改变。

西奥多认为生育不仅是家庭问题，还是影响到种族兴衰、国家强弱的社会问题。西奥多是个白种民族优越论者，认为白种人才是美国社会的主体。为了维持白人的优势，西奥多支持白人妇女多生多育，认为这样才能增强美国的国力。他激烈反对控制生育运动，认为那是对民族的犯罪。他尊敬那些成为许多孩子母亲的妇女，对那些不结婚生子的女人非常鄙视，认为她们是民族的罪人。

西奥多非常喜欢孩子，认为应该把孩子放到社会生活中的重要位置。在继任总统前，他就比较关注贫民区孩子的教育问题；继任总统后，他有很长一段时间都试图改变美国的童工制度，虽然最后没有如愿以偿，但还是在改善童工教育与生活上取得一定成绩。西奥多认为一个人最大的成就，不是成为一个成功的商人、律师和医生，而是拥有很多孩子。他列举自己的人生经历，认为和孩子相处是最快乐的事情。在西奥多看来，孩子代表着新生和希望，这使得他对孩子总是能够保持一片爱心。

西奥多认为就像每个女人都应该重视生育一样，每个男人都应该坚持

THEODORE ROOSEVELT

战斗。战斗和勇敢是男子汉能够具备的最高美德。这里所说的"战斗"并不是单指战争，而是一种人生境界。战斗就是挑战，即挑战自我，挑战一切。西奥多小时候，因身体虚弱缺乏自信，也厌恶战争，不喜欢任何程度的冒险活动。开始进行身体锻炼后，西奥多开始走进自然，开始养成爱好探险与剧烈活动的习惯。西奥多认为，每个男孩都应该具有战斗的本能，从而能够让他们不畏惧各种挑战，能够让他们为了正义而战斗。

孩子众多的西奥多总统一家

西奥多的一生中，始终进行着自我挑战。这些挑战，不仅是环境的挑战，也是生活的挑战。少年时代，他凭借着无比的毅力坚持几年的艰苦锻炼，终于战胜了疾病，获得了健康的身体。青年时代，他在同一天失去了

THEODORE ROOSEVELT

母亲与妻子，情绪陷入低谷，但他没有一味消沉下去，而是将注意力放到实现自己的狩猎梦上。

西奥多认为男人应该为国家与个人的荣誉而战斗，人生中的最大成功者就是战争中的英雄。西奥多认为，对一个国家来说，一个战斗英雄要比1000个商人更具有影响力。西奥多并不喜欢杀人游戏，但是他骨子中对战斗充满渴望。西奥多提出，每个人都会在人生的道路上遇到各种险阻与挑战，与各种各样的对手打交道，如果不擅于战斗，那这个人只能一事无成。

西奥多比一般人都重视战争的意义，支持那些提高国家荣誉、维护国家利益的战争。西奥多不畏惧失败，认为失败是对一个人意志的考验。他也不畏惧死亡，认为死亡只是生命延续过程中的必要环节。除了培养公众的国家荣誉感外，西奥多还比较重视培养青少年的体育兴趣。他认为体育运动是一种挑战自我的战斗方式，不仅身体力行，还号召所有的男子都参加。西奥多认为，如果年轻人在体育运动中发泄过剩精力，就能够减少暴力犯罪现象的产生。他还主张在军队中进行各项体育运动，用来提高士兵的身体素质，提升军队的整体战斗力。西奥多总是给人一种硬汉子的形象，这与他崇尚战斗的性格是分不开的。

不管是政治上，还是生活上，西奥多都是个富有理想的现实主义者。他总是能够认真地面对现实，脚踏实地地实现自己的每个目标。西奥多喜欢将想法付诸于行动，而不作任何没有意义的空想。虽然西奥多比较现实，但他绝不是目光短浅的人。他不会满足于物质上的追求，而是愿意努力地追求完美的精神境界。西奥多认为，人的生活应该高尚而充实，而不是只重视金钱与权势。

西奥多精通政治权术与手段，但他始终坚持自己的政治理想。他有自己的道德底线，这点是他与那些党魁的最大区别。在当时贪污腐败现象比较普遍的美国政坛，西奥多算是一股清流。他终生都在与那些党魁周旋，也曾为了达到某种目的，与他们合作妥协。可西奥多并没有同流合污，始

THEODORE ROOSEVELT

终保持独立性。

西奥多本身就是一个学者，因此对知识分子非常尊敬。他将白宫变成华盛顿文化名流的聚会场所，开启了任用知识分子参与政府工作的先河。

西奥多出身富裕家庭，但并不精通经营之术，在西部开办的牧场差点破产。西奥多不能够理解人们对财富追求的那种欲望，鄙视那些没有道德感的大资本家。他认为物质比较重要，但精神方面的东西更是无法比拟的。每个人都应该具有国家责任感和荣誉感，而不是仅仅忙于追求经济利益。

虽然在言行上西奥多还有不小的差距，但是他算是当时美国流行的进步主义思想的代表。他富于乐观主义精神，认为应该通过积极行动来开创更美好的未来生活，消除美国社会的弊病。由于各个方面的制约，西奥多的思想与做法并不完全一致，有的时候可以说是非常矛盾的，但是他始终用道德来约束自己。

西奥多成为那个时代美国人的偶像，他实现了美国人所能梦想的一切。从人生履历上来说，他进过哈佛，当过牛仔，最后成为美国总统，与各国君主打交道。从生活履历上来说，他有过最浪漫的爱情经历，拥有幸福美满的家庭。西奥多被国内人称为"典型的美国公民"，成为公众认可的道德典范；被外国人称为"最伟大的美国人"。他使得美国走向世界，并且在世界政治舞台上占有一席之地。

THEODORE ROOSEVELT

第五章　大棒在手（1901—1908）

THEODORE ROOSEVELT
第六章
壮士暮年（1908—1919）

1908年，西奥多的总统任期已悄然进入最后一年。表面上他依然坐镇白宫，对各种工作游刃有余，实际上他已经陷入困境。谁都清楚地知道，他即将离开白宫，他的权力就要移交给别人。于是各方面开始无所顾忌，总统的工作变得吃力起来。国会毫不客气地驳回他的立法案，最高法院宣布他过去支持同意的措施违宪。就连过去对总统表示拥护的企业界也不再像过去那样安分，他们将经济危机归罪于总统，再找出各种理由来指责他。总之，西奥多的处境非常被动。

THEODORE ROOSEVELT

第六章 壮士暮年（1908—1919）

1 寻找继任者
THEODORE ROOSEVELT

1908年，西奥多的总统任期已悄然进入最后一年。表面上他依然坐镇白宫，对各种工作游刃有余，实际上他已经陷入困境。谁都清楚地知道，他即将离开白宫，他的权力就要移交给别人。于是各方面开始无所顾忌，总统的工作变得吃力起来。国会毫不客气地驳回他的立法案，最高法院宣布他过去支持同意的措施违宪。就连过去对总统表示拥护的企业界也不再像过去那样安分，他们将经济危机归罪于总统，再找出各种理由来指责他。总之，西奥多的处境非常被动。西奥多有些懊恼，后悔自己在1904年大选后发表的不再参加总统选举的声明。不管是凭借他的实力，还是凭借共和党的地位，他都能够再任一届，可是他过早地放弃了这个机会。

西奥多才50岁，正处于事业上的黄金阶段，却不得不尴尬地面对去职退休的结果。除了对妻子私下提及外，他没有向任何朋友和同事提到他想重新参加竞选。即便在过去的一年中，总有这样那样的人劝说他竞选第三任总统，但西奥多也只是一笑了之。虽然在7年总统任期内，西奥多取得了不错的成绩，但他的反对者们却始终关注着他，等着抓他的小辫子。美国人珍惜他们来之不易的民主制度，对个人独裁具有非常强烈的反感。正是因为这点，美国政界才有不成文的规定，那就是总统任期最多只能连任两届。就在西奥多参加1904年大选的时候，他的反对者就以独裁为由反对他。西奥多就是为了平息民众的质疑，才在大选胜利后发表声明"在任何情况下都不再接受总统提名"。这份声明限制了他的政治发展，不管多迷恋总统职务，他都需要冷静地面对问题，需要在离任前在共和党党内选定继任者。这个人不仅要有让人信服的政治才能，还要能够继续执行他的改革政策。

在关注1908年大选的共和党政治家中，社会知名度最高的是前俄亥俄州长福勒克与纽约州州长休斯。福勒克在任俄亥俄州长后，担任国会参议员。他60来岁，身材高大，性格平和。他反对变革，是个保守派，被称为参议员中的"卫士"。可是，他有非常出色的演讲才能，总是能够煽动起听众的热情。因此，他成为参议员中保守派的核心人物，具有一定的政治影响力。西奥多与福勒克早在1884年就认识了，两人曾经在共和党大会上共同发起一个倡议，那就是提名一名黑人担任大会的临时主席。在这之后，两人一直保持往来，但也只是泛泛之交。福勒克担任参议员后，曾强烈反对西奥多干涉古巴内政的做法，引起西奥多的不满。后来，对布朗斯维尔事件的看法相悖，使得福勒克与西奥多矛盾激化。

1906年7月，一个由黑人组成的营级部队抵达得克萨斯州布朗斯维尔，执行特殊任务。由于当地种族问题严重，黑人士兵受到了民众的不公平待遇，他们经常被白人围住殴打，还被谢绝出入当地的酒馆。

8月12日，一名白人妇女向警察局报案，宣称遭到一名黑人士兵的强暴。她不能描述出犯人的长相，只记得他穿着军裤。布朗斯维尔警察局的警察和几个市民代表到兵营提出严重警告，营地的白人指挥官查尔斯少校决定实行营地宵禁令。

8月13日，是实行营地宵禁令的第一天。午夜时分，10多名士兵悄悄溜出营地，在城里制造了一起屠杀暴行。他们向民宅、商店、办公楼开枪，并且主动攻击警察和市民。兵营里的值班士兵听到枪声，还以为是哨所受到袭击，立即发布紧急集合命令。清点人数的时候，除了个别人请假外，其他士兵都列队出席。此时，布朗斯维尔市区的枪声还没有停止，因此兵营并没有将城里的暴力事件与士兵们联系起来。

8月16日，布朗斯维尔市市长给西奥多发了电报，揭发了兵营黑人士兵向市民施暴的事情，请求总统先生把处于恐怖中的市民解救出来，撤走布朗斯维尔的黑人步兵团，派白人士兵驻扎在那里。

西奥多读完电报后，立即命陆军部详细调查此事，尽快提供相关调查报告。各大报纸开始报道布朗斯维尔事件的各种细节，舆论纷纷谴责黑人

THEODORE ROOSEVELT

士兵的行径,认为这是对美国民主制度的挑衅,是不可原谅的暴行。这时,熟悉布朗斯维尔种族问题严峻形势的陆军指挥官提醒陆军部,不要忽视市民对黑人士兵的无礼与挑衅。在种族分子的推动下,该市市民的种族仇恨已经达到非常极端的程度。

根据查尔斯少校对暴行现场的调查显示,市长的指控并非完全不真实。他们在现场发现了一个士兵军帽,还有70多枚子弹壳,这些子弹壳与士兵手中缺失的子弹数完全吻合。查尔斯少校认为,这肯定是该营的士兵犯下了暴行。

8月20日,在布朗斯维尔市民委员会的要求下,西奥多下令暂时取消布朗斯维尔兵营,命令该营步行到附近的林格尔德兵营,等待参谋长联席会议的调查。此时,西奥多收到西南部队对此事的初步报道,提到为了避免发生更严重的骚乱,应该把布朗斯维尔兵营调到更远的地区。于是,西奥多下令将布朗斯维尔的绝大多数士兵送到俄克拉荷马州的军事要塞隔离起来,受到指控的12名嫌疑犯则送到圣安东尼奥看守所关押起来。

8月29日,西奥多看到新的调查报告,偷袭者确实是该营的黑人士兵,但他们的指挥官兵没有允许暴行发生,并不对此事负责。军方的意见分为两种,一种是继续审查,追究参与者的个人责任;一种认为全体黑人士兵都是参与者,他们默认了暴行的发生,和参与偷袭者同罪。西奥多同意了后一种观点,在11月中旬下达将布朗斯维尔兵营的黑人士兵开除军职的命令。

1906年11月底,西奥多收到了一位黑人律师送来的调查报告,说明被开除军职的士兵可能是无辜的。这时,美国国内正因此事开展反对种族歧视与种族偏见的运动。福勒克在参议院为了增加1908年大选的政治砝码,提出重新调查布朗斯维尔事件的议案,并且将矛头指向陆军部长塔夫脱。西奥多对福勒克的行为非常不满,认为他根本就没有资格质疑自己的行政决议。

1907年1月26日,美国橄榄球俱乐部举行第二十二届年度聚会,西

THEODORE ROOSEVELT

奥多作为特别嘉宾，应邀参加聚会。到会的嘉宾还包括福勒克。西奥多在讲话时，对自己处理布朗斯维尔事件的决定作了解释，同时讽刺福勒克的不自量力，因为他竟然认为自己有权力过问革除士兵军职的事情。在西奥多讲话后，福勒克不得不对总统对自己的点名批评作出回应。福勒克强调布朗斯维尔士兵受到的不公正待遇，认为无辜的士兵因总统的军事惩罚命令被定为罪犯是值得同情的。福勒克的演说受到了大家的热烈欢迎，虽然西奥多在这之后试图为自己作辩护，但并不能引起他人的共鸣。两人的冲突已经放到明面上，开始有人猜测两人的分歧会引起共和党的分裂，说不定会导致民主党赢得1908年大选。

除了福勒克，有意参加1908年大选的共和党政治家还有纽约州长休斯。休斯在州长任期成绩出色，受到媒体的追捧，被预测为最有可能成为赢得1908年大选的人。西奥多与休斯的关系并不亲近，也不相信他能够继任后会继续执行过去的改革政策。

西奥多在选择继任者这个问题上，是存在私心的。他希望这个人能够顺从自己的意思，继续执行之前的改革政策。在西奥多心中，最合适的人选是国务卿卢特。在西奥多任副总统时，卢特就是内阁成员，担任陆军部长；1905年，国务卿约翰·海去世后，卢特担任国务卿。卢特勇敢机智，具有令人瞩目的政治才干和政治经验。作为共和党内的二号人物，卢特在党内具有一定影响力。如果有人提名卢特为1908年总统候选人，那他完全有可能顺利获得提名。可是，卢特是企业律师出身，在政治上的观点比较保守，反对进步主义改革。如果卢特成为共和党总统候选人，可能会引起年轻选民的反感。西奥多相信卢特的能力，但是却不愿意出面支持，因为他担心卢特在政治上的保守立场会影响到改革政策的执行。

除了卢特外，西奥多能够选择的总统候选人似乎只剩下塔夫脱了。塔夫脱毕业于耶鲁大学，有过多年律师经验，曾担任过俄亥俄州高级法院法官和司法部副部长。西奥多继任总统后，塔夫脱先后出任菲律宾总督和陆军部长。他是个对工作非常认真的人，不管在什么职位上，都能够取得不

THEODORE ROOSEVELT

错的成绩，具有相当良好的政治口碑。最让西奥多满意的一点是，塔夫脱性格温和，能够按照西奥多的意思做事。在声明放弃接受再次总统提名后，西奥多私下曾对塔夫脱比较支持，但并没有在公众场合表达过这个意思。西奥多还存在侥幸心理，希望公众看重他的出色表现，让他有机会继续执政。

塔夫脱是个法律爱好者，担任过律师和法官。就他本人来说，并不热衷于1908年大选，他更愿意成为司法部长。西奥多曾提名他担任联邦最高法院大法官，塔夫脱本人也非常有兴趣，可是在妻子海伦的反对下放弃了提升的机会。海伦希望丈夫将目光放在白宫，而不是其他地方。

1908年6月16日，共和党全国代表大会在芝加哥召开。西奥多在白宫办公，还是没有就继承人问题公开表态。塔夫脱也没有离开华盛顿，他在自己的竞选总部关注着会议进程。

大会开始后，大会主席洛奇称赞西奥多的成绩，认为他是"当今美国最受欢迎的人"。西奥多的支持者们开始呐喊示威，要求西奥多连任的呼声越来越强烈，已经影响大会的正常进行。等激动的人们稍微平静后，洛奇提出了西奥多1904年的放弃提名声明，认为那些试图强迫他参加竞选的人应该感到愧疚，因为那样会损害西奥多的名誉。

西奥多的支持者们终于冷静下来，总统候选人提名开始。已经有7个人被提名，他们的支持率不相上下，会场的局面有些混乱。为了防止再出现新的候选人，洛奇私下向西奥多发出消息，要求他尽快公开表态。

下午4点，西奥多支持塔夫脱的消息传到大会会场。一个半小时后，大会代表对总统候选人提名作了第一轮投票。塔夫脱以702票的绝对优势被提名为共和党总统候选人，排在第二、第三位的是诺克斯和休斯，两人分别获得68票和67票。

消息传到华盛顿，塔夫脱激动地拥抱陪在自己身边的妻子海伦，海伦也非常激动，因为她离实现第一夫人的梦想又近了一步。

1908年6月20日，塔夫脱辞去陆军部长职位，开始准备竞选事宜。西奥多离开华盛顿，前往奥伊斯特湾老宅度假。西奥多有些疲惫，开始考虑离开白宫后将从事什么工作。明年，他才51岁，可是却要从他喜欢的政坛上引退。想到这些，他的心情怎么也轻松不起来。

西奥多可以选择到某家大公司担任要职，但这显然不合他的胃口。他也可以选择去大学担任讲师，但是一直没有得到正式邀请。实际上，他还可以选择竞选参议员，但纽约州两名参议员都在任，距离改选还有一段时间。

就在西奥多为以后的职业选择迷茫时，《瞭望》杂志主编莱曼赶到奥伊斯特湾拜访西奥多，希望他能够担任他们的撰稿人。西奥多只需要每月为该刊写一篇文章，而该刊每年支付1.2万美元报酬。

《瞭望》以发表政治时评为主，政治立场与西奥多比较接近，是他比较感兴趣的杂志。西奥多爱好写作，又能够通过发表文章来发表自己的政治观点，这样看来当杂志撰稿人是他比较理想的选择了。西奥多接受了主编的邀请，达成合作意向。

1908年10月26日，哈佛大学老校长埃里奥特宣布辞职退休。西奥多是哈佛出身，在自然科学、军事和政治上略有学术成就，因此成为下任校长的候选人。可是，由于哈佛学监希金森持的反对，大学理事会取消了聘请西奥多担任校长的打算。

1908年11月3日，大选日，塔夫脱以321票比162票获得了胜利，击败了民主党候选人布赖恩。同时，共和党保住了在国会参众两院的多数席位。在全民选票中，塔夫脱只领先对手127万票，优势并不明显。布赖恩已经是第三次参加总统选举了，面对失败他表现得很有气度，并没有太沮丧的样子。

1908年12月8日，西奥多发表了总统任期内的最后一次年度咨文。在咨文中，西奥多的主题就是呼吁增加行政部门的权威性。对于那些被联邦法院否决或更新的法案，西奥多在咨文中再次提了出来，包括《雇主责任法》、《八小时工作制法》和《森林保护法》等。

1909年3月1日，西奥多邀请他的好朋友们聚会，参加者多是所谓"网球内阁"的成员。这是西奥多最后一次以总统的身份邀请客人，他非

THEODORE ROOSEVELT

常真诚地感谢朋友们对他的支持和帮助。他的情绪很激动,强忍着眼泪与每个朋友寒暄。客人们也很伤感,很多人禁不住哭出声来。西奥多希望塔夫脱能保留自己的几名内阁成员,但结果却不尽人意。

1909年3月4日,天气非常寒冷阴暗,华盛顿居民见识到了暴风雪的无情肆虐。上午10点,西奥多与塔夫脱离开白宫,一起乘坐马车前往国会大厦。马车在12名侍卫队员的陪同下,经过宾夕法尼亚大道,缓缓地前行。由于天气的影响,大道两边的看台非常空旷。人行道上散布着几百个欢迎总统车队的人,他们为了驱散寒冷,不停地走来走去。车队经过的时候,他们跟在后面,不停地喊西奥多的名字。大家的心情就像天气一样恶劣,气氛非常压抑。

上午11点,等候在国会大厦东广场的观众们接到通知,受天气影响,宣誓就职仪式改在参议院会议厅举行。人们离开不久,西奥多和塔夫脱到达国会大厦。国会委员会主席诺克斯将两人引进总统办公室,西奥多在这里完成最后的工作,签发一系列昨天通过的法案。

中午12点,在大家的簇拥下,西奥多和塔夫脱进入参议院大厅,等候在这里的人们爆发出热烈的欢呼。西奥多坐在第一排的位置上,非常认真地聆听塔夫脱的就职演说。听到要点的时候,西奥多就微微点头,表示他对新总统提出观点的赞同之意。当塔夫脱演说结束后,西奥多从座位上站起来,大步流星地走上演讲台,向塔夫脱道贺,同时作了简单道别。当台下的人还没明白发生了什么事情时,西奥多已经走下演讲台,微笑着从侧门出去了。

西奥多走出国会大厦的时候,暴风雪已经停了,为他送行的人聚集在广场,向他挥手说再见。西奥多登上马车,在近千名共和党礼兵的陪同下,前往国家火车站。到达火车站后,西奥多高声向大家道别,在人群围拢前进入了总统候车室。伊迪丝与昆廷已经先等候在这里。

由于铁轨上结满了冰,火车开车时间不得不延后两个小时。火车站大厅聚集了成百上千的送行人员,他们中包括政府官员和军官,还有学者和律师等社会名流。他们都是西奥多的朋友和支持者。在大家的欢呼声中，西奥多只好举行了临时性的接待会，与大家互道珍重。

两个小时后，西奥多在家人的陪同下穿过欢送的人群，登上了站台。天空再次飘起了雪花，一辆特别列车缓缓地驶出站台，西奥多离开了华盛顿，结束了生活中最辉煌的一章。

2 狩猎非洲与欧洲之行
THEODORE ROOSEVELT

在1908年6月共和党大会结束后，西奥多便计划着在卸任后进行一次非洲狩猎旅行。此时，西奥多的身体健康遭遇危机。他的左眼在拳击练习时受伤，几乎完全失明，右眼的视力也随之减弱。另外，由于年轻时的过度锻炼所引发的后遗症开始显现出来，西奥多的体力已经大不如前。关于西奥多的非洲探险计划，华盛顿曾一度议论纷纷，甚至有的人预测西奥多不会从非洲活着回来，因为非洲的自然环境非常恶劣。西奥多的朋友们为他的非洲之行感到担心，劝他慎重考虑。但西奥多是个非常好强的人，喜欢挑战，骨子里充满对冒险的欲望。

西奥多非洲之行的主要目的是狩猎狮子和大象，为史密森学会提供标本。史密森学会是美国惟一一家由政府资助的半官方性质的博物馆机构，由英国科学家史密森遗赠捐款，根据美国国会法令于1846年创建于首都华盛顿。史密森学会将派几名标本制作师随行，而西奥多在英国与非洲的代理人也为他物色好相应的向导人员。他已经与斯克里布纳出版社签定合同，以5万美元发表他的非洲探险纪行。据说卡列尔出版社曾表示出资10万美元购买他的非洲探险纪行，却因为他认为该出版社趣味不高而拒绝。

1909年3月23日，在次子克米特的陪同下，西奥多前往非洲。他身穿骑兵上校军服，与送行的人握手道别。送行的人很多，包括莽骑兵团的士兵、过去的政治伙伴以及总统代表。西奥多将在非洲进行一年的狩猎旅

THEODORE ROOSEVELT

行，这是他期待许久的梦想，在此之前，西奥多所狩猎的最危险的动物就是黑熊。他愿意在广阔的非洲大陆试试运气，看看自己能不能狩猎一头狮子或大象什么的。

这次非洲之行受到资本家安德鲁的资助，在西奥多到达非洲前，那里就组建了一只200多人的服务队伍，包括医生、向导、厨师和搬运工等。他们为西奥多与西奥多邀请的科学家提供各种周到的服务，使得大家不必为野外求生问题困扰，让大家能够将全部精力放在狩猎上。

在非洲时，西奥多的主要精力都用于收集动物标本。在将近一年的时间里，西奥多的探险队总共狩猎和制作了296件标本，其中包括9头狮子、5只大象、13只犀牛和7只河马等大型动物标本。这些标本后来全部捐赠给史密森学会，但由于国会拨款有限，只有50件标本得以向公众展出。虽然西奥多打着科学研究的旗号，但实际上只是为了满足自己的狩猎与冒险爱好。除了和别人合作狩猎狮子外，西奥多自己就狩猎过3只大象、6头犀牛、7只长颈鹿和20匹斑马。在辽阔的草原上与这些动物追逐，是种让西奥多乐而不疲的运动。

在给小女儿的信中，西奥多详细地讲述了非洲狩猎的乐趣。

亲爱的埃塞尔：

我们所在的地方，几天的行程都不见人烟。这里紧挨着一片热带雨林，周围到处都是野生动物。每天夜里，野狼都会在营地周围嚎叫。有一两次，我们听到狮子的声音，可是却总看不见它们的影子。昨天，克米特猎到一只豹子，他干得棒极了，他不仅是个品位优雅的、具有学者气质的男孩，还是个能够吃苦耐劳、比较胆大的运动健将。虽然他非常鲁莽，但根据我的看法，我应该能够把他完好无损地带出非洲。克米特已经成为优秀的荒原猎手，他思想敏锐、头脑冷静，具有良好的视力和耐力，另外他还拥有高超的骑术。我们已经真正地喜欢上了坎宁安与塔尔顿，喜欢上3位博物馆派出的科学家，特别是赫勒。还喜欢上那些有意思的黑人仆人。此刻，大约有30名搬运工在搬运用来烧营火的木头，他们总是能够让我们很开心。营火整夜都在燃烧，搬运工们都异口同声地唱着单调的歌，歌词只有一句："木头——很多即将点燃的木头！"。

祝你圣诞快乐！也祝阿奇与昆廷圣诞快乐。不管现在酋长山有多冷，我都希望能够与他们在一起。我想，在乌干达，我们要是呆在蚊帐中，一定热得要命。

1910年3月14日，西奥多一行穿过肯尼亚，抵达喀土穆，与在这里等候的伊迪丝会合。按照计划，西奥多将带着妻子到欧洲各国进行为期6周的访问旅行。

在西奥多未抵达欧洲前，关于他的各种议论就在各国的上流社会流传开来。此时的西奥多成为传奇人物，他的名气比他任期内还要大。人们开始猜测西奥多卸任后的形象，不知道是像传统的美国牛仔那样，腰里别着两把手枪；还是手里举个大棒，态度凶狠。西奥多的访问成为欧洲的大事件，经常能够在报纸的头版出现他的名字，这极大地满足了西奥多的虚荣心。

西奥多在欧洲访问的第一站是罗马，在他到达罗马之前，梵蒂冈教廷就有牧师来通知他，提出教皇想要接见他，但前提是他不能与那些力图在梵蒂冈传教的美国监理会牧师接触。西奥多拒绝了教皇的要求，不愿意被限制行动自由。他一向主张宗教自由，反对将宗教信仰与政治问题联系起来。梵蒂冈教廷将宗教问题政治化的做法让西奥多很不满，于是对于拜访教皇也就失去了兴趣。

梵蒂冈教廷不愿意媒体猜测教皇对这位访问者有什么不满，还是希望两个人能够会面。他们开始妥协，希望西奥多不用对宗教问题公开表态，只要答应不去看望监理会牧师就可以。西奥多没有理会教会的提议，可是也没有按计划会见在罗马的美国监理会牧师。虽然他没有去拜访教皇，但是也不喜欢监理会牧师发表激烈言辞抨击教皇。他取消了会见，不再去想宗教与政治的关系。

THEODORE ROOSEVELT

离开罗马后，西奥多前往伦敦。英国皇室对西奥多非常热情，欢迎他到伦敦进行访问。英国国王爱德华七世称赞西奥多在非洲的狩猎成绩，认为他是个真正勇敢的人。美国与英国虽然相隔遥远，但是两个国家同根同源，又都是英语国家，所以西奥多对英国始终怀有敬意。在北非停留期间，西奥多就对英国控制埃及的行为表示支持，认为英国在实行文明的统治，当地人应该忠诚于英国。作为一个积极的扩张主义者，西奥多总是将西方列强的殖民侵略行为说成为白种民族的使命。西奥多的演说引起了埃及和非洲反英派的强烈不满。

在伦敦停留期间，西奥多还应邀到牛津大学发表学术演说，主题是"生物学的历史分析"。这次演说是两年前就确定下来的，西奥多认为这是非常重要的演说，准备了很长时间。他在牛津大学受到了师生的热烈欢迎，大家被他幽默的口气、轻松的演讲风格所感染，掌声不断。没有人注意西奥多的演说主题是否有学术意义，大家只知道眼前的这个演讲者是个值得尊敬的伟大人物。

西奥多在欧洲访问的第三站是挪威。1910年5月5日，西奥多作为特别嘉宾，在挪威首都奥斯陆参加了诺贝尔和平奖授奖仪式。他在颁奖大会上就世界和平问题发表演说，提出列强间订立限定海军的协议，建立联盟维护世界和平；他还认为应加强海牙国际法庭的仲裁作用，争取在不付诸于武力的情况下解决国际纠纷。西奥多强调协议和仲裁对维护世界和平的意义，认为世界和平与大国的联合休戚相关。西奥多的这些思想，与后来的国际联盟计划和非战公约有着相似的地方。西奥多是个不畏惧战争的人，但是他也不同意轻易地发动战争。

1910年5月6日，英国国王爱德华七世去世，打乱了西奥多的访问行程。按照美国大使馆要求，西奥多代表塔夫脱总统出席丧礼。

爱德华七世是维多利亚女王与萨克森·科堡·哥达艾伯特亲王的长子。1859年，爱德华进入牛津大学，成为首位进入牛津大学的王储。在驻爱尔兰陆军部队服役时，他曾与一个女演员厮混。哥达艾伯特亲王为了劝

THEODORE ROOSEVELT

导儿子,来到爱尔兰,并且在归途中去世。维多利亚女王将丈夫的死归结于儿子的荒唐,因此不准他过问国家和王族事务。1863年,22岁的爱德华与丹麦克里斯蒂安亲王的长女亚历山德拉公主结婚。1901年,维多利亚女王去世,60岁的爱德华登上王位,人称爱德华七世。

早在威尔士亲王时代,爱德华七世就曾出访欧美各国,并得到了很大成功。在维多利亚女王逝世前,爱德华就已经促进了英、法、俄三国同盟的初步形成。1901年,爱德华七世继位后,英、法、俄三国协约的局面形成,英国稳定了它在欧洲大陆的地位。由于这个同盟的形成最终导致了第一次世界大战的爆发,所以有人将一战爆发的原因归咎于爱德华七世。

由于年轻时基本没有参加过国务,所以爱德华七世缺乏处理国事的经验。但他喜欢交际,为人和蔼可亲,深受英国人民的欢迎。在爱德华时代,英国维持了和平、繁荣、歌舞升平的面貌。当时的英国流行着一句谚语——如果你不愿意发生战争,那就需要爱德华这样的好国王。

爱德华七世的国葬仪式,实际上就是一次各国首脑与君主的大聚会。西奥多总是能够成为君主们关注的中心,大家争先恐后地与他攀谈,听他发表各种议论。他受到了非常热烈的欢迎,使得他比那些国王还具有凝聚力与号召力。在与这些君主交往的过程中,西奥多表现得不卑不亢,处处表现出美国人的自尊与自信。他为美国的民主制度感到骄傲,认为自己不过是个普通的公民,却能够被选举出来,与那些最有权势的国王站到同样的位置。

西奥多除了前总统的光环外,更值得人关注的是他具有传奇色彩的个人经历。另外,他良好的素质和文化修养,使得他自然而然地得到那些君主们的尊敬和喜欢。虽然西奥多将自己当成是已经退休的普通公民,但在各国受到的礼遇依然是十分隆重的。就如他多年追求的,美国已经在国际政治中占有一席之地,再没有哪个国家敢轻视和挑衅美国。作为美国离任总统,西奥多是个让人不得不尊敬的世界名人,这不仅仅是个人魅力的体现,还是国家实力的体现。

THEODORE ROOSEVELT

西奥多在柏林的访问，稍微有点波折。他在总统任期内，曾多次与脾气暴躁、有些孩子气的德国皇帝威廉二世打交道。西奥多对威廉二世说过很多颂扬的话，并且将自己定位为他的私人朋友。在解决摩洛哥危机的时候，西奥多虽然抑制德国的邀请，但表面上仍表现得对威廉二世非常恭敬。他对威廉二世总是流露出崇拜之情，这极大程度地满足了皇帝的虚荣心。虽然最后德国在摩洛哥危机中没有得到好处，但威廉二世却始终相信西奥多是站在德国立场上的。两人通信比较频繁，私人关系一直不错。

威廉二世知道西奥多到达柏林后，立即向他发出到皇宫共进午餐的邀请。因为邀请的名单上没有提到西奥多夫人，所以西奥多没有直接接受邀请，因为他不愿意将妻子单独留在饭店。威廉二世并不以此为忤，重新发了邀请函，邀请西奥多夫妇到皇宫做客。饭桌上，宾主双方简单地谈了一下欧洲各国的局势。由于双方年龄差不多，所以两人的见面不像国王与他国前首脑会面，更像两个老朋友聚会。威廉二世对西奥多的非洲狩猎旅行很感兴趣，同时也像小孩子一样炫耀自己的皇家卫队。

在西奥多夫妇到皇宫做客第二天，威廉二世正式为西奥多夫妇举行盛大的欢迎仪式。他身穿戎装，带着德军高级将领，陪同西奥多检阅了皇家卫队。随后，皇家卫队进行了军事模拟演习，威廉二世与西奥多一起观看了这次演习。威廉二世的心情非常愉快，西奥多也提起莽骑兵团的生活。两人拍了很多合影照片，威廉二世选了几张自己比较满意的照片，在后面写上照片内容的文字说明，然后送给西奥多。

在欧洲访问期间，西奥多那种喜欢发表自己见解的习惯被公众熟知。不管他在哪里，都能够口若悬河地发表演说。西奥多谈论的两个主要话题，就是道德问题与国际和平问题。他的演说带有美国风味，不拘一格，激情澎湃，容易引起听众的共鸣。对于性格保守的欧洲人来说，西奥多的演说充满新奇，因此大家都喜欢听他的演说。虽然已经退离总统岗位，但西奥多仍是非常关心国际政治。当时，欧洲列强在各个殖民地争夺强烈，备战之风愈演愈烈，局势非常紧张。西奥多希望尽量避免发生世界大战，主张用仲裁的方式来解决各国的争端。

1910年5月31日,西奥多回到伦敦,出席伦敦市政府为他举行的送别晚宴。伦敦市长代表市政府,向西奥多授予了"伦敦荣誉公民"的称号。西奥多发表即席演说,再次提到英国在埃及的统治。他称赞英国是人类文明的守卫者,支持英国对埃及的殖民统治。

1910年6月18日,西奥多和妻子乘坐"维多利亚女王"号轮船返回美国。在纽约港的岸边和码头上站满了迎接西奥多归国的人群,大家高呼着西奥多的名字,看着"维多利亚女王"号缓缓驶进港口。这个场景让西奥多想起了1898年,人们对莽骑兵团的欢迎。6艘战舰和几百只小船列队欢迎这位前总统,远处还传来21声礼炮的声音。西奥多站在甲板上,向迎接的人群大力地挥手,英雄凯旋归来。

3 处境尴尬的塔夫脱
THEODORE ROOSEVELT

西奥多与塔夫脱的矛盾,从塔夫脱继任总统那天就开始显现出来。新总统组建内阁,不参考前任总统的人事意见,这是无可厚非的事情。新总统任命的官员,能够比前任总统留下的官员更好地履行职责,更好地为新总统服务。西奥多在离任前,曾多次暗示塔夫脱保留一部分内阁成员。塔夫脱没有直接拒绝,但在组阁时还是按照自己的意愿换上一批新人。塔夫脱有点任人唯亲的嫌疑,在9名内阁成员中就有6名是律师出身。他们都代表着不同的大资本家的利益,这样他们非常有可能在政治上为那些大资本家提供便利。

塔夫脱继任总统后作出的第一次人事变动命令,就是免除亨利·怀特法国大使的职位。怀特是当时美国最出名的外交家之一,具有一定的社会知名度,而且他还是西奥多的好朋友。塔夫脱对怀特的不满是由来已久的,而不是有意针对前总统。在1886年,塔夫脱为了顺从新婚妻子海伦的

THEODORE ROOSEVELT

想法，打算从政，于是准备竞选国会众议员的位置。他将此事拜托给亨利·怀特，可是当时怀特正忙着前往伦敦担任第一任大使，所以没有太多精力来顾及其他。最终，塔夫脱的众议员之梦破灭，只好在俄亥俄州高级法院当了一名法官。塔夫脱的妻子海伦认为正是由于亨利·怀特的势利，才使得丈夫的政治道路变得波折起来。西奥多对怀特被免职的事情耿耿于怀，不理解塔夫脱的做法。他认为，怀特是个能力非常出色的外交人才，罢免怀特是美国政府的损失。

海伦除了愤恨怀特外，对西奥多也心存芥蒂。她还记得西奥多总是摆出高姿态的样子来对待她的丈夫，比如塔夫脱的大选因为西奥多的迟迟不表态而坎坷非常。最后，西奥多就像上帝一样，以施舍的口气支持了她的丈夫。在海伦心中，自己的丈夫是个非常出色的人，也有能力、有资格胜任总统这个职位。可是，西奥多对塔夫脱却总是持压制态度，他总是一方面称赞塔夫脱"非常善良、和蔼可亲"，一方面用模糊的口气暗示塔夫脱没有当领导的才能。海伦希望丈夫能够独立执政，摆脱西奥多的影响。

塔夫脱继任总统，最高兴的不是他本人，而是他的妻子海伦。海伦终于实现了自己追求多年的梦想，如愿以偿地成为美国第一夫人，成为没有皇冠的"皇后"。可是，好景不长，1909年5月，海伦因中风病倒，在这之后她的健康状况一直不是很好。她只能做适量的接待工作，梦想中的那种白宫女主人意气风发的日子，已经不属于她。这以后，她的女儿海伦·赫容·塔夫脱逐渐接替了母亲的角色，在白宫宴会上担当女主人的角色。

海伦·赫容·塔夫脱出生于1891年，是塔夫脱与海伦的第二个孩子，也是两人惟一的女儿。为了与她的母亲相区分，她被媒体称为小海伦。小海伦非常聪明，在她父亲任菲律宾总督时开始接受教育。全家返回美国后，她在布来恩·莫尔女校继续学业。她的父亲继任总统时，她已经是耶鲁大学历史系的学生。

作为总统的女儿，小海伦不可避免地成为媒体关注的焦点。人们总是将她与另一位总统的女儿小艾丽斯相比，得出的结论是两人截然不同。小艾丽斯浮夸又保守，海伦内敛又开放。两人都是性格比较矛盾的人，两人又各自具有自己的特点。小艾丽斯因在婚礼上穿着蓝色袍子，所以被称为"蓝色艾丽斯"；小海伦穿着粉色衣服出席父亲的就职仪式，被称为"粉色海伦"。海伦文静优雅，学识过人，更符合上流社会淑女的标准。小艾丽斯却性格张扬，不在乎外界评价，是个非常感性的人。受自由主义进步潮流的影响，当时的人们崇尚自由和个性，因此公众更喜欢小艾丽斯。

海伦对此非常不满，或许是受疾病的影响，她总是感觉很窒息。她不愿意丈夫处在西奥多的阴影中，也不愿意女儿被拿出来与小艾丽斯比较。

就像海伦担心的那样，塔夫脱的总统工作进展得并不顺利。虽然他在就职演说中表示坚决执行西奥多倡导的各项改革政策，可是在就任后的所作所为却与这个想法相悖。

1909年8月5日，塔夫脱签署了《佩恩—奥德里奇关税法》。该法由大公司的支持者、参议院塞雷诺·佩恩和纳尔森·奥德里奇提出，主要内容是对部分进口商品的税率作了下调。这种保护性关税提案违反了西奥多过去倡导的反托拉斯政策，维护了华尔街的利益。为了促使国会通过这个提案，塔夫脱曾在公共场合公开表示对该提案的支持，并且提到"这是共和党所拟定的最好的关税法，也是美国所制定的最好的关税法"。这个关税提案在共和党内部掀起轩然大波，它触及了共和党的底线，因为降低了关税会引起那些代表工业集团利益的保守派的质疑。另外它降低的都是部分市场占有额较小的商品的税率，没有达到西部共和党人对修改税法的预期目的，更引起了他们的不满。

西奥多任期内留下的共和党内部矛盾开始显现起来，共和党的分裂倾向愈来愈严重。那些具有改革思想的进步派议员们发现，塔夫脱总统已经与他曾反对过的保守派结盟了。他们开始想念充满改革精神的西奥多，甚至有的人私下管塔夫脱为"西奥多的叛徒"。

由于反对派的增多，塔夫脱的工作进展缓慢，因此他听从卢特的建议，对那些不听话的人毫不客气地解职。卢特在西奥多任期内先后担任陆

THEODORE ROOSEVELT

军部长和国务卿，国务卿卸任后担任纽约州议员。

当时，美国国内改革的呼声更加高涨，民众的改革思想已经逐渐成熟。塔夫脱却没有理会这一点，任用的内阁成员在政治上的立场都比较保守。其中，内政部长理查德·巴林格尔更是保守派中的顽固分子。在就任内政部长前，巴林格尔曾在西奥多政府中担任土地总署署长。

就任内政部长后，巴林格尔不顾西奥多任期内制定的保护自然资源政策，立即着手将已经收归国有的林业与矿业保留地、水利设施向私人开放。此时，保护自然资源运动的倡导人、森林学家平肖仍在森林管理局担任局长。他主张坚持西奥多任期时实行的自然资源管理政策，对巴林格尔的做法表示抗议。巴林格尔对平肖的抗议置之不理，督促下面的工作人员尽快按自己的要求做事。阿拉斯加土地官员格拉维斯也认为应该实行西奥多时期留下的资源保护政策，这引起巴林格尔的不满。巴林格尔未经正常的行政程序，就将格拉维斯免职。后来，国会就此事对格拉维斯提出抗议。在国会调查中，平肖站在格拉维斯一边，阐述了西奥多时期留下的资源保护政策对美国的历史意义。平肖对巴林格尔出卖国有公共土地的做法提出质疑，结果被塔夫脱总统免职。因为巴林格尔是在总统的许可下，进行那些买卖的。

塔夫脱将平肖免职的做法，不仅引起共和党改革派的强烈不满，还使得他在公众心中的形象急剧下降。他已经脱离了西奥多的改革方向，越来越像大企业的代言人了。平肖在森林管理局局长任上已经工作了12年，取得的成绩是有目共睹的。虽然按照政治规则，塔夫脱在平肖与巴林格尔之间放弃平肖是可以理解的，但这样直接的做法却不得不让人深思。平肖的被免职被改革派看成是大企业家的报复，因为平肖曾使得许多林业企业蒙受损失。

共和党主席洛奇对共和党的现状感到担忧，害怕共和党内部改革派与保守派的矛盾激化。他写信给在非洲狩猎的西奥多，希望他以大局为重，不要在平肖和塔夫脱的纠纷中发表看法，以避免共和党内部的分裂。平肖被解职后，非常郁闷地离开了华盛顿，前往非洲，向西奥多述说了事件的经过。在与平肖会面的时候，西奥多没有对塔夫脱的政策发表任何意见。可是，在西奥多心中，平肖的被免职已经成为塔夫脱全面背弃那些改革政策的信号。西奥多与塔夫脱之间产生了隔阂。

共和党主席洛奇的担忧成为现实，共和党内部的分裂倾向越来越严重。在国会中，一批进步派共和党议员打着西奥多的改革旗号，向众议院议长坎农发起公开挑战。坎农保守专断，是保守派中的核心人物，是国会中的共和党领袖。西奥多执政时，为了改革政策的顺利实行，不得不与坎农周旋，两人关系还算可以。就是否支持坎农继续出任议长，塔夫脱曾征求过西奥多的意见。西奥多认为，如果坎农在共和党中的影响力大的话，塔夫脱就不应该出面反对。

那些进步派议员看到塔夫脱支持坎农继续担任议长，就认定他已经向保守派靠拢。除了与坎农作对外，他们还将矛头指向塔夫脱。塔夫脱把西奥多的意见说了出来，为自己的行为作辩解。进步派议员们却相信，如果西奥多仍旧是总统，那他绝对不会去支持保守派党魁继续担任议长。这些具有改革精神的年轻议员，总是用对西奥多的标准来要求塔夫脱，结果只会非常失望。

1909年7月，在讨论《佩恩—奥德里奇关税法》时，进步派议员向议长坎农发难，想要剥夺他任命各个委员会成员的权力，结果没有成功。进步派议员们没有死心，1910年3月16日，来自内布拉斯加州的乔治·诺里提出成立规则委员会的提案。根据该提案，众议院成立规则委员会来控制立法问题，但议长不能参加该委员会。这个提案主要是为了限制坎农的权力，因而得到民主党议员的一致欢迎。在投票表决时，30多名共和党议员与民主党议员联手，使得该提案顺利通过。规则委员会成立后，坎农在众议院的影响力减弱。

1910年中期选举，共和党失去了众议院的多数席位，仅得161席，而民主党成为多数党，获得228席，虽然共和党在参议院中仍占有多数席位，

THEODORE ROOSEVELT

但民主党的席位比两年前增加了10席，共和党基本上没有什么优势。在这之前，共和党主席洛奇希望西奥多在选举中发挥自己的影响力，为共和党助选。西奥多却因暂时不愿意涉及政治为由，拒绝了洛奇的提议。

共和党内部一触即发的矛盾，民主党势力的增强，种种因素导致塔夫脱的处境非常尴尬。他认为自己有意继续执行西奥多时期的各项政策，可是由于采取的方法不当，导致没有发生任何作用。他对国会中的反对派表示谴责，认为他们才是破坏西奥多留下的政策的真正的罪魁祸首。塔夫脱与西奥多一直保持着联系，曾多次就进步派对自己的误解发牢骚。西奥多只是做了聆听者，并不发表自己的意见。他也很矛盾，塔夫脱是他亲自选定的继承人，从道义上讲应该给予支持；可是塔夫脱已经背弃了他的改革路线，这让他无法再作出支持塔夫脱的姿态。

在西奥多离任一年多的时间里，美国政治局势比较混乱，这些并不是个人原因造成的。当时，进步主义改革成为社会主流，改革派在地方政府中逐渐得势，联邦国会也被改革派控制。人们对改革的要求越来越强烈，大家开始呼吁政治民主化，主张扩大民众参与政治、监督政府的权利。以年轻的共和党人为首的改革派的态度比较激进，他们攻击倾向于企业界的法院与立法机构，主张加强对大公司的管理。西奥多虽然已经不在总统职位上，但仍被这些年轻人当成是改革派的灵魂人物。他们希望西奥多能够领导这场运动，为美国的政治民主而斗争。

人们关注报纸上的消息，为西奥多在非洲的英勇事迹感到骄傲。他在欧洲的外交风采，更是提升了美国人的国家荣誉感。西奥多的影响力并没有因他的离职而减弱，在与塔夫脱作对比后，公众对这位前总统的赞誉更高。这种情况让塔夫脱觉得尴尬，他这个现任总统已经开始被人忽视了。

当得知西奥多即将从欧洲返回纽约时，人们开始布置他的欢迎仪式，规模并不亚于任何一届在任总统的迎接仪式。所有的人都在等待西奥多的归来，他成为美国改革精神的代表。塔夫脱原本想亲自迎接自己的老上司，可是担心会引起争议，被冠上谄媚前任的帽子，所以他改派代表去纽约参加欢迎仪式。

西奥多回到纽约后，在欢迎会上发表简短演说，用词比较模糊，让人无法预测他是否会重返政坛。可是，他提出要休息两个月，希望记者不要到他的住所影响他的私人生活，因为这两个月里他不会发表任何政治看法。

回纽约没几天，西奥多就食言了。当时纽约州政坛正在就休斯提出的直接预选问题展开激烈讨论，西奥多发表了自己的看法，支持休斯提出的直接预选法案。虽然西奥多不让记者到家里，可是却在家中不停地接待着各种政治人物。这些人都是塔夫脱的政敌，即改革派中的代表人物。就在外界开始猜测西奥多与塔夫脱的关系的时候，塔夫脱邀请西奥多到白宫做客，被西奥多婉言谢绝。

1910年8月，西奥多想出任纽约州共和党委员会临时主席，以达到促进一位进步派州长候选人的提名。最后当选主席的是现任副总统詹姆斯·谢尔曼，西奥多以为塔夫脱在背后支持谢尔曼，非常愤怒。塔夫脱不得不出面，表明这件事与自己完全没有关系。塔夫脱和西奥多之间，矛盾越来越多。这次事件被外界当成是西奥多与塔夫脱之间冲突的证据，共和党内的分裂现象愈加严重。

4 "雄麋党"的总统候选人
THEODORE ROOSEVELT

回到美国后，西奥多发现塔夫脱的政治已经完全与1908年前的政策相悖了，有种遭到背叛的痛苦。因为塔夫脱在竞选前就表明他会坚持西奥多的改革政策，甚至他还将这点写进了就职演说稿中。可是，在实际工作中，塔夫脱已经偏离了西奥多的改革道路。

在反托拉斯问题上，西奥多主张加强对大企业的监督与管理，塔夫脱却依赖于司法起诉的作用。在塔夫脱继任总统4年内，提出的反托拉斯案件大大超出西奥多7年任期内的总和，而且一定程度上抑制了大公司的不

THEODORE ROOSEVELT

法行为。可是民众却不相信塔夫脱的反托拉斯立场，因为他本身就带有大企业发言人的性质，比如他帮助洛克菲勒集团打击摩根集团，所以缺乏公众认可的公正、公平、公开性。这点抹杀了他在反托拉斯方面取得的成绩，成为进步派攻击他的理由之一。在劳资问题方面，西奥多主张用改善工人生产与生活条件的方式来缓和劳资矛盾，塔夫脱却对这些没有什么兴趣；对于进步派掀起的要求直接预选的浪潮，西奥多表示支持，塔夫脱却不置可否。

塔夫脱精通法律，但政治才能平平，性格比较保守，缺乏改革的意识。他不算是个真正的保守派，但也不能说是改革派，这种模糊的立场导致他得不到任何阵营的支持。西奥多却是公认的进步派领袖，永远是一副乐于挑战的硬汉子形象。在西奥多的对比下，进步派对塔夫脱失望不满也是情理之中的。

在塔夫脱苦恼的时候，西奥多的心情也不愉快。他在政治上连续失利，支持的人在竞选中落马。西奥多有些沮丧，认为民众已经开始厌倦他。关于他是否参加竞选1912年大选的问题，也让他觉得不安。截至到当时，在美国历史上还没有哪位总统打破常规，竞选第三任。

1910年8月，休息了两个月的西奥多开始了一次西部旅行，由俄亥俄出发，到怀俄明结束，总共游历了7个州。虽然他在两个月前拒绝了洛奇提出的为共和党助选的事情，但在这次旅行中，他却在沿途发表演说，在阐述自己政治主张的同时为共和党的中期选举呐喊助威。西奥多受到各州人民的热烈欢迎，和他离职前没有什么两样。

1910年8月27日，《纽约时报》发表了西奥多的政治声明，他提出当前主要问题是反对党魁与特权利益，推进民主政治。西奥多的声明成为他即将重返政治舞台的信号，进步派们都在期待着他的复出。

1910年8月31日，西奥多应邀前往堪萨斯州的奥萨沃托米城，参加那里举行的纪念约翰·布朗的活动。

约翰·布朗，美国著名废奴主义者。1800年，出生于康涅狄格州的一

THEODORE ROOSEVELT

个白人农民家庭，父亲是废奴主义者。由于从小受反奴隶制思想的熏陶，布朗成年后从人道主义出发，积极投身于美国废奴运动。1854 年到 1856 年，他参加了堪萨斯州反奴隶主的武装斗争（即堪萨斯内战），从此闻名遐迩。1857 年，他开始筹备以解放南方奴隶为最终目的的武装起义。为了筹措起义资金及争取黑人尤其是著名黑人废奴主义者的合作，布朗多次奔走于新英格兰各地，得到北方一些进步人士的大力支持。1859 年 10 月 16 日晚，59 岁的布朗发动了一次小型起义，目的是为了唤起各蓄奴州的奴隶们奋起反抗。布朗率领着 22 名由白人与黑人组成的队伍，进攻弗吉尼亚州的哈帕尔斯渡口，并且迅速占领了政府的军火库。次日黎明，种植场奴隶主集合了队伍，包围了军火库。双方展开激烈的战斗，经过两昼夜的血战后，起义者大部分牺牲，其中包括布朗的两个儿子。幸存的 4 个人继续战斗，直到弹尽粮绝，才负伤被俘。在司法审判中，约翰·布朗被判死刑，罪名是"杀人叛国、煽动黑奴叛乱"。同年 12 月 1 日，在上绞刑架之前，布朗挥笔写下了最后的遗言："我，约翰·布朗，现在坚信只有用鲜血才能清洗这个有罪的国土的罪恶。过去我自以为不需要流很多血就可以做到这一点，现在我认为这种想法是不现实的。"

约翰·布朗为黑奴解放事业献出了宝贵的生命，在他英勇就义的那一刻，北方各州均下半旗，高大建筑物上饰以黑色装置，教堂鸣钟致哀。约翰·布朗虽然牺牲了，可他的精神却鼓舞了更多的人，人们纷纷加入斗争的队伍，解放黑奴的呼声传遍了美国的每个角落，全国的废奴运动被推向一个新的高潮。布朗的牺牲没有白费，在他死后两年，旨在推翻南方奴隶制度的南北战争爆发。在战争进行到最后，人们能够听到北方军的士兵们高唱着"约翰·布朗的精神引导着我们前进"的歌曲，势如破竹地赢得了内战的胜利。

布朗在堪萨斯州的时候，曾带领反奴隶运动者在奥萨沃托米城进行武装斗争，因为这里的人对布朗有着非常特殊的感情。西奥多的感触就没有那么多了，他没有精力了解布朗在堪萨斯的事迹，将全部心思都放在自己

THEODORE ROOSEVELT

的演说上。作为纪念会的特别嘉宾，西奥多在那里发表了名为《新国家主义》的演说。在这次演说中，西奥多总结过去执政时的经验，吸收当时各种流行的改革主张，提出了"新国家主义"的概念，即在加强国家干预的基础上，进行政治、经济和社会制度改革。西奥多的演说在全国引起了广泛反响，人们开始寄希望于政府，希望他们能够开始实行有利于社会发展的改革政策。对此，进步派欣喜异常，自然而然地把西奥多当成了他们的领袖人物。塔夫脱却不肯接受现实，还封闭在自己的圈子中，不顾全国改革浪潮的影响。他不能够理解西奥多的政治主张，认为那些都是不符合实际的狂妄之论。

西奥多对这次西部之行非常满意，人们没有忘记他，这点使他感觉很欣慰。这次旅行说明西奥多已经重返政治舞台，他已经开始为推进改革而战斗了。在这次政治旅行过程中，西奥多的思想显得有些矛盾。为了顾全共和党的整体利益，他只好在某些场合帮着塔夫脱说话，这让那些激进的进步派觉得很失望。为了推行自己的改革政策，西奥多不停地强调自己的改革立场，又让那些共和党保守派们侧目。

1911年3月间，西奥多又作了一次横贯大陆的旅行，继续发表演说，阐述他的"新国家主义"思想。这次旅行引起的反响平平，让西奥多很郁闷。当记者们问他是否参加1912年大选的时候，他的回答是否定的。

1911年，美国国内政治形势发生了很大的变化，西奥多和塔夫脱的矛盾公开爆发，共和党分裂现象更加严重。西奥多不再像前两年那样，对塔夫脱政府的工作不作任何评论；而是以共和党领袖的身份，发表与政府相左的政治观点。西奥多已经威胁到塔夫脱的政治地位，两人的政治分歧也越来越明显。

就在共和党内部混战时，民主党逐渐在政治上获得有利地位。布赖恩的连续三次失利让民主党认识到，旧时的农业改良政策已经不能打动选民的心，只有顺从进步主义主流才能够在全国政治中胜出。他们及时调整策略，终于在1910年中期选举中取得好成绩，成为获得众议院的多数席位。

THEODORE ROOSEVELT

最重要的是，他们有了新的领导人，有了一个能够有资格、有能力角逐总统大选的候选人，那就是新泽西州州长伍德罗·威尔逊。

伍德罗·威尔逊，1856年出生在弗吉尼亚，父亲约瑟夫·威尔逊是大学教授。从少年时候起，他就怀有远大抱负。他训练自己拥有雄辩的口才与外表极端冷静的绅士风度。在阅读大量关于历史传统与制宪政治的著作的同时，他还进行各种社会实践，这使得他迅速成熟起来。1885年，他获得普林斯顿大学博士学位。1886年，他先后在威斯尼亚大学和普林斯顿大学教授法学、历史学和政治学。1902年，威尔逊发表了《美国人民史》，被认为是其学术上的最高成就。同年，他担任普林斯顿大学校长，1909年当选新泽西州州长。在州长任期内，威尔逊积极推行进步改革政策，使得新泽西州的政治焕然一新，为他赢得了政治声望。

威尔逊的崛起，不仅增强了民主党人的自信，引起了共和党人的关注，也刺激了西奥多的竞选欲望。原本他是计划参加1916年大选的，可是他知道，在当前空前高涨的进步主义浪潮已经席卷美国时，落后于时代的塔夫脱根本就没有办法与新崛起的改革派政治家威尔逊抗衡。如果共和党在1912年大选中失利，让民主党赢得1912年大选，那1916年的大选，共和党的难度就太大了。西奥多是个比较现实的人，虽然他又有参与大选的欲望，但是他也知道胜出的希望有限。因为挑战第三任，就是挑战美国的政治传统，还不知道公众会有什么样的反应。在共和党党内，西奥多不仅得不到任何党魁的支持，还需要打败现任总统塔夫脱。

1912年2月11日，《纽约时报》发表了一封联名信。在信上签字的怀俄明、堪萨斯、密歇根、密苏里、内布拉斯加、新罕布什尔、西弗吉尼亚等7州州长提出，只有在西奥多的带领下，才能使进步主义改革沿着新国家主义的路线发展。这封信是西奥多的支持者策划的，他们已经在芝加哥成立了竞选总部，筹备西奥多1912年的总统竞选事宜。

塔夫脱看到7州州长的联名信后，公开谴责这些支持西奥多的人是精神病。西奥多原本还没有确定是否参加大选，塔夫脱的无礼态度促使他下

第六章 壮士暮年（1908—1919）

THEODORE ROOSEVELT

决心参加竞选。

1912年6月6日，共和党全国代表大会在芝加哥召开。虽然基层代表们大多支持西奥多，可是提名过程却掌握在几个党魁手里。在第一次投票中，西奥多只得了107票，塔夫脱以561票的绝对优势获得总统候选人提名。那些支持西奥多的进步派对这个结果非常不满，强烈谴责这种党魁操纵选票的行为。343名与会代表宣布退出共和党全国大会，继续支持西奥多。

西奥多和他的支持者们决定成立新的政党参加大选，他们得到具有进步思想的企业家的资助，开始筹划举行全国大会。

1912年8月5日，这个临时成立的政党在芝加哥召开全国大会，将党名定为进步党。西奥多在大会开幕式中提了一句"自己就如一只雄麋"，代表们听后决定用"雄麋"来做党徽，因此进步党又被称"雄麋党"。参加这次大会的代表有3000余人，大多是不满塔夫脱政策的改革派。除了一些知识分子、教师、记者、中小企业主外，到会的还有具有进步思想的各界名流。大会一致推举西奥多为总统候选人，参加总统选举。

8月6日，西奥多在大会上作了接受提名的演说，号召改革派团结起来，为进步主义的改革而战。根据西奥多提出的新国家主义思想，大会制定了进步党党纲，同时将推行新国家主义政策当成为这次大选的主题。

"新国家主义"的主要内容，就是具体的改革主张与设想。在西奥多看来，当时美国社会的发展受到了严重的威胁，资本集团干预政治造成政治与经济中的极端腐败，影响了美国的民主制度；贫困阶层成为社会不安定因素，引起的各种非法的暴力行为破坏了社会的安定和谐。解决美国社会问题的关键，就是进一步推行改革政策，通过加强国家干预来缓和社会矛盾。

西奥多和他的支持者围绕着"新国家主义"这个主题，针对政治、经济、社会、文化、道德等各个方面，制定了非常全面的改革方案。虽然西奥多在执政时屡次强调国家干预的重要性，但是却从来没有直接进行政治制度方面的改革。虽然美国已经是个民主化较高的国家，可是仍存在一些不民主因素，如妇女没有选举权、参议员不能够直接选举产生等。进步党将支持妇女选举权、支持直接预选等等，这些主张并不是由西奥多提出的，只是结合社会公众的态度确定的。

西奥多作为"进步党"总统候选人参加大选演说

在经济改革方面，西奥多还是坚持加强联邦政府对企业的监督与管理，目的是有效地控制经济发展，促成一种新的经济秩序，避免自由经济危害于社会。大公司政策仍是西奥多经济政策中的核心内容，他建议联邦政府成立专门的企业管理委员会，对这些大公司进行有效的管理。西奥多还提出修改托拉斯法，达到调整经济结构的目的。另外，经济改革方案中还包括：调整货币政策、修订关税、保护自然资源等方面的内容。

在社会改革方面，新国家主义提到的具体内容包括劳工立法和社会福利等。劳工立法，是协调劳资关系的重要手段，是解决劳资矛盾的惟一方法。另外提出女工童工立法、雇主责任立法、工时工资立法，认为每个方面都应该引起重视和关注，因为这些直接影响着社会安定与和谐。在社会

THEODORE ROOSEVELT

福利方面，提出了实行强制教育、倡导实行老年人保险等具体措施。

新国家主义的改革纲领就是一个进步主义改革主张的大杂烩，里面确实有切实可行的立法主张，但是也存在着带有竞选许诺性质的空谈妄想。

1912年7月，民主党全国大会在巴尔的摩召开。由于民主党党魁克拉克的介入，使得威尔逊的提名之路变得坎坷起来。民主党代表大会不仅是严肃的政治场合，也是令人啼笑皆非的闹剧舞台。大会开始后，克拉克雇佣的声援者涌进会场，按照预先安排，为克拉克喊支持口号。没想到富兰克林·罗斯福已经想到这点，也组织了人来对抗他们，现场一片混乱。会议主席想要阻止骚动，却徒劳无功，无可奈何之下只得宣布会议延期到星期一上午再继续。克拉克的嚣张气焰得以收敛，但威尔逊还是没有什么胜算。此时，威尔逊的支持者富兰克林·罗斯福抓紧时间，带领伙伴们在大会内外活动游说，披露纽约州选票的真实情况，引起进步派人士对坦慕尼厅支持的克拉克产生抵触情绪。另外，他们还鼓动各地选民给代表们寄信，敦促代表们把选票投给威尔逊。

在罗斯福等人的宣传努力下，各州代表开始关注威尔逊。在第46轮投票时，各州代表开始把选票投给威尔逊。墨菲察觉风头不对，知道克拉克已经完蛋，连忙寻找机会准备转向。而另一名有实力的候选人布赖恩眼看自己无望得到第4次提名后，就把手中控制的选票投给了威尔逊。大会局势完全逆转，最后的投票结果让人大吃一惊，威尔逊得到990张选票，远远地超过了规定要求的三分之二代表数选票。而原本稳操胜算的克拉克，只得到84张选票。

为了与西奥多提出的"新国家主义"相抗衡，威尔逊提出了"新自由主义"的竞选纲领。"新国家主义"和"新自由主义"都是进步主义思想的体现，并没有什么根本区别。按照威尔逊的解释，"新自由主义"是对美国社会现实的认识，美国正处于变革期，政治、经济和文化领域都在发生重大变革。在"新自由主义"纲领中，也包含很多改革主张，例如：要求修改反托拉斯法、禁止行业垄断、建议设立劳工部等。

THEODORE ROOSEVELT

西奥多知道，作为进步党的候选人，要在与民主党、共和党的竞选中获胜是痴人说梦，但他仍是全力以赴地进行竞选活动。芝加哥进步党代表大会结束后，西奥多在全国范围内进行巡回演说，宣传新国家主义的纲领。

1912年10月14日，西奥多准备在密尔沃基发表一次竞选演说。当他离开饭店，准备乘车前往演说会场时，一个名叫约翰·克兰克的男子向他开枪射击。这个人刺杀西奥多的理由只有一个，那就是反对总统连任三届。西奥多虽然被射中右胸，却不肯取消预定的演说，坚持前往会场。

当西奥多捂着胸口站在演说台上时，听众无比震惊。西奥多抛开拟定的演说稿，从自己被刺杀讲起，后又着重阐述了进步党的信条和纲领。西奥多作为一个不畏惧死亡的英雄，赢得了人们的尊敬。

演说完毕后，西奥多被送到医院。由于子弹正好穿过他上衣口袋里的眼镜盒，力量已经减弱，所以西奥多的伤势并不严重。他也算是因祸得福，越来越多的人开始公开支持他。

1912年11月，大选结果公布，威尔逊因反垄断立场得到商人和小业主的支持，赢得了大量选票。大选结束，威尔逊获得629.3万张选票，西奥多获411.9万张选票，塔夫脱获348.5万张选票。威尔逊获胜，成为美国下一任总统。

不管是共和党，还是进步党，都尝到了分裂带来的恶果。他们在相互抗衡间，削弱了彼此的力量，却便宜了民主党。很多共和党选民对共和党的分裂无所适从，最后转而投向民主党。西奥多并不愿意脱离共和党，只是为了参与选举才仓促地组建进步党的。大选刚刚结束，西奥多就决定放弃进步党，并且呼吁大家回到共和党。不久后，进步党正式宣布解散。

5 喜欢挑战的勇士
THEODORE ROOSEVELT

1912年大选结束后，西奥多开始撰写自传，并且继续为《瞭望》杂志

THEODORE ROOSEVELT

写稿。虽然他对竞选总统仍不死心，寄希望于 1916 年或 1920 年大选，但那要到大选前一年才会有眉目。西奥多能够做的，只有等待了。

西奥多的生活并不安静，因为此时关于他是酒鬼的流言越传越广。这个流言来源于《铁矿报》，在大选期间，支持民主党的《铁矿报》发表了一篇谴责西奥多是个酒鬼的报道，报道中说他总是偷偷地酗酒。这件事情并不算秘密，他身边的熟人都知道此事。而当时正是禁酒宣传处于高潮的年代，酗酒是公认的道德污点。

西奥多将这个攻击当成了民主党的竞选策略，并没有当回事儿。事实上，西奥多确实喜欢喝点葡萄酒，也曾用葡萄酒招待客人。大选结束后，关于西奥多是酒鬼的流言不仅没有平息，反而愈演愈烈。记者们开始展开丰富的联想，将西奥多的热情和豪爽都说成是酒精刺激所致。西奥多是个比较重视名誉的人，决定公开澄清此事。于是，他正式向法院提出起诉，控告《铁矿报》和写那篇文章的那名记者侵犯了自己的名誉。

1913 年 5 月 26 日，法庭开庭审理了西奥多的案件。审理过程持续了 5 天，原告西奥多请了许多与自己有过交往和接触的人出庭，证明西奥多从不酗酒，只是比较节制地喝一点。被告因为不能提供有效的证据和证人说明西奥多的酗酒问题是真实的，所以被判处诽谤罪。西奥多恢复了自己的荣誉清白，忍不住有些得意。

1913 年 8 月，西奥多收到巴西和阿根廷发来的演讲邀请后，开始筹划着顺道作一次美洲丛林探险。西奥多已经 55 岁，体力不能与 1909 年非洲狩猎时相比，另外，肥胖也威胁着他的健康。可是，勇士就是勇士，西奥多的探险步伐不会被这些困难阻碍。

1913 年 10 月 4 日，西奥多带着次子克米特离开纽约，前往南美。在进行完预定的几次演说后，西奥多和克米特在几位科学家的陪同下，组织了探险队，开始在巴西的丛林中探险。这次探险活动得到美国自然史博物馆和巴西政府的资助。

在前几个月中，探险队探察了巴西境内一条不通航的河流——异河。

THEODORE ROOSEVELT

第六章 壮士暮年（1908—1919）

此河南北流向，北面流向热带雨林，据估计这条河有可能汇入亚马逊河。西奥多一行，乘坐小舟，顺着河流前行，想找到它与亚马逊河交汇点。河上布满激流险滩，队员们不得不经常下船，沿着河岸慢慢走。在这个过程中，他们见识到了热带雨林丰富的植物与动物资源，也遭遇了一次次惊险。吸血蝙蝠、食人鱼、莽蛇等等，不停地带给他们刺激和考验。

年迈的旅行者——西奥多

由于后勤问题安排不合理，探险队的队员在旅途中花费的时间超过了原计划，物品供给出现了问题。队员们开始被不同程度的疾病折磨，西奥多的情况比较严重，腿部严重受伤，身体虚弱得无法动弹。西奥多不愿意连累大家，恳求同伴们不要管他，让他自生自灭。大家当然不会把他一个人留下不管，还是坚持着将他带出了丛林。

1914年5月19日，西奥多回到了纽约，直接被送进了医院。南美热带丛林恶劣的自然环境严重地损害了西奥多的健康，他的体重减轻了35磅，已经病得卧床不起。可是，西奥多还是完成了自我挑战，再次证明自己是个硬汉。巴西人为了纪念这次探险，将异河的名字改为"西奥多河"。

THEODORE ROOSEVELT

在西奥多南美探险期间，他还在《美利坚杂志》举办的美国名人评选中，以绝对优势的票数当选为"最伟大的美国人"。西奥多虽然逐渐老去，但他仍是很多美国人的精神偶像。受这次评选的影响，为了宣传西奥多的思想，一些进步主义知识分子创办了《新共和》杂志。很多人希望西奥多能够参加1916年大选，以改革派领袖的身份重新入主白宫。

1914年7月初，西奥多的身体经过休整后恢复了健康。他发现纽约州共和党党魁巴恩斯和民主党党魁墨菲往来频繁，在一些政事的处理上同流合污。西奥多对这种行为非常鄙视，他发表声明，对巴恩斯的行为给予了严厉谴责。巴恩斯控制着纽约州政治，非常有权势。他就西奥多的声明向法院提出控诉，控告西奥多犯有诽谤罪。10个月后，法院作出判决，西奥多的批评有据可凭，不能构成诽谤罪。巴恩斯搬起石头砸了自己的脚，彻底断送了他的政治前途。

20世纪初期，欧洲列强在地中海沿岸和巴尔干地区展开了激烈的争夺，各殖民地的独立斗争也层出不穷。在俄国的支持下，波斯尼亚和黑塞哥维那两地的民众强烈要求摆脱奥匈帝国的殖民统治，想和塞尔维亚合并，建立统一国家。奥匈帝国为了维护本国在巴尔干地区的统治权，准备对塞尔维亚开战。德国为了牵制俄国在该地区的力量，和奥匈帝国约定，如果俄国出面协助塞尔维亚，德国将出兵支持奥匈帝国。

1914年6月28日，奥匈帝国在波斯尼亚邻近塞尔维亚的边境区进行军事演习，以塞尔维亚为假想敌，由奥匈帝国皇储弗兰兹·斐迪南大公亲自检阅这次演习。6月28日是塞尔维亚的"国耻日"，这天是1389年土耳其军队打败塞尔维亚和波斯尼亚联军的日子。奥匈帝国的挑衅意味非常明显，这引起塞尔维亚民族主义者的极大愤怒。演习结束后，斐迪南大公偕同夫人返回萨拉热窝市区时，被隐蔽在一旁的塞尔维亚爱国青年加弗利尔·普林西普开枪击中，双双毙命。

这就是著名的"萨拉热窝事件"，德国和奥匈帝国以此作为借口，公然发动战争。7月28日，奥匈帝国对塞尔维亚宣战。8月1日、3日，德

THEODORE ROOSEVELT

国分别向俄、法两国宣战。8月4日，英国向德国宣战。8月6日，奥匈帝国向俄宣战。8月23日，日本向德国宣战。第一次世界大战以欧洲大陆为主战场全面爆发。

第一次世界大战爆发后，美国政府没有马上参战，依然延续传统的孤立主义政策，采取观望态度。听到奥匈帝国宣战的消息后，富兰克林·罗斯福结束夏季休假，回到华盛顿，前往海军部。这里依然还是老样子，丝毫看不出因世界大战爆发而引发什么紧张情绪。欧洲的战火和硝烟显得很遥远，大家好像都无动于衷。丹尼尔斯对于发生这样一件影响世界和平的事情，只是表示非常遗憾和伤感。国务卿布赖恩依然坚持自己的和平主义立场，尽量让美国在这次战争中置身事外。

1914年8月5日，威尔逊总统发表《中立声明》，表明美国政府的立场。8月6日，西奥多发表声明，认为美国应该认识到大战带来的危机。8月19日，威尔逊发表《告美国民众书》，要求民众冷静面对，不要卷入这场纠纷。

就在美国还在观望的时候，大战不断升级。德国发现不能再在陆地战中速战速决，就开始在海上实行无限制潜艇战，用来从海上封锁英法。对任何驶入规定海域的船只，不管是否属于交战国，德军未加警告即予以攻击。

1915年5月7日，德国潜艇在爱尔兰附近海域击沉英国丘纳德轮船公司的"露西塔亚"号客轮，包括128名美国人在内的1195人遇难。美国民众对德国产生强烈不满，要求政府宣战的呼声此起彼伏。美国国内媒体的报道也越来越尖锐，以西奥多为首的参战派呼吁美国为荣誉而战，以布赖恩为首的和平主义者则要不顾一切地维持和平。

表面上看来，威尔逊总统好像在为到底是参战、还是继续观望而拿不定主意。实际上，他在等待时机，以好让美国能够在列强纷争中坐收渔利。为了化解国内群众高涨的不满情绪，他向德国政府提出并不严厉的抗议。国务卿布赖恩不赞同威尔逊总统对德国提出抗议，担心因此引发不必要的战争。为了表示维护国内和平的坚定决心,他毅然辞去国务卿一职。

到底要战争,还是要和平,成为美国人悬而不决的议论话题。但是关于备战问题,民众意见却出奇得一致。威尔逊总统也知道只有军事力量强大,选择是否参战的权力才会在自己手中,他向国会递交扩军备战提案,其中包括罗斯福主张建立强大海军的计划。国会通过提案,美国备战活动全面展开,主要集中在增加陆军和海军的现役军人数量,建造新式军舰,扩大舰队规模等方面。另外,政府成立了咨询委员会,以确保战争爆发后能够调动供给各项物资。

1916年6月3日,美国国会通过了《国防法》,规定增加现役军队数量,全国范围内进行预备役训练。

1916年6月,共和党全国大会在芝加哥召开,西奥多放弃了自己参与竞选的念头,开始促成共和党党内各派的联合。纽约州前州长休斯通过提名,成为共和党总统候选人。

一个月后,威尔逊再次获得民主党总统候选人提名。威尔逊为竞选作着准备,竞选策略是要以实力争取和平,他的竞选办公室人员把竞选口号定为"他能够让我们免受战争困扰"。在国际局势日益紧张,国内人心不稳的情况下,威尔逊的竞选策略显得非常高明。

共和党的总统候选人休斯,是位受人爱戴的法官,没有任何不良记录供对手攻击。竞选初期,他的中立立场比威尔逊更坚定,但是后来开始偏向同盟国。由于他的做法有些矛盾,这给了对手可乘之机。西奥多不满威尔逊对德国采取的妥协政策,为了让共和党赢得大选,他呼吁大家重新团结起来,一起支持候选人休斯。大选前夕,共和党信心百倍,觉得能够赢得大选。

1916年11月4日,投票日,最初公布的是东部各州的选举结果,不出众人所料,休斯赢得了大部分地区的选票。共和党人以为胜券在握,甚至开始准备庆贺大选胜利的晚宴,但等西部州的选举结果出来,他们才知道原来空欢喜了一场。最后的选举结果出来了:威尔逊获得的选票数是

9129606 张，休斯的是 8538231 张，威尔逊成功连任。两个星期后，休斯才承认竞选失败，向对手表示祝贺。

1917年1月9日，德国皇家委员会会议在西里西亚举行。由于协约国的封锁削弱了德国的经济力量，战争越来越被动。为了扭转眼前的不利局面，大会通过了无限制潜艇战的协议。

2月1日，德国海军部队各潜艇艇长接到指令，开始进行无限制潜艇战，攻击同盟国之外的所有船只。2月3日，德国潜艇击沉了一艘美国船只。威尔逊总统宣布召回美国驻德大使，和德国断绝外交关系，战争即将来临。

3月5日是威尔逊总统的连任就职仪式，他在就职演说中提到"武装中立"，以混淆积极备战的真实意图。没过多久，美国船只被德国潜水艇击沉的消息接二连三传回美国，民众要求参战的热情高涨。

3月20日，威尔逊总统举行内阁会议，就参战问题征询各位部长意见，各部部长都表示为了维护国家尊严，除了参战别无选择。4月2日，威尔逊总统在国会发表演说，请求国会宣战。他在讲演中提到："为了世界和平，为了全人类，我们接受德国人的宣战。"4月4日和4月6日，美国参、众两院分别通过了对德宣战决议。8个月后，美国又对奥匈帝国宣战。在进行了系列参战准备工作后，美国加入协约国，正式参战。

1917年4月7日，在美国正式对德宣战的第二天，西奥多来到华盛顿。女儿小艾丽斯到车站去迎接父亲，并且邀请他住在自己家里。她早就知道了父亲此行的目的，那就是会见总统，讨论自愿兵的建军计划。西奥多通过堂侄富兰克林·罗斯福转告陆军部长贝克，自己想和他面谈。陆军部长贝克到达小艾丽斯家时，这里已经积聚了一批西奥多的追随者。西奥多对贝克很亲热，提出了自己组建自愿军队伍的设想。贝克没有给出明确答复，只是说"要考虑一下"。

4月9日，西奥多亲赴白宫拜会威尔逊，希望他能够批准自己的建军计划，但没有得到明确的答复。虽然在两人面谈过程中，气氛非常轻松愉

THEODORE ROOSEVELT

快，但这只是表象而已。几天后，西奥多从贝克那里得到消息，威尔逊否决了他的赴欧作战计划。

西奥多不得不承认，属于他的时代已经过去了。虽然他没能上战场，但他的4个儿子都参加了美国远征军，也算是代父亲实现了赴欧作战的愿望。

1917年6月5日，美国派遣34艘驱逐舰参与大西洋的反潜艇战，对抗德国的无限制潜艇战，不久后又派遣战斗舰加入英国海军。美国的参战给德奥一方带来沉重打击，战争形势向着有利于协约国方面转变。1918年春，以美国为首的协约国海军在从奥克尼岛到挪威北海一线布下"布朗水雷"网，限制德国潜艇部队进入内海。为此，德国海军的士气不振，再也嚣张不起来了。

6 总统的孩子们
THEODORE ROOSEVELT

在西奥多的6个孩子中，公众最熟悉的是他的长女小艾丽斯。小艾丽斯是西奥多与第一任妻子艾丽斯·李惟一的孩子，1884年2月12日出生在纽约。她出生两天后母亲就去世了，她是由继母伊迪丝抚养长大的。父亲就任美国总统时，小艾丽斯才17岁。她继承了母亲的美丽容貌，却没有母亲身上的温柔。

实际上，小艾丽斯是西奥多的6个孩子中最聪明的，她继承了父亲的冒险精神，继承了父亲喜欢阅读的良好习惯，也继承了父亲喜欢出风头的自恋心态。她来到华盛顿后，吸引了公众的视线，成为社交界的宠儿，她的穿着打扮成为当时的流行风向标。

小艾丽斯的性格比较张扬，喜欢追求刺激。西奥多与长女的关系起初并不亲密，或许是因为介意她的出生才使他失去了最爱的人。在3岁前，小艾丽斯先后由姑母贝米和外祖父母抚养。西奥多再婚后，小艾丽斯由继

THEODORE ROOSEVELT

母伊迪丝抚养长大。在艾丽斯的童年，西奥多正忙于事业，很少有时间关心这个女儿，父女两个很少沟通。当西奥多开始重视与孩子们的交流时，小艾丽斯已经成为一个少女，不再需要父亲的宠爱。西奥多有给孩子们写信的习惯，可是其中却很难找到写给艾丽斯的信。

1906年2月17日，小艾丽斯与36岁的俄亥俄州众议员尼古拉斯·朗沃斯结婚。

西奥多的长女小艾丽斯

婚后，她成为华盛顿的社交领袖，被称为"上流社会的贵妇"。因为她穿着蓝色袍子举行了婚礼，所以媒体称她为"蓝色艾丽斯"。

结婚30年后，52岁的小艾丽斯成了寡妇，她依然留在了华盛顿，仍是华盛顿社交圈的核心人物。3年后，她又永远地失去了31岁的独生女儿。在外孙女的陪伴下，她又度过了漫长的下半生。小艾丽斯是个晚会举办者，她的独到见解、犀利言谈，被新闻界称为"20世纪最敢于直言的人"。

THEODORE ROOSEVELT

80岁生日的时候,小艾丽斯在接受记者访问的时候,曾经历数她所见过的每位总统。她见过自19世纪80年代末的本杰明开始后的十多个总统。她形象生动地描绘了其中几位总统的趣事,然后笑着对记者说:"我是个非常和蔼的老太婆,如果有人把我的话当真的话,我的专长可是定然反击!"90岁的时候,小艾丽斯的身体日渐衰弱,但是她仍然积极乐观。在一次采访中,她是这样说的:"我不觉得自己迟钝冷漠,我会大笑,有幽默感,喜欢开玩笑。可是,我得承认自己经常会搞些恶作剧。我喜欢娱乐,是个享乐主义者。这些让人们很郁闷,你说是不是很奇怪?"96岁的时候,小艾丽斯在睡梦中走完了她的一生。一直以来,她都是华盛顿社交界的传奇。

西奥多的长子小西奥多·罗斯福,是西奥多与伊迪丝的第一个孩子,1887年12月13日出生于纽约。他不仅名字和父亲一样,昵称也同父亲一样。他是西奥多最寄予厚望的孩子,也是兄弟姐妹中事业最有成就的孩子。

小西奥多像当时上流社会的大多数孩子一样,跟着家庭教师进行启蒙教育和初级教育。13岁的时候,小西奥多遵循罗斯福家族的传统,进入格罗顿公学读书。在公学毕业前的好长一段时间里,他都想着要进军校学习,以后做一名职业军人。西奥多在这方面对儿子作了忠告,要求他慎重考虑,但同时也愿意为他提供帮助。以下是西奥多写给儿子的信,就参军问题作了探讨:

亲爱的特迪:

这是一封很长的书信。我将西点军校与安纳波利斯海军军官学校的考试试卷寄了过去。对于你想要进军校学习这件事情,我作了详细的考虑,也同你妈妈讨论了好久。我想把我认为的最好的建议给你,但是同时也不喜欢让你感觉勉强、或违背你的意愿……

我希望你认真地考虑各种问题,如果你开始走入军界,把这个当成自己的事业，这时才发现你选错了路，均是因为没有考虑周全，那将是多么让人遗憾的事。

如果你没有真正地将这个当成自己毕生的事业，那就不应该参军。当然要是真有那种尚武的感觉，那就参军吧；要是没有，那就要考虑往其他方向发展……

1904年，小西奥多进入哈佛大学学习，他还是听从了父亲的劝告，没有选择参军。

1908年哈佛大学毕业后，小西奥多进入商界，从最底层开始干起，在一家地毯厂做工人，一年半后升为销售职员。1912年，小西奥多进入银行业。第一次世界大战爆发后，小西奥多接受父亲的建议，接受军官培训。美国参战后，小西奥多和他的弟弟们一起应征入伍。到达欧洲不久后，他被提升为中校，并且在阿登纳战役中与法军并肩作战。1918年，小西奥多被授予英雄奖章和英雄十字勋章，因其作战英勇被多次授勋。

战后，小西奥多载誉归来，进入政界，先后出任海军部助理部长、波多黎各总督和菲律宾群岛总督。在任海军部助理部长期间，他被牵扯进哈定政府的石油丑闻。其实与他并没有直接关系，但是由于职位的关系而受到牵连。可是因受丑闻影响，小西奥多在纽约州州长的竞选中，败给了民主党人艾尔·史密斯。

州长竞选失败后，小西奥多带着妻子艾莉诺·巴特勒·亚历山大去了印度和中国，并在一本书中记载了这次旅行。小西奥多回到美国时，共和党人卡尔文·柯立芝当政，他被任命为波多黎各总督，参议院也迅速批准。1929年，小西奥多又被继任的共和党总统赫伯特·胡佛任命为菲律宾群岛总督。1933年，小西奥多的堂兄、民主党人富兰克林·罗斯福继任总统后，没有再任命他。小西奥多退出政坛，进入商界，担任美国运通公司董事长和道布尔戴书局副总裁。小西奥多非常讨厌堂兄富兰克林，他发誓共和党的罗斯福要永远与民主党的罗斯福保持距离。

第二次世界大战爆发后，小西奥多重新回到了部队，作为陆军准将率

THEODORE ROOSEVELT

领旧部第 26 步兵团，转战非洲和意大利。在诺曼底登陆中，他率领美国第 4 步兵师在犹他海滩登陆。一个月后，小西奥多因心脏病发作在法国去世，后被追授国会最高荣誉勋章。他被安葬在诺曼底美军公墓，与他相邻的是他最小的弟弟昆廷的墓。

西奥多的次子克米特·罗斯福，是西奥多与伊迪丝的第二个孩子，1889 年 10 月 10 日出生于纽约。1902 年，他进入格罗顿公学学习。他少年时期的爱好与经历和父亲西奥多非常相似，体弱多病，性格安静，比较敏感，非常喜欢看书，很有语言天赋。可是，他又非常喜欢大自然，热衷户外运动。对此，西奥多曾在给他的信中提到了自己的担忧：

亲爱的克米特：

我非常高兴收到你的信，很高兴你在打橄榄球。我感到有些遗憾，因为你和特迪都把主要精力放在了体育运动上。我从来没有奢望过你在体育方面出类拔萃，至少在大学里是这样（如果你上大学的话），因为那太浪费时间了。可是，我非常乐意看到你像个男子汉那样坚持参与那种比较艰苦的运动。不管是哪个儿子，我都希望他在学业上的成绩比体育上的成绩出色，但我更希望他能够在品格上显示出他的男子气概，而不是智力上或体力上。我相信，你和特迪都会逐渐拥有这样的品格。……

1908 年秋天，克米特进入哈佛大学学习。1909 年 3 月，他跟着父亲到非洲狩猎旅行。回到美国后，他用两年半的时间完成了四年的学业，在父亲以进步党候选人的身份参加选举时拿到了学士学位。1913 年 10 月，克米特陪同父亲去南美探险，除了丛林探险外，他们还探索未知的河流流域。克米特和他的父亲一样，喜欢紧张刺激的工作，但是对政治却毫无兴趣。

第一次世界大战爆发后，克米特在美国参战前就加入了英国陆军，转战美索布达米亚，后被授予陆军上校军衔，加入了战斗。因为作战英勇，他获得英国军人十字奖章。美国参战后，他转入美国陆军，在野战部队充当狙击手。战后，克米特出版了一部纪实作品《伊甸园里的战争》。后来他进入工商界，成为一家轮船厂的经理，不久后建立了自己的罗斯福船厂。该厂后来与国际海上商务公司合并，克米特担任该公司的副总裁，直到1938年辞职。

第二次世界大战爆发后，克米特再次加入了英军，授少校军衔。1940年，参加了"挪威运动"后，他被派往埃及。在埃及，他感染了病毒性痢疾，被迫退役休养，经过两年的治疗才得以痊愈。后来克米特参加了美军，任陆军少校，被派往阿拉斯加的理查德要塞。1943年6月4日，克米特因抑郁症发作开枪自杀。军方报告上写着他是死于"心力衰竭"，真正的死亡原因被隐瞒了很多年。

在西奥多的子女中，只有克米特与堂兄富兰克林·罗斯福关系密切，两人经常一起钓鱼。克米特继承了父亲的善良和温厚，到哪里都能够得到大家的喜欢。

西奥多的次女埃塞尔·卡罗·罗斯福是西奥多与伊迪丝的第三个孩子，也是两人惟一的女儿，1891年8月13日出生于纽约。她小时候非常活泼好动，酷爱参加男孩子们的各种游戏，特别喜欢骑马。西奥多继任总统时，埃塞尔才10岁，因此，她的少女时代都是在白宫度过的。她不像姐姐艾丽斯那样张扬，那样经常和兄弟们争得不相上下。她跟着家庭教师学习，并没有进正规的学校。15岁时，她开始在教会学校担任教职。

1913年，埃塞尔嫁给了比她大10岁的医生理查德·德比。埃塞尔继承了父亲的倔强和好强，是个不畏惧任何困难的女人。第一次世界大战期间，她和丈夫一起走上战场，在法国的战地医院做救护工作。埃塞尔是共和党的坚定支持者，她和丈夫有4个孩子，成年后大多进入政界。1960年大选期间，埃塞尔出面为支持理查德·尼克松竞选共和党总统候选人作演讲。在这之后，埃塞尔开始将精力投入到各种社会活动中，例如：支持美国民权运动、反对种族歧视、保护妇女权益等。值得一提的是，埃塞尔还是美国自然史博物馆理事会中最早的两位女性理事之一。

THEODORE ROOSEVELT

西奥多的三子阿尔奇波德·罗斯福，昵称阿奇，是西奥多与伊迪丝的第四个孩子，1894年4月9日出生于华盛顿。他童年时代的大部分时光是在华盛顿度过的，他身体瘦弱，13岁的时候曾生过一场重病。

和哥哥们一样，阿奇在格罗顿公学接受预科教育。1912年进入哈佛大学学习。第一次世界大战爆发后，他与哥哥们一起接受军官培训。1916年，阿奇从哈佛大学毕业。美国参战后，他加入美国陆军，被授予少尉军衔，随第1步兵师开赴法国。在战斗中，阿奇为了救3名士兵受了重伤，胳膊和腿都中了子弹。他获得了十字勋章，并且被提升为上尉。西奥多听说儿子负伤后，并没有过于担心害怕，而是赞扬儿子的英勇。战后，阿奇进入商界，担任辛克莱石油公司董事长，还创办了一家投资公司。战争留下的伤痛经常折磨阿奇，但是他却始终没有畏惧。他继承了父亲那种永不服输的个性，勇敢地应对一切困难。

珍珠港事件后，阿奇设法说服了军方允许他参战，被授予陆军中校军衔，担任新几内亚炮兵司令。在战斗中，一颗手榴弹在他身边爆炸，炸烂了他的膝盖。他又一次受伤，被光荣地授予银星与橄榄枝勋章。二战结束后，阿奇重返商界，成为一名投资商。1881年7月29日，因中风综合症，阿奇在佛罗里达的家中去世，享年87岁，是西奥多儿子中最长寿的。

西奥多的幼子昆廷·罗斯福，是西奥多与伊迪丝的第五个孩子，1897年11月19日出生于华盛顿。作为家中最小的孩子，昆廷是大家的宠儿。随父亲搬进白宫的时候，他只有4岁，是个名副其实的恶作剧大王。昆廷继承了父亲的亲和力与凝聚力，在华盛顿结交了很多好朋友，什么年龄层的都有。他们组成了"白宫孩子帮"，为白宫添加了不少生气。昆廷具有机械方面的天赋，能够组装出各种玩意儿。第一次世界大战爆发后，他跟着哥哥们一起接受军官培训。

1916年，昆廷进入哈佛大学学习，立志要成为一名作家。在上学期间，他爱上了一个名叫弗洛拉·惠特尼的女孩。1917年美国参战，昆廷参加了美国空军，被授予少尉军衔。他被派到一个战斗机飞行员训练基地担任机场管理员。他对战斗机很感兴趣，一边管理机场，一边跟着学员学习，很快成为一名合格的飞行员。后来他被派往法国，与德军作战。

1918 年 7 月 14 日，德军击落了飞进防线内的由昆廷驾驶的战斗机，他机毁人亡。德军通过他身上的一封写给弗洛拉·惠特尼的情书确定了他的身份，并且为他举行了隆重的战场葬礼。二战结束后，昆廷的尸骨被迁到了法国诺曼底美军公墓。

7 停止的步伐
THEODORE·ROOSEVELT

1918 年 7 月 17 日，西奥多接到了昆廷的阵亡通知书。对一个老人来说，有什么比失去最钟爱的孩子更痛苦的呢？在 6 个子女中，昆廷最像西奥多。就像是父亲的翻版一样，昆廷小时候也被哮喘病困扰，长大后具有绅士风度。在昆廷的身上，能够看到许多与西奥多相同的特质：他具有感召力，具有一定的领导能力和组织能力，总能够在伙伴中脱颖而出；他道德感比较强，无法容忍那些不正义的事情在眼前发生；他敢作敢为，精力充沛，愿意接受各种挑战。

对西奥多来说，昆廷的去世是个极为沉重的打击。在媒体的报道里，西奥多被描述为一个沉浸在丧子之痛中而无法自拔的悲伤的父亲。可是，在给朋友的信中，西奥多仍是表现出作为父亲的骄傲：

> 孩子离开了我们，确实是让人感到痛苦，但是还有比死亡更糟糕的事情。除了孩子们已经做过的那些之外，在这个世界上我没什么可以要求他们的了。他们很棒，不是吗？昆廷在敌人的防线上空被击落……阿奇受伤致残，被法国授予十字勋章……特迪中过毒……因作战英勇得到大家的称赞。克米特在潘兴，并且获得了英国的十字勋章……

为了纪念牺牲的昆廷，西奥多强忍着悲痛写下了《伟大的历险》，阐

THEODORE ROOSEVELT

述了自己对生与死的看法。他在文章中这样写道：

> 出生与死亡，都是同一次伟大历险的组成部分。……这次为了伟大事业进行的战争，能够检验出生存的意义。作为男人，不愿意去面对死亡；作为女人，不愿意让自己的男人去面对死亡，那都是可耻的。……荣誉，最高的荣誉，属于那些毫无畏惧地面对死亡的人。能够这样死去，是人生命中最荣耀的事情……

1918年上半年，西奥多的生活是比较充实的，不过他的身体状态很糟糕。他迅速地衰老，疾病缠身，左眼完全失明，左耳也已经失聪。少年时代的过度锻炼和老年时的几次探险，已经彻底摧毁了西奥多的健康。2月的时候，他生病住院治疗，住了一个多月的院。但西奥多并没有因身体上的疾病变得懦弱，仍旧雄心勃勃地寄希望于1920年大选，争取东山再起。在关注战争进展的同时，西奥多开始考虑联邦政治的施政方针。

1918年9月，西奥多在全美游历演讲，呼吁民众一致对外，敦促德国投降。1918年11月11日，德国和协约国在法国巴黎东北的康边森林签署停战协定。协约国军队总司令、法国的福煦元帅提出了苛刻的停战条件，日后它将成为《凡尔赛和约》的基础。战败的德国被迫接受这些条件，这也为第二次世界大战留下了伏笔。

1918年11月11日11时，同盟国和协约国停止了海陆空的所有军事行动，第一次世界大战最终以同盟国的失败而宣告结束。这次世界大战历时4年3个月，参战国33个，死伤3000余万人，军人阵亡人数在800万以上，经济损失折合2700多亿美元，欧洲很多国家经济受到重创。但是，美国却大发战争财，通过向协约国出售军火和武器交易获得巨额利润，由战前的债务国转为债权国，包括英国在内的20个欧洲国家均沦为它的债务国。美国通过巨额的黄金储备，加强了在资本主义世界金融市场上的主导地位。

就在第一次世界大战停战日当天，西奥多再次住进医院。在这个万人欢呼的日子里，西奥多却开心不起来。是的，如果战争能够早点结束，能够早4个月结束，那昆廷就不会死在战场上。西奥多是个好战分子，支持

THEODORE ROOSEVELT

儿子们参加战争、磨炼自己。可是作为父亲，他还是不希望儿子们真的遭遇什么不测。在送儿子们入伍的时候，西奥多要求他们必须呆在战场上，不许作逃兵。随着欧洲战场的战争越来越激烈，西奥多开始担心起儿子们的安危。他不再坚持要儿子们必须呆在战场上，开始劝说他们不要拒绝离开战场。在给三子阿奇的信中，西奥多这样写道：

> 我希望你能参加前线的战斗，那是每个上战场的军人首先要做的事情。如果你以前没那样做的话，肯定永远都不会快乐，换作我也是如此。不管时间长短，如果你去过了前线，就不要再拘泥下去。如果有一份更适合你能力发挥的工作摆在眼前，你不要因为这份工作不够刺激就拒绝掉，那是非常愚蠢的做法。

1918年12月23日，西奥多回到家中。经过40多天的治疗与休养，他的身体逐渐恢复，精神状态也很好。

1919年1月5日，星期天，西奥多没有休息。工作一天后，他有些疲惫，就比往常早了些时间上床休息。妻子伊迪丝走了进来，拥抱了一下丈夫："晚安，亲爱的！"

西奥多也轻轻地回应："晚安！"

伊迪丝出去后，西奥多对身边的黑人仆人阿莫斯说："请把灯给关了。"这是他生前所说的最后一句话。

1919年1月6日，凌晨4点，西奥多在睡梦中离开了这个世界，享年60岁。他的死亡原因是心肌梗塞。死亡降临得如此突然，让许多人感到震惊和意外，就连他的保健医生也不相信曾多次顽强抵御疾病的硬汉子就这样没了。此时，西奥多身边的子女只有受伤后回国休养的阿奇。他的两个哥哥还驻扎在法国的美军陆军服役，他在发给他们的电报中是这样写的："雄狮长眠了！"

美国各大报纸的头版头条刊发了前总统西奥多去世的消息，公共场所都下半旗致哀。威尔逊总统正在欧洲为巴黎和会的召开作前期准备工作。他得到西奥多去世的消息后，马上致信给西奥多的遗孀伊迪丝·罗斯福，

第六章 壮士暮年（1908—1919）

THEODORE ROOSEVELT

对她表示诚挚的慰问。不过他内心也有些庆幸，现在西奥多已经辞世，那么1920年的总统大选的威胁也就少了许多。那些在政治观点上与西奥多相悖的企业家和政客，却没有像威尔逊那样因西奥多的去世而感觉庆幸，反而是比较伤感。虽然西奥多是他们的政治对手，但是他也是值得尊敬的美国英雄。西奥多的追随者与支持者们，心中难免怅然若失，有的人忍不住哭出声来。

在不到半年的时间里，连续经历了丧子与丧夫之痛，这使得伊迪丝伤心欲绝。但她还是强忍着悲痛，有条不紊地料理着丈夫的葬礼。同时，她还做了一件事，一件她期待多年的事。伊迪丝销毁了所有艾丽斯存在过的痕迹，包括：西奥多保存的与艾丽斯之间的通信、艾丽斯的照片、文稿中出现的艾丽斯的名字等等。这里的艾丽斯不是指西奥多的长女，而是他的第一任妻子。不管是什么，只要与艾丽斯相关，伊迪丝就要销毁掉。她这是自欺欺人的做法，期待着这样做就能够否定艾丽斯曾出现在西奥多情感世界的事实。事与愿违，当人们提到西奥多的感情生活时，大家记得的仍是那个23岁就去世了的美人艾丽斯。虽然伊迪丝认识西奥多的时间、陪伴西奥多的时间都比艾丽斯长几倍，但是她却永远也不能够代替艾丽斯在西奥多心中的位置。

1919年1月8日，西奥多被安葬在奥伊斯特湾的罗斯福家族墓地。他的朋友们、他在莽骑兵团的伙伴们，还有他政治上的盟友和对手们都赶到纽约，送他最后一程。在西奥多的一生中，他实现了当时美国人能够想到的所有梦想，比如成为优秀的牛仔、英勇的军官、熟练的猎手以及一名政绩卓越的总统。对内，他促进了进步主义改革的步伐，为子孙后代保留了大量宝贵的自然资源；对外，他影响了美国的外交和军事的发展，确立了美国的大国地位，开启美国扮演的"世界警察"角色的先河。西奥多是美国现代政治模式的奠基人，对美国的影响持续久远。他去世14年后，他的堂侄、民主党人富兰克林·罗斯福就任美国第32任总统，推行了"罗斯福新政"。"罗斯福新政"中的很多内容都是西奥多政治改革的延伸。

THEODORE ROOSEVELT

西奥多去世后，美国国内就这位总统一生中最辉煌的成就展开了讨论。有的人认为，他最大的成绩就是在美西战争中取得胜利，因此才会被称为"圣胡安山英雄"；有的人认为，他最大的成就就是倡导保护自然资源运动，使得美国能够在良好的环境中长远地发展下去；有的人认为，他最大的成就是夺取巴拿马、促成运河开凿工程顺利启动和完工，所以称他为"巴拿马之父"；有的人认为，他最大的成就是调停日俄战争，获得诺贝尔和平奖，因此又称他为"和平使者"。不可否认的是，在当时的美国人心中，西奥多是继华盛顿和林肯后成绩最显著的总统。

在美国史上，1901年到1912年这段时期被称为"西奥多时代"。西奥多推动了以行政权力为核心的现代联邦政府权力结构的形成，成为继林肯以后第一位强势总统。他是一位极具个人魅力的总统，他本人的人生经历就是一部传奇。他认为政府的主体是行政管理，而不是立法。他扩大了行政权力的运行范围，扭转了南北战争后出现的国会领导联邦政府的政治局面。他提出了"共同发展"的口号，缓和了贫富分化引起的各种社会矛盾。

西奥多改变了美国传统的孤立主义外交政策，增强了美国在国际事务中的政治影响力。他对美国外交战略的最大贡献，就是树立了美国的大国地位，使得美国走上全面扩张的道路。西奥多在外交政策上遵守的原则不是平等公正的原则，而是一切行动都以维护美国利益为出发点。他实行"大棒政策"，不顾弱小国家权益，逐渐扩大美国的政治影响力。

"西奥多时代"是个承前启后、继往开来的时代。在这个时代，美国顺利实现了从传统社会向现代社会的转变，使得社会结构调整引起的震荡逐渐平息。

1927年，在卡尔文·柯立芝总统的主持下，在南达科他州的国立拉什莫尔山纪念地工程正式破土动工。该工程的最初构想源于一位名叫罗伯特的学者，他在1920年前后萌发出一个想法，那就是在南达科他州黑山区坚硬的花岗岩山峰顶上雕凿一座能够象征美国的摩崖石刻人物雕像。他的这一大胆的构想，得到当时著名的雕塑家鲍格姆的全力支持。经过几年的精

THEODORE ROOSEVELT

第六章　壮士暮年（1908—1919）

心策划，国会通过了在南达科他州修建国立拉什莫尔山纪念地的提案。工程开始后，参加这项恢宏工程的全美雕塑家多达360多人。他们风餐露宿，忘我拼搏，历经14年终于完成了拉什莫尔山雕刻工程。

1941年，国立拉什莫尔山纪念地以崭新的面目逐渐呈现在人们眼前。在4座总统石刻头像的山脚上簇拥着苍松翠柏，下面是宽宽的大道。大道两侧竖立着十几根方柱，美国50个州的州旗分别以四面一组的形势装饰在大理石饰面的方柱上，象征着美利坚合众国的联邦国体。

这4座总统石刻头像位于拉什莫尔山山顶，高达60英尺，雕刻的分别是美国首任总统华盛顿、美国第3任总统托马斯·杰斐逊、美国第16任总统亚伯拉罕·林肯，还有一个就是本书的主人公——美国第26任总统西奥多·罗斯福。之所以是这四位总统，其原因如下：

华盛顿领导美国人民赢得了独立，制定了宪法，创建了国家，被美国人称为"国父"。

美国的国立拉什莫尔山纪念地

THEODORE ROOSEVELT

托马斯·杰斐逊是参与起草《独立宣言》的开国功臣，当选总统后，他坚信个人权利与自由，将美国民主政治向前推进了一大步。

亚伯拉罕·林肯在美国人民心目中享有崇高的声誉，他发布了《解放黑奴宣言》，赢得了南北战争的胜利，被美国人称为"伟大的解放者"。这三座雕像象征着美国的"诞生"和"成长"。

因此，当西奥多的雕像与这几位的雕像一起伫立在拉什莫尔山山顶时，美国人们已经给西奥多作出了历史性评价，他象征着美国的"发展"，成为美国精神和美国文化的一部分。

THEODORE ROOSEVELT

附录　西奥多·罗斯福大事年表

1858年10月，出生于纽约市。

1861年4月，美国内战爆发。

1869年冬季，开始进行长达6年的身体锻炼。

1876年9月，进入哈佛大学学习自然科学。

1877年4月，出版第一部著作《阿迪朗达克山区的夏季鸟类》。

1878年2月，父亲老西奥多因病去世。10月，邂逅艾丽斯·李，随后展开热烈追求。

1880年6月，哈佛毕业。10月，与艾丽斯结婚。11月，进入哥伦比亚大学法学院学习法律。

1881年11月，当选为纽约州议员。

1884年2月，母亲马莎与妻子艾丽斯同天病逝。

1886年10月，竞选纽约市长失败。12月，再婚，对象是童年好友伊迪丝·卡罗。

1888年5月，前往华盛顿，担任文官委员会委员。

1894年4月，担任纽约警察委员会委员。

1897年4月，担任海军部助理部长。

1898年5月，参加即将奔赴古巴作战的骑兵团。6月，正式辞去海军部职务。9月，获得共和党纽约州州长候选人提名。11月，当选为纽约州州长。

1900年6月，获得共和党副总统候选人提名。11月，副总统竞选成功。

1901年3月，担任副总统。9月，因总统遇刺身亡成为美国总统。

1903年11月，参与巴拿马政变，签定巴拿马运河条约。

1904年11月，再次参加总统选举胜出，获得连任资格。

1905年3月，宣誓就职，总统连任成功。8月，调停日俄战争。

1906年12月，获得诺贝尔和平奖。

THEODORE ROOSEVELT

1909年3月，总统任期结束。同月末，前往非洲，开始为期一年的非洲狩猎。

1910年3月，结束非洲旅行，访问欧洲各国。6月，回到纽约。

1912年8月，获得进步党总统候选人提名。11月，总统选举失败。

1913年10月，开始为期7个月的巴西丛林探险。

1914年5月，回到纽约。7月，第一次世界大战爆发。

1917年4月，美国参战，西奥多谋求上战场未果，送4个儿子奔赴欧洲战场。

1918年7月，幼子昆廷牺牲在欧洲战场，年仅20岁。

1919年1月，因心脏病去世，葬于奥伊斯特湾。

重要参考文献

1. 《美国总统竞选的真相》许寅、程岩德编写　上海人民出版社　1957年
2. 《1898年的美西战争》（苏）尤·斯辽兹金著　未冬译　三联书店　1959年
3. 《美国南北战争》罗瑞华编写　商务印书馆　1963年
4. 《美国侵占巴拿马运河史》（苏）冈尼昂斯基著　薛钟柔译　三联书店　1964年
5. 《日俄战争外交史纲：1895—1907》（苏）B. A. 罗曼诺夫著　上海人民出版社　1976年
6. 《美国共和党史》（美）施莱辛格主编　复旦大学国际政治系编译　上海人民出版社　1977年
7. 《一九〇〇年以来的美国史》（美）阿瑟·林克、威廉·卡顿著　刘绪贻等译　中国社会科学出版社　1983年
8. 《美西战争》李庆余著　商务印书馆　1984年
9. 《国际时事辞典》商务印书馆　1984年
10. 《简明不列颠百科全书》中国大百科出版社　1985年
11. 《世界历史词典》上海辞书出版社　1985年
12. 《美国总统和第一夫人》黄安年编译　河北人民出版社　1986年
13. 《白宫的第一夫人》（美）韦斯特、科茨著　陆幼甫等译　新华出版社　1987年
14. 《世界历史词典（简本）》（英）杰拉尔德·豪厄特主编　商务印书馆　1988年
15. 《形形色色的美国总统》（美）博勒著　韩建中等译　文化艺术出版社　1989年
16. 《美国总统轶闻大观》（美）德格里戈里奥著　李申等译　中国青年出版社　1990年
17. 《美国对华政策文件选编：从鸦片战争到第一次世界大战》阎广耀、方生选译　人民出版社　1990年
18. 《美国总统大全》（美）德格雷戈里奥著　夏伯铭译　上海人民出版社　1991年
19. 《第一次世界大战史纲》（美）鲍德温著　陈月娥译　军事科学出版社　1991年
20. 《美国政治腐败：权力·金钱·美女》（美）博伦斯著　吴瑕等译　浙江人民出版

社　1992年
21. 《世界历史百科全书》苏联科学院历史学部编　商务印书馆　1992年
22. 《美国史纲：从殖民地到超级大国》余志森编著　华北师范大学出版社　1992年
23. 《伟大的历险——西奥多·罗斯福传》李剑鸣著　世界知识出版社　1992年
24. 《白宫后代》（美）桑德拉·奎因·马斯格鲁夫、桑福德·坎特著　张愉、冯惠云译　天津人民出版社　1997年
25. 《白宫女主人：46位美国总统夫人的情感历程》陈冠任编著　民主与建设出版社　1998年
26. 《世界历史名人谱》朱庭光、程西筠主编　人民出版社　1998年
27. 《世界历史》（法）阿内·马里著　浙江教育出版社　1999年
28. 《美国历史》（美）艾伦·阿克塞罗德著　马爱华等译　辽宁教育出版社　2000年
29. 《白宫女主人：从伊迪丝·罗斯福到希拉里·克林顿》（波兰）朗金·塔斯图塞亚克著　常正文、罗伟译　陕西人民出版社　2002年
30. 《美国历史概况》美国新闻署编　杨俊峰等译　辽宁教育出版社　2003年
31. 《美国的自由主义传统：独立革命以来美国政治思想阐释》（美）路易斯·哈茨著　张敏谦译　中国社会科学出版社　2003年
32. 《罗斯福王》（美）埃德蒙·莫里斯著　文津出版社　2004年
33. 《美国》杨会军编著　社会科学文献出版社　2004年
34. 《美国历史百科辞典》杨生茂、张友伦主编　上海辞书出版社　2004年
35. 《美国政治经济与外交概论》刘丽云等著　中国人民大学出版社　2004年
36. 《美国历史与文化》王加丰、周旭东编著　浙江大学出版社　2005年
37. 《美国历史上的今天（英汉对照）》刘榜离等译　中国对外翻译出版公司　2005年
38. 《美国历史概况》范悦编著　对外经济贸易大学出版社　2006年
39. 《总统教子书》（美）西奥多·罗斯福著　东方出版社　2006年
40. 《鲁莽的麋鹿：西奥多·罗斯福传》（美）路易斯·奥金克洛斯著　安徽教育出版社　2006年
41. 《美国总统夫人轶事》（美）小保罗·鲍伊勒著　王首燕、高莺莺译　当代世界出版社　2007年